Kohlhammer

Die Herausgeberin

Dr. Claudia Stromberg studierte Psychologie in Gießen und promovierte an der TU Chemnitz. Sie erlangte die Approbation in Verhaltenstherapie 2004 und ist seitdem Instituts- und Ambulanzleiterin der GAP Frankfurt, eines verhaltenstherapeutischen Ausbildungsinstitutes. Sie ist seit 2009 als Supervisorin für Verhaltenstherapie tätig und seit 2013 im Vorstand des Deutschen Fachverbandes für Verhaltenstherapie (DVT). Advanced Certification in Schematherapie 2011. Stromberg ist seit 2013 Co-Leiterin des Instituts für Schematherapie Frankfurt (Leitung Dr. Eckhard Roediger) und gründete 2020 gemeinsam mit allen Mitautor:innen des Buches die Schematherapie-Online-Akademie. Neben der Verfeinerung schematherapeutischer Techniken gilt ihr inhaltliches Interesse der Verzahnung von Schema- und Verhaltenstherapie.

Claudia Stromberg (Hrsg.)

Praxisbuch Schematherapie

Umgang mit dysfunktionalen
Bewältigungsmodi und Aufbau des
Gesunden Erwachsenenmodus

Verlag W. Kohlhammer

Dieses Werk einschließlich aller seiner Teile ist urheberrechtlich geschützt. Jede Verwendung außerhalb der engen Grenzen des Urheberrechts ist ohne Zustimmung des Verlags unzulässig und strafbar. Das gilt insbesondere für Vervielfältigungen, Übersetzungen, Mikroverfilmungen und für die Einspeicherung und Verarbeitung in elektronischen Systemen.

Die Wiedergabe von Warenbezeichnungen, Handelsnamen und sonstigen Kennzeichen in diesem Buch berechtigt nicht zu der Annahme, dass diese von jedermann frei benutzt werden dürfen. Vielmehr kann es sich auch dann um eingetragene Warenzeichen oder sonstige geschützte Kennzeichen handeln, wenn sie nicht eigens als solche gekennzeichnet sind.

Es konnten nicht alle Rechtsinhaber von Abbildungen ermittelt werden. Sollte dem Verlag gegenüber der Nachweis der Rechtsinhaberschaft geführt werden, wird das branchenübliche Honorar nachträglich gezahlt.

Dieses Werk enthält Hinweise/Links zu externen Websites Dritter, auf deren Inhalt der Verlag keinen Einfluss hat und die der Haftung der jeweiligen Seitenanbieter oder -betreiber unterliegen. Zum Zeitpunkt der Verlinkung wurden die externen Websites auf mögliche Rechtsverstöße überprüft und dabei keine Rechtsverletzung festgestellt. Ohne konkrete Hinweise auf eine solche Rechtsverletzung ist eine permanente inhaltliche Kontrolle der verlinkten Seiten nicht zumutbar. Sollten jedoch Rechtsverletzungen bekannt werden, werden die betroffenen externen Links soweit möglich unverzüglich entfernt.

1. Auflage 2024

Alle Rechte vorbehalten
© W. Kohlhammer GmbH, Stuttgart
Gesamtherstellung: W. Kohlhammer GmbH, Stuttgart

Print:
ISBN 978-3-17-042353-4

E-Book-Formate:
pdf: ISBN 978-3-17-042354-1
epub: ISBN 978-3-17-042355-8

Autor:innenverzeichnis

Eva Frank-Noyon
Dr. phil., Psychologische Psychotherapeutin, Verhaltenstherapie, Paar- und Sexualtherapie (zertifiziert durch die DGfS). Niedergelassen in psychotherapeutischer Praxis. Dozentin und Supervisorin für Verhaltenstherapie.
praxis@eva-frank-noyon.de

Julia Hinrichs
Dipl. Psych., Psychologische Psychotherapeutin, Verhaltenstherapie. Niedergelassen in psychotherapeutischer Praxis. Dozentin und Supervisorin für Verhaltenstherapie.
mail@vtpraxis-hinrichs.de

Yvonne Reusch
Dipl. Psych., Psychologische Psychotherapeutin, Verhaltenstherapie. Institutsgründerin und Leiterin des Instituts für Schematherapie-Stuttgart (IST-S). Niedergelassen in psychotherapeutischer Praxis. Dozentin und Supervisorin für Verhaltenstherapie.
kontakt@psychotherapie-reusch.de

Eckhard Roediger
Dr. med., Neurologe, Psychiater und Arzt für Psychotherapeutische Medizin, Ausbildungen in tiefenpsychologischer und Verhaltenstherapie. Leiter des Instituts für Schematherapie-Frankfurt (IST-F), Past-Präsident und Ehrenmitglied der Internationalen Schematherapiegesellschaft (ISST). kontakt@eroediger.de

Julia Schuchardt
Dipl. Psych., Psychologische Psychotherapeutin, Verhaltenstherapie. Institutsgründerin und Leiterin des Instituts für Schematherapie-Konstanz (IST-KN), Privatpraxis. Dozentin und Supervisorin für Verhaltenstherapie.
schematherapie-konstanz@gmx.de

Claudia Stromberg
Dr. phil., Psychologische Psychotherapeutin, Verhaltenstherapie. Institutsleiterin GAP Frankfurt und Co-Leiterin des Instituts für Schematherapie-Frankfurt (IST-F), Privatpraxis. Dozentin und Supervisorin für Verhaltenstherapie.
claudia.stromberg@t-online.de.

Matias Valente
Dr. sc. hum., Psychologischer Psychotherapeut, Verhaltenstherapie. Institutsgrün-

der und Leiter des Instituts für Schematherapie-Stuttgart (IST-S). Niedergelassen in psychotherapeutischer Praxis. Dozent und Supervisor für Verhaltenstherapie. m@psychotherapiepraxis-valente.de

Alle Autor:innen sind durch die ISST e.V. advanced zertifizierte Schematherapeut:innen, Dozent:innen und Supervisor:innen für Schematherapie.

Inhalt

Autor:innenverzeichnis 5

Einleitung 13
Claudia Stromberg
    Literatur 17

1 Theoretische und praktische Grundlagen: eine kontextuelle Perspektive 19
Eckhard Roediger und Matias Valente
  1.1 Was ist Schematherapie? 19
  1.2 Die Grundkonzepte 21
      1.2.1 Schemata 21
      1.2.2 Schemabewältigung 23
      1.2.3 Modi 23
  1.3 Kontextuelle Perspektive 25
      1.3.1 Der Bezug zur Verhaltensanalyse und zum SORKC-Modell 25
      1.3.2 Das dimensionale Verständnis des Modusmodells und die Metapher der »zwei Beine« 26
      1.3.3 Vom Modusmodell zur Fallkonzeption 28
      1.3.4 Der Gesunde Erwachsenenmodus aus einer kontextuellen Perspektive 32
  1.4 Behandlungsgrundlagen 34
      1.4.1 Das Behandlungsrational 34
      1.4.2 Der Therapieprozess und die wesentlichen Wirkfaktoren 35
      1.4.3 Praktische Empfehlungen für die Gestaltung der Therapie 36
  1.5 Auf dem Weg zu einer prozessbasierten Schematherapie 39
  1.6 Die Beziehungsgestaltung 40
      1.6.1 Das Zwei-Achsenmodell und die vier Positionen 40
      1.6.2 Die wichtigsten Techniken zur Steuerung der Therapie 42
      1.6.3 Mikroprozesse in der Beziehungsgestaltung 43

1.7		Die erlebnisaktivierenden Techniken	46
	1.7.1	Die zentralen Prozesse bei Imagination und Stühledialogen	47
	1.7.2	Die zentralen Schritte in Imagination und Stühledialogen	49
	1.7.3	Welche Arten von Imaginationen gibt es?	50
	1.7.4	Welche Arten von Stühledialogen gibt es?	51
	1.7.5	Vorgehen bei stockenden Perspektivwechseln	54
1.8		Der Transfer in den Alltag	56
1.9		Zusammenfassung	57
Literatur			58

2 Der Körper kennt den Weg: warum es sich lohnt, Körperprozessen mehr Beachtung zu schenken 60
Yvonne Reusch

2.1		Einleitung	60
2.2		Grundlegendes zur Integration körperpsychotherapeutischen Arbeitens in die Schematherapie	62
	2.2.1	Techniken zur Exploration der Körperebene	67
	2.2.2	Techniken zur Intensivierung und zur Regulation des aktuellen Erlebens	69
2.3		Körperprozesse im dynamisch-dimensionalen Modusmodell	71
2.4		Fokussierung der Körperebene im Umgang mit Erlebensvermeidung	72
	2.4.1	Übung 1: den Modus des Distanzierten Beschützers beobachten	73
	2.4.2	Übung 2: den Modus des Distanzierten Beschützers überwinden	75
	2.4.3	Exkurs: Arbeit im Stehen und Liegen	76
2.5		Fokussierung der Körperebene im Umgang mit Internalisierung	77
	2.5.1	Übung 3: Ausdruck für die Behauptungsseite finden	77
2.6		Fokussierung der Körperebene im Umgang mit Externalisierung	80
	2.6.1	Übung 4: Ausdruck für die Bindungsseite finden	80
2.7		Fokussierung der Körperebene zur Stärkung des Gesunden Erwachsenenmodus	82
	2.7.1	Übung 5: Wechsel aus dem Kindmodus in den Gesunden Erwachsenenmodus (Grounding)	82
	2.7.2	Übung 6: Abgrenzung vom Kritikermodus im Stehen	84
	2.7.3	Übung 7: den Körper die erwachsene Haltung finden lassen	85
	2.7.4	Pendeln zwischen Bewältigung und erwachsener Haltung	87
	2.7.5	Körperunzufriedenheit und Körperbildstörung	88

	2.8	Zusammenfassung	92
	Literatur		92
3	**Unterwerfungsmodus und Internalisiererinnen**		**95**
	Eva Frank-Noyon		
	3.1	Einleitung	95
	3.2	Der Unterordnungsmodus im Modusmodell	95
	3.3	Welche Auswirkungen hat der Unterordnungsmodus auf das Gegenüber?	97
	3.4	Techniken zum Umgang mit Internalisiererinnen in der Therapie	101
		3.4.1 Stühleübung zur Distanzierung der inneren Kritikerstimmen – Teil 1	101
		3.4.2 Stühleübung zur Distanzierung der inneren Kritikerstimmen – Teil 2	104
		3.4.3 Stühleübung zum Verständnis der Funktion sowie der Nachteile des Unterordnungsmodus	105
		3.4.4 Förderung der Selbstbehauptungsseite – Übung zur Unterstützung des Ja	107
		3.4.5 Förderung der Selbstbehauptungsseite: Zugang zum Wollen – Was mag ich lieber?	108
	3.5	Was, wenn alles nichts nutzt?	110
	3.6	Zusammenfassung	111
	Literatur		111
4	**Distanzierter und Ärgerlicher Beschützer sowie Aktiver Selbstberuhiger: zum Umgang mit emotionsvermeidenden Modi**		**112**
	Claudia Stromberg		
	4.1	Einleitung	112
	4.2	Die Beschützermodi und der Aktive Selbstberuhiger im Modusmodell	112
	4.3	Erscheinungsformen der emotionsvermeidenden Bewältigungsmodi	114
	4.4	Die emotionsvermeidenden Bewältigungsmodi in der Therapiebeziehung	117
	4.5	Den Distanzierten und Ärgerlichen Beschützer umgehen: Techniken I	118
		4.5.1 Kognitive Techniken	119
		4.5.2 Emotionsaktivierende Techniken: empathische Konfrontation	122
		4.5.3 Emotionsaktivierende Techniken: Zwei-Stühle-Dialog Beschützermodus und Gesunder Erwachsenenmodus	123
		4.5.4 Emotionsaktivierende Techniken: Interview mit dem Schutzmodus und Vereinbaren eines Experiments	125

		4.5.5	Emotionsaktivierende Techniken: Aktivierung des Wütenden Kindmodus und Gesunder Erwachsenenmodus als Regulationsinstanz	127
	4.6		Den Aktiven Selbstberuhiger begrenzen: Techniken II	130
		4.6.1	Kognitive und behaviorale Techniken	130
		4.6.2	Emotionsaktivierende Techniken	131
	4.7		Was, wenn alles nichts nutzt?	132
	4.8		Zusammenfassung	133
	Literatur			134
5	**Überkompensation**			**135**
	Matias Valente			
	5.1		Externalisierende Dynamiken im kontextuellen Verständnis	135
		5.1.1	Dimensional-kontextuelle vs. kategoriale Perspektiven	138
	5.2		Die therapeutische Beziehung	139
		5.2.1	Betrachten Sie den Sonnenaufgang	139
		5.2.2	Verbalität und kontextuelles Verständnis	140
		5.2.3	Wenn die Wolken zu dicht sind	140
		5.2.4	Die vier Positionen der Beziehungsgestaltung als Interventionskompass	142
		5.2.5	Empathische Konfrontation bei Entwertungen und Aggressivität	145
	5.3		Imaginationsarbeit	146
		5.3.1	Vergangenheitsbewältigung und imaginatives Überschreiben	146
		5.3.2	Imaginative Modusarbeit	147
	5.4		Arbeit mit Stühlen	148
	5.5		Gesunder Erwachsenenmodus und Klarheit über Werte	153
	5.6		Abschließende Bemerkungen	153
	Literatur			154
6	**Der Aufbau des Gesunden Erwachsenenmodus**			**155**
	Julia Hinrichs und Julia Schuchardt			
	6.1		Was ist der Gesunde Erwachsenenmodus?	155
	6.2		Wie werde ich gesund erwachsen?	157
		6.2.1	Entstehung des GE in der Biografie	157
		6.2.2	GE-Aufbau durch die therapeutische Beziehung	157
		6.2.3	Gezielter Aufbau des GE durch Interventionen	160
	6.3		Aufbau und Training des Erwachsenenmodus in seinen Basiskompetenzen	162
	6.4		Training der Erwachsenen-Kompetenzen auf Stühlen	164
	6.5		GE-Training anhand von Imaginationsübungen	168
		6.5.1	Imaginative Probebühne für den GE	168
		6.5.2	Imaginative Begegnung zwischen GE und Kindmodus	170
	6.6		Transfer in den Alltag durch Hausaufgaben	172

	6.7	Abschließende Betrachtung	172
	Literatur		173
7	**Schematherapie mit komplex traumatisierten Patientinnen**		**175**
	Eckhard Roediger		
	7.1	Statt einer Einleitung	175
	7.2	Besonderheiten der Beziehungsgestaltung	177
	7.3	Schematherapeutische Mikroprozesse in der Beziehungsgestaltung	181
	7.4	Umgang mit Dissoziationen und emotionale Stabilisierung	188
	7.5	Umgang mit dissoziativen Identitätsstörungen	190
	7.6	Traumaexposition durch Imaginatives Überschreiben (Imagery Rescripting)	192
	7.7	Umgang mit Wut	195
	7.8	Umgang mit Suizidalität	197
	7.9	Therapiebeendigungen und abschließende Bemerkungen	198
	Literatur		199
8	**Ausblick: der Gesunde Erwachsene – ein Modus mit Zukunft**		**201**
	Claudia Stromberg		
	Literatur		203
Stichwortverzeichnis			**205**

Einleitung

Claudia Stromberg

Seit vielen Jahren gibt es an unseren Schematherapieinstituten neben den Kursen des schematherapeutischen Basiscurriculums Vertiefungsworkshops wie bspw. »Den Distanzierten Beschützermodus umgehen«, »Den Gesunden Erwachsenenmodus aufbauen« oder »Schematherapie mit komplex Traumatisierten« und es werden spezielle Techniken gelehrt zum Umgang mit externalisierenden und internalisierenden Patientinnen und Patienten, wie z. B. Menschen mit dependenten oder narzisstischen Persönlichkeitsstörungen. Neuerdings wird das Programm auch durch Workshops zur Körperorientierung in der Schematherapie vertieft.

Schon länger denken wir darüber nach, Wissen, Konzepte und Techniken zum Umgang mit spezifischen Modi (Erlebenszuständen) von Patientinnen und Patienten aus unseren »Spezialworkshops« zusammenzustellen und zu verschriftlichen. Wir arbeiten als Gruppe seit längerem einerseits an einem gemeinsamen Verständnis zur Einbettung von schematherapeutischen Konzepten in neurowissenschaftliche und prozessorientierte Ansätze und andererseits an der Verzahnung von Schematherapie und Verhaltenstherapie sowie von Schematherapie mit anderen Dritte-Welle-Methoden, hierbei hauptsächlich die Akzeptanz-und Commitment-Therapie (ACT) von Stephen Hayes.

Ganz allgemein stellt sich mit dem Aufkommen der Dritten Welle der Verhaltenstherapie und ihren vielfältigen Methoden wie Dialektisch-Behaviorale Therapie (DBT), MBSR (Mindfulness-Based Stress Reduction), MBCT (Mindfulness-Based Cognitive Therapy), CFT (Compassion-Focussed Therapy), ACT (Akzeptanz- und Commitment-Therapie) und Schematherapie die Frage nach konzeptuellen Gemeinsamkeiten zwischen den Dritte-Welle-Methoden und Möglichkeiten der strukturellen Verzahnung der Methoden mit der klassischen kognitiven Verhaltenstherapie. Zwischen den Methoden gibt es zahlreiche Überlappungen, die zusammengefasst worden sind als stärkerer Focus auf Emotionsregulation und einer Akzeptanzhaltung in Bezug auf negative Gedanken und Gefühle im Vergleich zur Veränderungshaltung durch Umstrukturierung in der Verhaltenstherapie (Vorderholzer, 2019).

Unsere konzeptuellen Überlegungen fließen in ganz konkrete Techniken bspw. zum Aufbau des Gesunden Erwachsenenmodus, zu körperfokussierten Techniken mit bestimmten Modi, zum Umgang mit Überkompensationsmodi in der Therapiesitzung oder mit Unterordnungsmodi in Paarbeziehungen ein.

Den Ausschlag für die Konzeption dieses Buches gab die Feststellung, dass wir gerade auf der *Achse zwischen unflexibler, dysfunktionaler Bewältigung und flexibler, funktionaler Bewältigung* aus dem Gesunden Erwachsenenmodus (GE) einen ganzen Fundus dieser verschiedenen Vertiefungsworkshops anbieten. In diesen blicken wir systematisch – quasi wie mit der Lupe – auf schwierige Therapiesituationen oder -prozesse, verursacht durch die dysfunktionalen Bewältigungsmodi oder Defizite in der Regulation durch den GE unserer persönlichkeitsgestörten Patientinnen und Patienten. All diese Vertiefungsworkshops umspannen die Frage, wie man therapeutisch mit dysfunktionalen Bewältigungsmodi umgehen kann und welche spezifischen Techniken es zum Aufbau des Gesunden Erwachsenenmodus gibt. Und dieses Wissen, durch viele Fragen und Kommentare, Patientenbeispiele und Selbstoffenbarungen von Workshopteilnehmenden angereichert, galt es nun, so die Idee, jenseits von Einzelworkshops systematisch und mit rotem Faden entlang des dynamisch-dimensionalen Modusmodells zu bündeln.

Als ich in einem unserer Meetings meine Kolleginnen und Kollegen fragte, ob sie Interesse hätten, an diesem Buchprojekt mitzuarbeiten, sagten alle spontan zu, was mich natürlich sehr freute. Seitdem haben wir dieses Buchprojekt gemeinsam vorangetrieben und weiterentwickelt. Es bekam ein kontextuelles Fundament und wurde angereichert durch innovative Ansätze u. a. zur Körperorientierung in der Schematherapie. Es wurde zu einem von mehreren gemeinsamen Projekten, die insgesamt unser Zusammengehörigkeitsgefühl und die Synergieeffekte in unserer Arbeitsgruppe noch einmal erheblich verstärkten.

Wir sind eine Gruppe von sieben Schematherapeutinnen und Schematherapeuten, alle mit Fachkunde Verhaltenstherapie, die schon seit vielen Jahren eng zusammenarbeiten und im Herbst 2020 die Schematherapie-Online-Akademie gegründet haben. Wir vertreten die Schematherapie-Institute IST-F (Frankfurt), IST-Konstanz und IST-S (Stuttgart). Wir sind Dr. Eva Frank-Noyon, Julia Hinrichs, Yvonne Reusch, Dr. Eckhard Roediger, Julia Schuchardt, Dr. Claudia Stromberg und Dr. Matias Valente und wir freuen uns sehr über Ihr Interesse an unserem Buch.

Mit dem *Praxisbuch Schematherapie* möchten wir schematherapeutisch arbeitenden Kolleginnen und Kollegen diese auf dem dynamisch-dimensionalen Modusmodell basierenden Techniken und Vorgehensweisen auf der »Bewältigungsachse« zwischen dysfunktional und funktional kompakt und anschaulich vermitteln.

Für wen ist dieses Buch also interessant?

Das *Praxisbuch Schematherapie* richtet sich an Praktikerinnen und Praktiker, die sich vertiefend mit dem Umgang mit verschiedenen dysfunktionalen Bewältigungsmodi und dem gezielten Aufbau des Gesunden Erwachsenenmodus in ihren Therapien beschäftigen wollen, oder die sich Techniken für den Umgang mit schwierigen Therapiesituationen oder stockenden Therapieprozessen wünschen. Therapieprozesse, die, geprägt durch die dysfunktionalen Bewältigungsmodi der Behandelten, nicht fortschreiten oder mühsam sind, führen nicht selten zu Hilflosigkeitserleben oder Genervtsein auf Seiten der Therapeutinnen und Therapeuten. Schaffen wir es nicht, dysfunktionale Bewältigungsmodi in der Therapiebeziehung zu umgehen, kann emotionsaktivierendes Arbeiten mit Imagery Rescripting und Modusdialogen auf Stühlen – die Basistechniken der Schematherapie –, schwierig bis unmöglich werden. So kann den Patientinnen und Patienten nicht aus ihren dysfunktionalen Mustern herausgeholfen werden, was zu erheblichen Frustrationen auf beiden Seiten führt. Die dargestellten spezifischen Techniken helfen, dysfunktionale Muster abbauen und funktionale Muster aufbauen zu können.

Wir geben eine ausführliche Einführung in die kontextuelle Schematherapie, allerdings versteht sich dieses Buch – ganz im Sinne der ursprünglichen Vertiefungsworkshops – eher als auf bereits vorhandenem schematherapeutischen Grundwissen aufbauend. Erste Kenntnisse der Schematherapie, ihrer Wirkfaktoren und Techniken sind also hilfreich.

Was genau erwartet Sie?

Zum einen erwarten Sie moderne schematherapeutische Konzepte. Die in Kapitel 1 dargestellte Herleitung des theoretischen Bezugsrahmens mit dem dynamisch-dimensionalen Modusmodell und einer kontextuellen Perspektive sind das Ergebnis jahrelanger konzeptueller Arbeit (▶ Kap. 1). Der Einbezug des »Still-face«-Videos der Bindungsforschung und die Einbettung in neurowissenschaftliche Konzepte wie die Polyvagaltheorie sind sicherlich sehr bereichernd für die Tiefe dieser Konzepte gewesen. Zum zweiten erwarten Sie ab Kapitel 2 durch viele Workshop- und Therapiestunden verfeinerte Techniken, die passgenau beim Umgang mit spezifischen Bewältigungsmodi oder Defiziten des GE helfen können.

Eckhard Roediger und Matias Valente führen in ▶ Kap. 1 in die kontextuelle Schematherapie mit ihren Anklängen aus der Akzeptanz- und Commitment-Therapie (Hayes et al., 2012) und das dynamisch-dimensionale Modusmodell mit seinem Kontinuum der dysfunktionalen Bewältigungsmodi ein und erläutern hierbei unser Verständnis von Schematherapie. Aufbauend auf den von Jeffrey Young et al. (2003) ausgearbeiteten Ansatz gehören die kontextuelle Perspektive und ein zugrundeliegendes dynamisch-dimensionales Modusmodell zu unserer konzeptuellen Basis. Die dimensionale Sicht auf das Modusmodell mit den beiden Polen »Internalisieren« und »Externalisieren« umfasst auch die damit verknüpfte Metapher der »zwei Beine«, auf denen man dann balanciert steht, wenn sowohl das Bindungs- als auch das Selbstbehauptungsbedürfnis Raum haben. Das dynamische Verständnis des Modusmodells betont den Aspekt der Spannungsreduktion durch dysfunktionale Bewältigungsmodi (BM). Hieraus leitet sich der Ansatz der Arbeit auf der *vorderen* (Aktivierung von BM) und der *hinteren Bühne* (Aktivierung von emotionalem Kindmodus und Innerem-Kritiker- bzw. Antreibermodus) ab. Diese Eckpfeiler repräsentieren einen modernen schematherapeutischen Rahmen, der zugleich eine integrative Weiterentwicklung im Rahmen der Dritte-Welle-Methoden der Verhaltenstherapie ist.

Die Kapitel 2–7 behandeln den konkreten Umgang mit dysfunktionalen Bewältigungsmodi entlang des Kontinuums der Bewältigungsmodi im dynamisch-dimensionalen Modusmodell sowie den Aufbau des Gesunden Erwachsenenmodus. Hierbei wird in jede spezifische Gruppe von BM durch eine Beschreibung der typischen Erscheinungsformen und ihrer Wirkung in Interaktionen – auch in therapeutischen – eingeführt.

In ▶ Kap. 2 wird es durch den neuen Fokus auf Körperorientierung in der Schematherapie besonders innovativ: Nach einer Einführung in die Körpertherapie und einer Verknüpfung der verschiedenen BM mit der Polyvagaltheorie von Stephen Porges (2010) stellt Yvonne Reusch spezifische körperorientierte Techniken des Umgangs mit dysfunktionalen BM unter der Überschrift »Der Körper kennt den Weg« dar.

Kapitel 3 von Eva Frank-Noyon führt Strategien und Techniken zum Umgang mit dem Unterwerfungsmodus von Patientinnen und Patienten aus und beschäftigt sich detailliert mit den dysfunktionalen Mechanismen von Internalisiererinnen und Internalisierern (▶ Kap. 3). Tiefgreifende Kenntnisse aus der Schematherapie mit Paaren fließen in dieses Kapitel ein und beleuchten auch die Nachteile des Unterwerfungsmodus in Paarbeziehungen.

Der Distanzierte Beschützermodus – von Jeffrey Young (2012) einst als »probably the most difficult to work with overall« bezeichnet – ist einer der drei emotionsvermeidenden BM, für die Claudia Stromberg in ▶ Kap. 4 beschreibt, wie man mit ihnen arbeiten kann, um sie schließlich zu umgehen und auf die »hintere Bühne« gelangen zu können.

Externalisierende und überkompensierende Patientinnen und Patienten sind das Spezialgebiet von Matias Valente, der in ▶ Kap. 5 ausführt, wie man diesen Patienten helfen kann, zu verstehen, welches Bedürfnis sie eigentlich haben und wie man sich gleichzeitig vor dem Überkompensationsmodus in der Therapiesitzung schützt.

Schließlich beschreiben Julia Hinrichs und Julia Schuchardt als Expertinnen für den Gesunden Erwachsenenmodus in ▶ Kap. 6 innovative und kreative Möglichkeiten, um den GE, den Modus, dessen Stärkung im Sinne von Selbstregulationsfähigkeit die Schematherapie zum Ziel hat, aufzubauen.

Auf Basis der Ausführungen der Kapitel 2 bis 6 geht das ▶ Kap. 7 von Eckhard Roediger auf die Besonderheiten bei der Behandlung von komplex traumatisierten Patientinnen und Patienten mit ihren charakteristischen Bewältigungsstrategien, wie bspw. einer Vielzahl dissoziativer Phänomene, ein und gibt konkrete und praxiserprobte Hinweise für den Umgang mit den besonders herausfordernden Traumafolgestörungen.

Ein zusammenführendes, abschließendes Kapitel mit Fazit und Ausblick von Claudia Stromberg rundet das Buch ab (▶ Kap. 8).

Auch wenn wir der Überzeugung sind, Ihnen Konzepte aus »einem Guss« und mit rotem Faden zu präsentieren, haben wir alle unsere jeweiligen Spezialisierungen, Blickwinkel und nicht zuletzt auch Persönlichkeitsstile, die zu einem lebendigen Spannungsbogen und auch manchmal spezifischen Schwerpunktsetzungen im Umgang mit dysfunktionalen Bewältigungsstilen beitragen. So zeigt sich in Kapitel 1 und Kapitel 7 am markantesten die Haltung, die gezeigten dysfunktionalen Bewältigungsmodi zu umgehen, indem man sie *markiert, validiert*, ins *Modusmodell einordnet* und darüber hinaus möglichst nicht weiter auf sie eingeht, um rasch in die Arbeit auf der hinteren Bühne einzusteigen. Das ist das *basale Prinzip*, denn die Arbeit mit dysfunktionalen Bewältigungsmodi ist kein Selbstzweck, sondern nur dann erforderlich, wenn sie chronisch einer ausgewogenen Bedürfnisbilanz im Wege stehen oder den Therapieprozess blockieren. Können die Bewältigungsmodi nicht durch *Benennen* und *Einordnen* umgangen werden, helfen die in den Kapiteln 2 bis 5 beschriebenen emotionsaktivierenden Herangehensweisen und Techniken für spezifische Bewältigungsmodi weiter. Auch gezielte Übungen, wenn hartnäckige Bewältigungsmodi den Therapieprozess blockieren und innovative Techniken zur Aktivierung von Körpererleben, um diese Übungen zu unterstützen oder ein völlig eigenständiges Umgehen von Bewältigungsmodi zu ermöglichen, werden Sie finden.

Weiterhin umspannt das Buch auch Nuancen in der Fokussetzung und der therapeutischen Haltung: Während in einigen der Kapitel eine stärkere Betonung auf der schnellen Übernahme von Eigenverantwortung und Selbstbehauptung durch die Patientinnen und Patienten liegt, wird in anderen eher vermittelt, sich dafür ruhig Zeit zu nehmen und den GE langsam und nachhaltig wachsen zu lassen. Sie werden also auf jeden Fall Angebote für etwas unterschiedliche therapeutische Stile finden, eine Varianz, die wir innerhalb eines homogenen Gesamtkonzeptes sehr fruchtbar finden.

Um eine möglichst gendergerechte Sprache zu finden, wechselt dieses Buch kapitelweise zwischen männlicher und weiblicher Form, das jeweils andere Geschlecht sowie diverse Lesende sind selbstverständlich immer mitgemeint. Kapitel 1, Kapitel 3, Kapitel 4 und Kapitel 7 sind »weiblich« geschrieben, Kapitel 2, Kapitel 5 und Kapitel 6 »männlich«

Literatur

Hayes SC, Strohsal KD, Wilson KG (2012). *Acceptance and commitment therapy: The process and practice of mindful change (2nd Ed.)*. New York: Guilford.
Porges SW (2010). *Die Polyvagal-Theorie. Neurophysiologische Grundlagen der Therapie*. Paderborn: Junfermann.
Vorderholzer U (2019). Die Dritte Welle der Verhaltenstherapie – Überlegenheit im Vergleich mit klassischer kognitiver Verhaltenstherapie? *Verhaltenstherapie* 29 (2): 77–79. https://doi.org/10.1159/000500697
Young JE (2012). *Bypassing the Detached Protector Mode*. Workshop. ISST Conference, New York.
Young JE, Klosko JS, Weishaar ME (2003). *Schema Therapy. A practitioner's guide*. New York: Guilford.

1 Theoretische und praktische Grundlagen: eine kontextuelle Perspektive

Eckhard Roediger und Matias Valente

In diesem Kapitel wollen wir die Grundlagen des modifizierten, dimensionalen und »ACT-informierten« Modusmodells vorstellen, auf dem die weiteren Kapitel dieses Buches aufbauen. Die Schematherapie ist von ihrem Grundgedanken her integrativ (Young, 2010). Young hat sein Modell in den 1990er Jahren entwickelt und seinerseits u. a. Elemente der Verhaltenstherapie, der Bindungsforschung, der »personal-construct«-Theorie und der Gestalttherapie zusammengebracht. Wir haben dies weitergeführt und die neuen Entwicklungen der Verhaltenstherapie, insbesondere der sog. Dritten Welle, in die Schematherapie integriert. Aber der Reihe nach …

1.1 Was ist Schematherapie?

> Schematherapie (ST) ist kein eigenständiges Verfahren, mit dem man psychische Störungen umfassend behandeln kann. Sie ist eine Methode innerhalb der Verhaltenstherapie, mit der wir dysfunktionales Interaktionsverhalten von Patientinnen vor dem Hintergrund ihrer biografischen Erfahrungen verstehen/konzeptualisieren und effektiv verändern können.

Diese Interaktionsstörungen findet man v. a. bei Persönlichkeitsstörungen (PS) und so erklärt sich, dass ST insbesondere in diesem Diagnosebereich ihre Wirksamkeit nachweisen konnte. Schematherapeutisches Symptomverständnis und zahlreiche Techniken können aber auch als Teil eines integrativen verhaltenstherapeutischen Gesamtbehandlungsplanes bei chronifizierten und therapieresistenten Störungen hilfreich sein (s. Stromberg & Zickenheiner, 2021; Zarbock, 2008; Gall-Peters & Zarbock, 2012). Sie stellt damit eine Methode dar, die das Interventionsspektrum der Verhaltenstherapie erheblich erweitert.

Was ist dabei der konkrete Beitrag der ST? Es ist aus unserer Sicht weniger das Modell. Daher haben wir das Modell auf seine Essenz reduziert und damit wieder besser anschlussfähig an die Verhaltenstherapie gemacht. Es sind vielmehr die besondere Beziehungsgestaltungskompetenz und die gut definierten Therapieprozesse und -techniken, von denen die Verhaltenstherapie profitieren kann. Bei der sog. »begrenzten Nachbeelterung« fällt auf, dass die ST insbesondere bei Patientinnen mit Borderline-Persönlichkeitsstörungen im Vergleich zu anderen, Borderline-spezifischen Behandlungen deutlich niedrigere Abbruchquoten zeigt (ST: 11,1 %, DBT:

23 %, MBT: 24,8 % und TFP: 34,9 %; Jacob & Arntz, 2013). Diese Art der Beziehungsgestaltung scheint also auch schwierige Patientinnen gut in der Behandlung halten zu können und diesen gerecht zu werden.

Die erlebnisaktivierenden Techniken sind ein zweites »Asset« in der Schematherapie. Sie sind zwar grundsätzlich der Gestalttherapie entlehnt, werden aber in der Schematherapie auf die Fallkonzeption bezogen strategisch und weitgehend manualisiert eingesetzt. Insbesondere die Technik des Imaginativen Überschreibens (Imagery Rescripting – ImRs) ist auch in Studien gut untersucht und z. B. bei Traumapatientinnen ähnlich wirksam wie EMDR (Boterhoven de Haan et al., 2020). Auch hier sehen wir auf Technikebene eine Bereicherung für die Verhaltenstherapie. Imaginatives Überschreiben wird inzwischen tatsächlich zunehmend in der Verhaltenstherapie der PTBS eingesetzt (Steil, 2021). Dies ist grundsätzlich auch für Stühledialoge möglich (Roediger, 2015).

Historischer Entstehungskontext und Entwicklung

Der Geburtsort der Schematherapie ist das Cognitive Therapy Center von Aaron Beck in Philadelphia. Wir schreiben die 80er Jahre des letzten Jahrhunderts. Jeffrey Young war damals ein enger Mitarbeiter von Aaron Beck und konzipierte mit ihm die Studien. Dabei stellte er fest, dass ein nicht kleiner Teil der dort behandelten Patientinnen nicht von der kognitiven Therapie profitierte. Als er der Sache nachging, stellte er fest, dass zu diesen Patientinnen mit herkömmlichen Techniken keine gute Arbeitsbeziehung hergestellt werden konnte. Sie arbeiteten nicht mit, waren anhaltend misstrauisch oder sogar feindselig, machten die Hausaufgaben nicht und verstrickten die Therapeutinnen. Er sah die Ursache in tiefsitzenden Einstellungen, die er Schemata nannte. Er griff dabei auf einen Begriff von Beck zurück, interpretierte ihn aber umfassender.

> Für Young sind Schemata komplexe Muster mit kognitiven, aber auch emotionalen und physiologischen Anteilen und daraus entstehenden Handlungsimpulsen. Sie entstehen, wenn in der Kindheit die Grundbedürfnisse des Kindes nicht erfüllt werden.

Etwas plastisch ausgedrückt sind das kleine »Videoclips« von schmerzhaften Kindheitserlebnissen, die in das sich entwickelnde Gehirn des Kindes »eingebrannt« werden und von nun an die Wahrnehmung, Bewertung und die Beantwortung von Sinneswahrnehmungen prägen. Damit befindet sich Young in großer Nähe zu den Konzepten der Bindungsforschung und dem Konzept des »internal working model« von Bowlby (1976) und damit essentiell psychodynamischen Konzepten. Auf Basis der Beobachtung seiner Patientinnen definierte er 18 Schemata, die wir später kurz vorstellen wollen. Youngs Idee war, dass es diese Schemata sind, die die Mitarbeit der Patientinnen in der Therapie beeinträchtigen. Im selben Zeitraum machte er selbst eine Gestalttherapie (Young, 2010) und erlebte sozusagen »am eigenen Leib« die Intensität von Imaginationen und Stühledialogen. Diese Techniken integrierte er in seine Methode und setzte sie gezielt ein, um in der Therapiebeziehung Schemata zu aktivieren und durch eine korrigierende emotionale Beziehungserfahrung zu »heilen«, was zwar im Konzept einem psychodynamischen Vorgehen sehr nahe ist (Kohut, 1981, 2001), gleichzeitig aber dem »interventionsfreudigen« Geist der Verhaltenstherapie entspricht. Im Gegensatz zur eher abstinenten psychodynamischen Therapeutenhaltung wollte er des Weiteren die Grundbedürfnisse der Patientinnen im Rahmen des therapeutisch Möglichen konkret befriedigen, so wie das »gute Eltern« tun. Er nannte diesen Prozess »begrenzte Nachbeelterung« (limited reparenting). Er ging davon aus, dass dann die Patientinnen von sich aus autonom und »erwachsen« werden wollen. Ggf. half er diesem Prozess durch eine sog. »empathische Konfrontation« nach. Obwohl Young viele Ideen von Beck aufgriff, gerieten seine Gedanken zunehmend eigenständiger, sodass er sich um 1987 in New York niederließ.

Inzwischen sind wir in den frühen 2000er Jahren. Arnoud Arntz plant in den Niederlanden eine Studie mit Borderline-Patientinnen. Um die Fallkonzeptionen übersichtlich zu halten, fokussiert er nicht mehr auf die hintergründigen Schemata, sondern auf die Zustände, in die Menschen kommen, wenn ihre Schemata aktiviert sind: die sog. Modi. Der Fokus auf die Arbeit mit unterschiedlichen Modi ermöglichte nicht nur eine übersichtliche Fallkonzeption, sondern auch eine bessere Manualisierung des Behandlungsprotokolls im Hinblick auf unterschiedliche Behandlungsphasen. Je nach Stand im Therapieprozess wurden spezifische Interventionen mit bestimmten Modi vorgeschlagen. Es folgten mehrere große Wirksamkeitsstudien, die nicht nur die Effektivität bei der Behandlung von Borderline-PS, sowohl im Einzel- (Giesen-Blo et al., 2006) als auch im Gruppensetting (Arntz et al., 2022) belegten, sondern auch bei weiteren Persönlichkeitsstörungen (Bamelis et al., 2014).

1.2 Die Grundkonzepte

1.2.1 Schemata

Im Sinne Grawes (2004) bezeichnet ein Schema eine Bereitschaft des Gehirns, auch heute noch so zu reagieren, wie es in der Kindheit angelegt wurde. Damit dringt immer ein Stück weit die unbearbeitete Vergangenheit in unser gegenwärtiges Leben ein, ohne dass uns das bewusst ist. Im Gegenteil: Wir betrachten die Welt durch eine »Schema-Brille« ohne zu merken, dass wir eine Brille auf der Nase haben. Aufgrund der Tatsache, dass die Neuronen unseres Gehirns zu ca. 97 % mit sich selbst verschaltet sind, schwimmen wir sozusagen »im eigenen Saft« und glauben, dass die Welt so ist, wie wir sie sehen (Roth, 2001). Unter https://www.schematherapie-frankfurt.de/images/IST-F%20Materialien/Videos/Tutorial_Videos/Warum%20Perspektivwechsel%20schwerfallen.mp4 können Sie sich dazu ein Tutorial anschauen. Aus dieser sog. Selbstreferentialität leitet sich eine unserer zentralen Interventionen ab, nämlich aufzustehen und das eigene Erleben wie von außen zu betrachten. Diese inneren Muster zu erkennen, als »alt« einzuordnen und aus ihnen auszusteigen ist einer der zentralen Schritte im Veränderungsprozess. Die 18 Schemata werden abhängig vom frustrierten Grundbedürfnis in fünf Schemadomänen zusammengefasst (Young et al., 2005):

Domäne I: Abgetrenntheit und Ablehnung (Bedürfnis: Sichere Bindung)

1. emotionale Entbehrung
2. Verlassenheit und Instabilität
3. Misstrauen/Missbrauch
4. Isolation
5. Unzulänglichkeit/Scham

Domäne II: Beeinträchtigung von Autonomie und Leistung (Bedürfnis: Autonomie)

6. Erfolglosigkeit/Versagen
7. Abhängigkeit und Inkompetenz
8. Verletzbarkeit
9. Verstrickung/unentwickeltes Selbst

Domäne III: Beeinträchtigung im Umgang mit Grenzen (Bedürfnis: realistische Grenzen)

10. Anspruchshaltung/Grandiosität
11. unzureichende Selbstkontrolle

Domäne IV: übertriebene Außenorientierung und Fremdbezogenheit (Bedürfnis: Freiheit, Emotionen und Bedürfnisse zu äußern)

12. Unterordnung/Unterwerfung
13. Aufopferung
14. Streben nach Zustimmung

Domäne V: übertriebene Wachsamkeit und Gehemmtheit (Bedürfnis: Spontanität und Spaß)

15. emotionale Gehemmtheit
16. überhöhte Standards
17. negatives Hervorheben/Pessimismus
18. Bestrafungsneigung

1.2.2 Schemabewältigung

Bei einer Schemaaktivierung erleben wir die gleichen belastenden Emotionen wie damals, als die Schemata angelegt wurden. Um diesen »Schemaschmerz« (Schuchardt & Roediger, 2016) nicht zu spüren, entwickeln wir die folgenden drei Schemabewältigungsprozesse: (1) *Schemavermeidung*, (2) *Schemakompensation* und (3) *Schemaerduldung*. Bei der (1) *Schemavermeidung* versuchen wir, Situationen auszuweichen, in denen die Schemata ausgelöst (getriggert) werden können. Ängstliches Vermeidungsverhalten oder die sog. Konstriktion bei Traumatisierten sind deutliche Beispiele dafür. Darüber hinaus gibt es aber ein breites Spektrum an vermeidenden interaktionellen Verhaltensweisen, auf die wir im Detail in Kapitel 2 und 4 eingehen. Bei der (2) *Schemakompensation* handeln wir sozusagen gegen das Schema, sodass wir in unserem Verhalten das Gegenteil von dem zeigen, was wir damals erlebt haben: Die Beschämte gibt sich übertrieben selbstsicher, die Alleingelassene betont autonom, die Verletzbare besonders kontrollierend. Oder kurz gesagt: Wir wechseln die Seite und aus »Opfern« werden »Täter«. Darauf werden wir besonders in ▶ Kap. 5 eingehen. Bei der (3) *Schemaerduldung* »glauben« die Betroffenen sozusagen den Schemata und führen das Verhalten fort. In der Kindheit ausgenutzte Menschen lassen sich auch später ausnutzen, bleiben sozusagen »Opfer«, weil sie denken, das Leben sei eben so. In der Psychodynamik nennt man das Wiederholungszwang. Paul Watzlawick (1976) nennt es eine selbsterfüllende Prophezeiung. Darauf werden wir in ▶ Kap. 3 eingehen.

1.2.3 Modi

Schemata können als stabile Charakteristika (»traits«) verstanden werden, welche nach der Entstehung in der Kindheit und Jugend stabil bleiben. Ein Schemamodus bezeichnet in der Schematheorie einen zu einem bestimmten Zeitpunkt aktivierten komplexen Zustand (»state«). Die Arbeit mit Schemamodi wurde entwickelt, als Young und sein Team versuchten, das Schemamodell bei der Behandlung von Patientinnen mit Borderline-Störung anzuwenden (Young et al., 2005). Borderline-Patientinnen können in Momenten starker emotionaler Aktivierung abrupt zwischen verschiedenen Zuständen wechseln (sog. Mode-Flipping). Wenn Schemata die »geronnene Vergangenheit« in uns sind, dann sind Modi ihre gegenwärtige Erscheinungsform. Sie setzen sich aus dem aktivierten Schema und der (unbewusst erlernten) Schemabewältigung zusammen. Im Schema-Mode-Inventory (SMI) werden 14 Modi erfasst:

Kindmodi

- Verletzbares Kind
- Ärgerliches Kind
- Wütendes Kind
- Impulsives Kind

- Undiszipliniertes Kind
- Glückliches Kind

dysfunktionale Elternmodi

- Fordernder Elternmodus
- Strafender Elternmodus

dysfunktionale Bewältigungsmodi

- Folgsamer Erdulder
- Distanzierter Beschützer
- Distanzierter Selbstberuhiger
- Selbstüberhöher
- Einschüchterer

funktionaler Modus

- Gesunder Erwachsener

Für unsere Arbeit spielt die genaue Bezeichnung eines einzelnen Schemas oder Modus keine so große Rolle. Wir arbeiten immer mit den aktuell in der Therapie sichtbaren aktivierten Zuständen (Modi) und ordnen diese in ein dimensionales Modell ein. Dabei unterscheiden wir im Sinne Sachses (2008) eine *Spielebene* auf einer »vorderen (sichtbaren) Bühne« im sozialen Raum und eine *Motivebene* im Inneren der Menschen auf einer »hinteren Bühne«. Im innerlichen Erleben auf der hinteren Bühne (bis hin zum imaginativen Float-back) können wir dann den konkreten Bezug zum entsprechenden Kinderleben (Schema) herstellen. Die Benennungen der einzelnen Schemata und Modi treten dabei in den Hintergrund. Für ein funktionales Verhalten ist wichtig, die Einflüsse der aktivierten Schemata zu erkennen, den resultierenden spontanen Handlungsimpulsen nicht zu folgen, sondern gegenwartsbezogen aus dem Erwachsenenmodus die Tendenzen zum selbstbehauptungsorientiert-externalisierenden und bindungsorientiert-internalisierenden Verhalten so auszubalancieren, dass soziale Beziehungen langfristig gelingen und diese fundamentalen Grundbedürfnisse heute beide ausreichend befriedigt werden. Aber dazu später mehr.

1.3 Kontextuelle Perspektive

1.3.1 Der Bezug zur Verhaltensanalyse und zum SORKC-Modell

Schemata können als eine Art »Erbe« unserer Lebenserfahrung im Sinne früh eingeprägter Erlebnismuster angesehen und somit im SORKC-Modell der »Organismus-Variable (O-Variable)« zugeordnet werden. Schemata beeinflussen stark die Art und Weise, wie wir aktuelle Situationen wahrnehmen und emotional bewerten. Sie werden im Prinzip von bestimmten »Hinweis-Stimuli« getriggert.

In der konventionellen Schematherapie werden alle Modi als »personale Gesamtzustände« verstanden (Berbalk & Kempkensteffen, 2000), d.h. aus Emotionen, Gedanken, Körpererleben und Verhalten zusammengesetzt. Dieses Moduskonzept hat eine große Nähe zu dem Ego-States-Modell (Watkins & Watkins, 2003) bzw. Teilemodellen der systemischen Therapien (z.B. Satir, 2004). Wir halten das Konzept aus verschiedenen Gründen für problematisch und eine konzeptuelle Sackgasse (Details dazu bei Roediger et al., 2018, Valente & Roediger, 2020, Valente, 2021). Wenn wir die Unterscheidung zwischen Kindmodi, kritischen Modi (»Elternmodi«) und Bewältigungsmodi v.a. anhand der Kernelemente basale Emotion, Grundannahmen und sichtbares Verhalten erklären, dann ist das Modusmodell auch in »klassischen« verhaltenstherapeutischen Termini sehr gut darstellbar (s. auch Stromberg & Zickenheiner, 2021). Und auch die Verbindung zwischen Modi und Schemata kann dadurch grafisch sehr gut erklärt werden (▶ Abb. 1.1).

Wir sehen die sog. *Kindmodi* als die körpernah erlebten Basisemotionen an, die uns aus dem biologischen Prozess heraus die Frustration unserer Grundbedürfnisse anzeigen. In ihnen erleben wir vor dem Hintergrund aktivierter Schemata (O-Variable) unsere primäre emotionale Reaktion auf die Situation (R emot.). Die *Inneren Kritiker* (früher Elternmodi genannt) verstehen wir – analog zur kognitiven Therapie – als die dysfunktionalen Grundüberzeugungen, die ebenfalls in die neuronale Matrix unseres Gehirns, also in die O-Variable, eingeprägt wurden. Von diesen Grundüberzeugungen lassen sich automatische Gedanken (R kog) in der Regel gut ableiten. Aus diesen beiden Komponenten werden das aktuelle Selbsterleben und das exekutierte Verhalten, die sog. *Bewältigungsmodi*, auf der *vorderen Bühne* zusammengesetzt. In einem Bewältigungsmodus zeigen wir ein bestimmtes Verhalten im Sinne der externalen R-Variable. Das entspricht dem ursprünglichen Konzept des Modus. Alle Bewältigungsmodi kann man im Spektrum zwischen Internalisierung und Externalisierung einordnen entlang der phylogenetisch angelegten Grundtendenzen: Unterwerfen/Erstarren/Fliehen/Kämpfen.

Diese Darstellung ist sicherlich eine reduktionistische Vereinfachung sehr komplexer Vorgänge. Diese »Vereinfachung« hat jedoch klare Vorteile! Einerseits erhöht sie die Anschlussfähigkeit an andere Konzepte und Techniken innerhalb der Verhaltenstherapie. Auf einer praktischen Ebene ermöglicht uns diese Darstellung eine bessere und zielgerichtete Systematisierung der von uns eingesetzten Techniken im Sinne eines prozessbasierten Ansatzes. Auch für Patientinnen ist dieses vereinfachte

Modell sehr leicht zugänglich und anwendbar (z. B. in Situationsanalysen mit einem Schema-Modus-Memo).

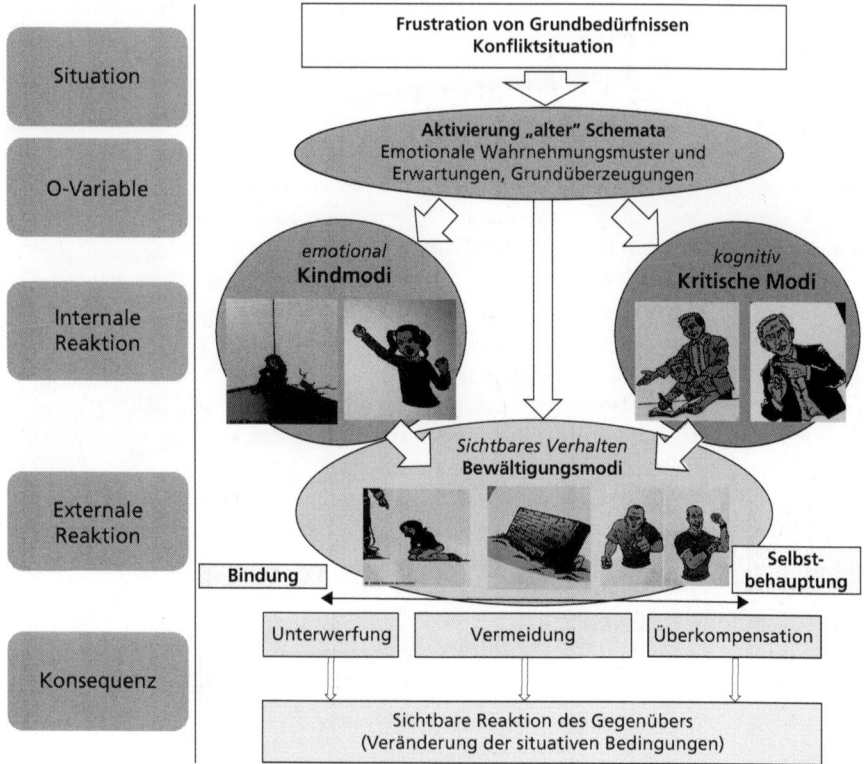

Abb. 1.1: Schemamodi in der SORKC-Analyse (Verwendung der Moduskarten mit freundlicher Genehmigung von David Bernstein)

1.3.2 Das dimensionale Verständnis des Modusmodells und die Metapher der »zwei Beine«

Dimension Bindung – Selbstbehauptung/Autonomie

Die Polarität dieser zwei emotionalen Grundbedürfnisse ist ein zentrales Konzept, mit dem wir während der gesamten Behandlung arbeiten werden. Eine sehr schöne und praktische Metapher ist die der »zwei Beine, auf denen wir stehen und laufen«. Man kann – für eine gewisse Zeit – auf nur einem Bein stehen, was jedoch die Beweglichkeit stark einschränkt und früher oder später zu einer Überlastung führt. Man kann auch auf einem Bein hüpfen, aber man ist wesentlich schneller und stabiler unterwegs, wenn man bei der Fortbewegung beide Beine benutzt (Sie können daraus im Übrigen spielerische Experimente machen, um das Konzept noch erlebnisnäher zu demonstrieren!). So unterscheiden wir in der Arbeit mit Patientinnen zwischen einem »Bindungs-« und einem »Selbstbehauptungsbein«. Zur besseren Veranschaulichung verwenden wir auch häufig Farben in der Darstellung des Modusmodells (blau für Bindung und rot für Selbstbehauptung). Wenn man sich Bindung und Selbstbehauptung als Pole eines eindimensionalen Spektrums vorstellt, lassen sich Kind- und viele Bewältigungsmodi relativ klar eher dem Bindungs- oder dem Selbstbehauptungspol zuordnen: Verletzbare Kindmodi tendieren sehr deutlich zum blauen Bindungspol (und damit zu internalisierendem Verhalten), ärgerliche und impulsive Kindmodi zum roten Selbstbehauptungspol (und damit zu externalisierendem Verhalten).

Welche Rolle spielen aber kritische Modi? »Antreiber- und Kritikerstimmen im Kopf« scheinen eine wichtige Rolle bei der Entstehung und Aufrechterhaltung konkreter Verhaltensweisen und Bewältigungsmodi zu haben. »Internalisierende« Bewältigungsmodi (Unterwerfung/passive Vermeidung) lassen sich vor allem durch die Hemmung von Selbstbehauptungstendenzen erklären, wobei entsprechende Gedanken im Sinne von »inneren Botschaften« und automatisierten Bewertungen zu erwarten sind (»Du darfst dich nicht ärgern«, »Sei nicht so egoistisch«, »Denk doch an die anderen«, »Du verdienst keinen Respekt«, etc.). Bei »externalisierenden« Bewältigungsmodi (aktive Vermeidung und Dominanz/Kampf) scheinen hingegen bindungsorientierte Tendenzen vernachlässigt zu werden. Auch hier finden wir entsprechende Bewertungen der Inneren Kritiker (z. B. »Das geht gar nicht, wie kann der sich so gehen lassen, das ist ja ekelhaft, das muss bestraft werden«).

Dimension vordere Bühne – hintere Bühne

Analog zu Rainer Sachses Konzept einer »Motivebene« und einer »Spielebene« (2008) bezeichnet die *hintere Bühne* innerlich erlebte Basisemotionen (Kindmodi) sowie in der Kindheit erlernte und jetzt aktivierte Grundannahmen und Bewertungsmuster (Innere Antreiber/Kritiker) »hinter den Kulissen«. Die *vordere Bühne* bezeichnet dahingegen die sichtbaren Verhaltensstrategien (Bewältigungsmodi).

Bezüge zum Still-face-Experiment

Das hier umrissene Modell lässt sich sehr gut aus dem Still-face-Experiment von Edward Tronick (www.youtube.com/watch?v=IeHcsFqK7So) herleiten und in ein dimensionales »Zwei Beine«-Modell überführen. Eine ausführliche Darstellung finden Sie in einem Video unter https://www.schematherapie-frankfurt.de/index.php/materialien/videos/tutorials. Das Erleben des Kindes in dem Video schwankt zwischen einem verletzbar-ängstlich-traurigen und einem angespannt-genervt-ärgerlichen Pol. Die Frustration des Bindungsbedürfnisses führt zu einer zunächst verletzbar-vertrauensvollen Hinwendung zur Mutter. Dabei befindet sich das Kind noch in einem parasympathischen Zustand (internalisierender Unterordnungsmodus). Erst als die Mutter nicht reagiert, springt der Sympathikus an und bringt das Kind in einen angespannt-ärgerlichen Zustand, aus dem heraus es nun kontroll-selbstbehauptungsorientiert versucht, den für sich überlebensnotwendigen Kontakt wieder herzustellen (externalisierend-dominanter Überkompensationsmodus). Da die Mutter immer noch nicht reagiert, das Kind aber weiter aktiviert ist, wendet es sich einem »Ersatzobjekt« (dem Kameramann) zu (Distanzierter Selbstberuhigungsmodus), um zuletzt in einen traurigen Rückzug zu gehen (Distanzierter Selbstschutzmodus). Diese Zusammenhänge sind in Abbildung 1.2 als Zwei-Beine-Modell zusammengestellt (▶ Abb. 1.2). Die bindungsorientiert-verletzbar-unterordnungsbereite Seite wird »blau« genannt, die selbstbehauptungs-ärgerlich-dominanzorientierte Seite »rot«. Maladaptive Bewältigungsmodi zeichnen sich dadurch aus, dass eine soziale Rolle zu starr, einseitig oder zu intensiv ausgeübt wird. Funktionales Verhalten im Erwachsenenmodus versucht, beide Grundbedürfnisse ausbalanciert, flexibel und situationsangemessen zu befriedigen und so den Zustand des glücklichen (oder zumindest zufriedenen) Kindmodus zu erzeugen.

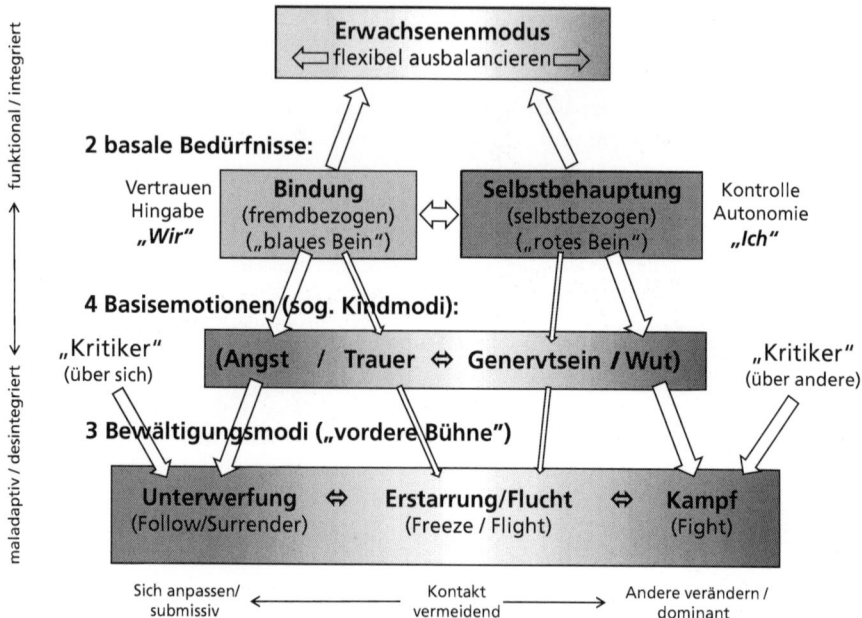

Abb. 1.2: Das dimensionale »Zwei Beine«-Modusmodell

1.3.3 Vom Modusmodell zur Fallkonzeption

Das dimensionale Modell gibt die Grundrichtung für den Therapieprozess vor, um die Grundbedürfnisse, die Emotionen und das Verhalten auszubalancieren. Während es grundsätzlich wichtig ist, problematische Verhaltensweisen aus einer mikroanalytischen Perspektive zu betrachten (mehr dazu ▶ Kap. 5), versuchen wir anhand dieser sich wiederholenden (dysfunktionalen) Muster ein Fallkonzept zu erstellen, in dem das Ungleichgewicht »hinter den Kulissen«, das uns den Mangel an Flexibilität im interpersonellen Verhalten erklärt, deutlich wird. Die Fallkonzeption ergibt sich also im Prinzip aus der systematischen Beobachtung der wesentlichen problematischen Interaktionsmuster und Verhaltensweisen.

Für externalisierende (rote) Patientinnen stellt es tatsächlich den Schwerpunkt der Therapie dar, wieder Zugang zu ihrer verletzbaren (blauen) Seite zu finden und stärker aus dieser heraus zu handeln. Selbstkritische Innere Kritiker (Bewertungen) treten bei diesen Menschen während der Aktivierung externalisierender Muster zurück, die kritischen Bewertungen sind eher auf die anderen Menschen gerichtet und tragen dazu bei, die innerlich aktivierte Ärgerkraft nach außen zu lenken. Sie stecken sozusagen in den Bewältigungsmodi als aktuelle Gedanken drin (z. B. »ich muss dem jetzt mal zeigen, dass das so nicht geht« oder »Wenn ich die anderen nicht kontrolliere, geht es schief«).

Anders ist das bei den internalisierenden (blauen) Patientinnen. Hier sind die Inneren Kritiker auf die Betreffenden selbst gerichtet und nicht nach außen. Während Externalisiererinnen im Zweifelsfall Konflikte mit ihrer Umwelt bekommen, findet bei den Internalisiererinnen der Konflikt in ihrem Inneren (also auf der hinteren Bühne) statt. Dann ist die Entmachtung der Kritiker (neben dem Mobilisieren von konstruktiver Ärgerkraft zur Selbstbehauptung) ein zentrales Therapieziel. Daher brauchen Innere Kritiker einen Platz in der Fallkonzeption.

Es gibt mehrere Möglichkeiten zur graphischen Darstellung einer Fallkonzeption in der Schematherapie. Die sog. Moduslandkarte (Roediger, 2016) bildet das dynamisch-dimensionale Verständnis am besten ab. Daher soll sie hier wiedergegeben werden. Eine leere Moduslandkarte kann hier heruntergeladen werden: https://www.schematherapie-frankfurt.de/index.php/materialien/therapiematerialien/arbeitsblaetter-vortragsfolien. Aber selbstverständlich handelt es sich nur um eine mögliche graphische Darstellung, damit sich Patientinnen und Therapeutinnen untereinander effektiv verständigen können – nicht mehr und nicht weniger. Die Moduslandkarte dient – wie eine Landkarte in der Natur – zur Standortbestimmung und Planung des (Therapie-)Weges. Grundsätzlich ist das Ziel, Verhaltensexzesse zu reduzieren und Verhaltensdefizite aktivierend auszugleichen und dadurch einen Ausgleich bzw. eine Balance zu schaffen. Das ergibt ein einfaches Balancemodell mit drei Prägnanztypen (▶ Abb. 1.3):

1. Patientinnen, die zu sehr auf der internalisierenden (»blauen«) Seite sind, müssen lernen, ihre konstruktive (rote) Ärgerkraft funktional einzusetzen.
2. Dominant-externalisierende (rote) Patientinnen müssen in Kontakt mit ihrer verletzbaren (blauen) Seite kommen, um wieder reziproke Beziehungen auf Augenhöhe haben zu können.
3. Menschen, die sich in eine »Beschützerblase« zurückgezogen haben, müssen lernen, aktiv für ihre Interessen einzutreten (rotes Bein), aber sich auch wieder vorsichtig anderen Menschen gegenüber anzuvertrauen und zu öffnen (blaues Bein).

Es gibt natürlich auch Patientinnen, die »zwischen den Polen schwanken« und in unterschiedlichen Situationen von der einen in die andere Dynamik wechseln. Sie brauchen mehr »Mitte« und Erwachsenenmodus, also Anleitung und Training, um sich von ihrem überschießenden emotionalen Erleben zu distanzieren und sich funktional-selbstfürsorglich beruhigen zu können.

1 Theoretische und praktische Grundlagen: eine kontextuelle Perspektive

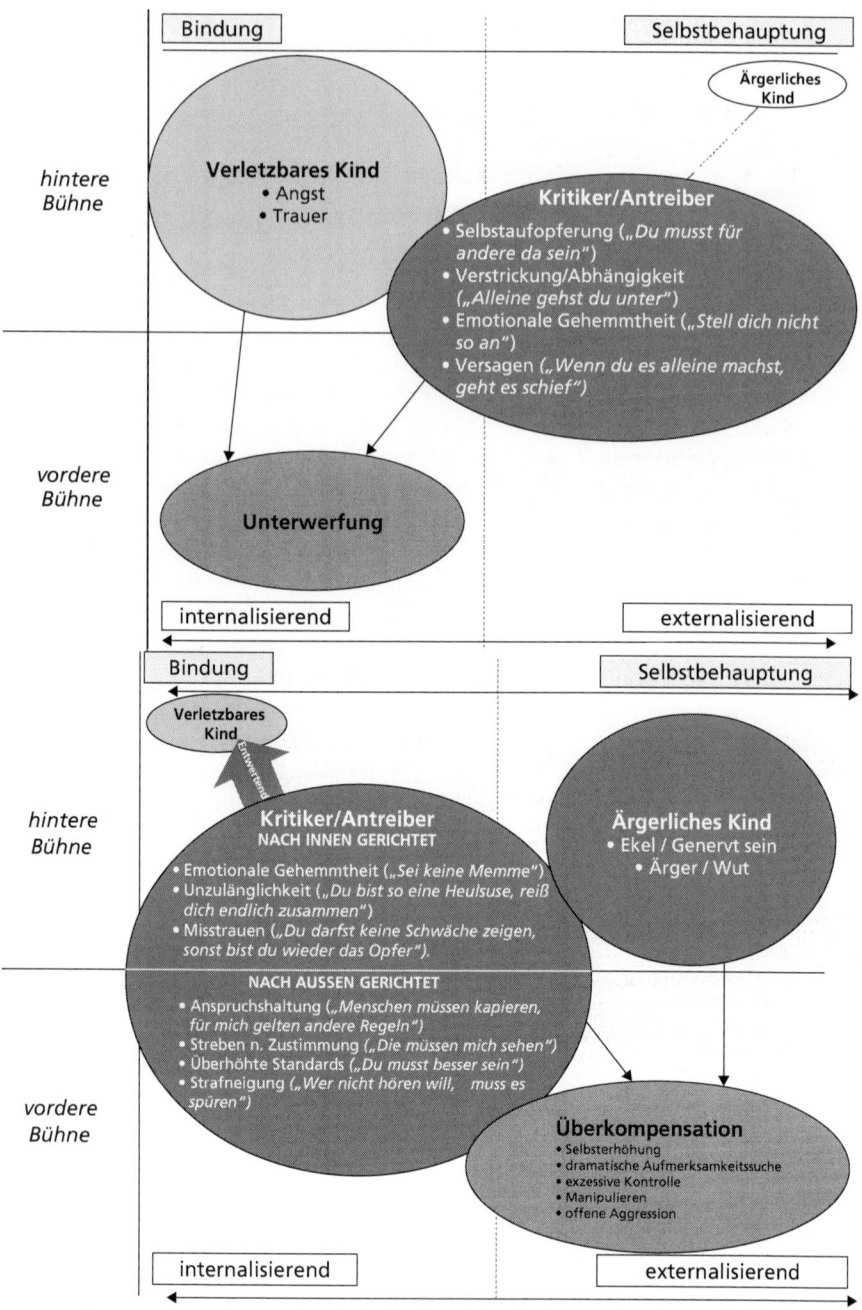

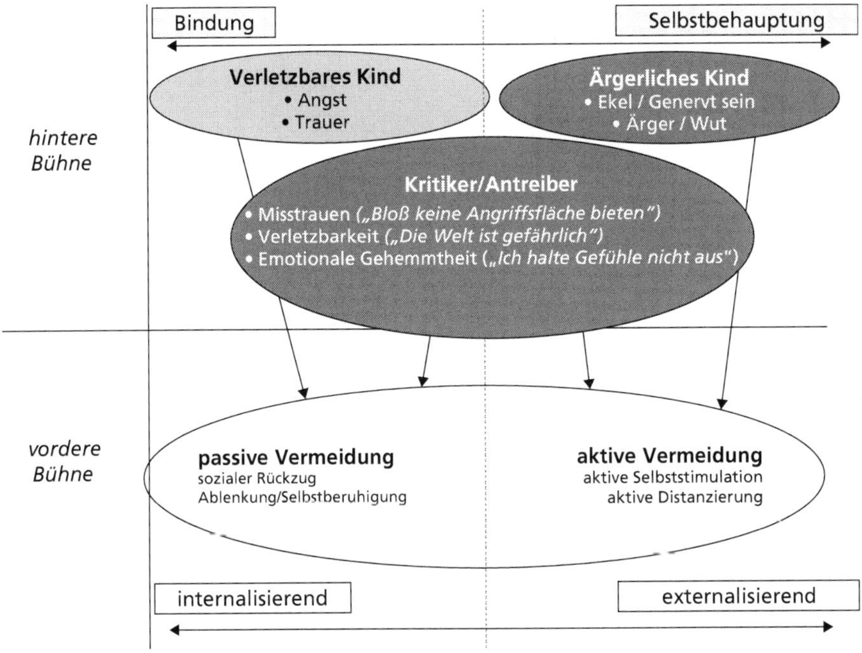

1.3 Kontextuelle Perspektive

hintere Bühne

Bindung | Selbstbehauptung

Verletzbares Kind
- Angst
- Trauer

Ärgerliches Kind
- Ekel / Genervt sein
- Ärger / Wut

Kritiker/Antreiber
- Misstrauen („*Bloß keine Angriffsfläche bieten*")
- Verletzbarkeit („*Die Welt ist gefährlich*")
- Emotionale Gehemmtheit („*Ich halte Gefühle nicht aus*")

vordere Bühne

passive Vermeidung
sozialer Rückzug
Ablenkung/Selbstberuhigung

aktive Vermeidung
aktive Selbststimulation
aktive Distanzierung

internalisierend | externalisierend

Abb. 1.3: Die drei Prägnanztypen: Internalisierend-externalisierend-zurückgezogen

Die folgenden Abbildungen sollen die jeweiligen inneren Dynamiken sichtbar machen. So wird deutlich, wie die Basisemotionen (Kindmodi) und Bewertungsmuster (Innere Kritiker) auf der hinteren Bühne (mittlere Zeile) die Bewältigungsmodi auf der vorderen Bühne (untere Zeile) hervorbringen.

Viele Patientinnen sind sich ihrer Basisemotionen und Bewertungsmuster nicht bewusst und nehmen nur unkritisch die sozialen Emotionen und aktuellen Gedanken im Bewältigungsmodus wahr, die ja immer ich-synton sind. In der Therapie *markieren* und *validieren* wir die Bewältigungsmodi als »bis jetzt beste alte Lösung«, um sie dann in das Spektrum der Bewältigungsmodi *einzusortieren*.

> Die direkte Arbeit mit und an Bewältigungsmodi ist der Einstieg in die Arbeit auf der hinteren Bühne. Dazu finden Sie in den folgenden Kapiteln zahlreiche Anregungen. Letztlich wollen wir die »Stimmen der Kritiker im Kopf« erkennen und an die Basisemotionen im Körper auf der hinteren Bühne herankommen.

Das Ziel der Therapie ist, die Kritiker aus der Perspektive des Gesunden Erwachsenenmodus neu zu bewerten und ggf. loszulassen und mit den (von den Kritikern blockierten) funktionalen Emotionen in Kontakt zu kommen. Dann kann der Gesunde Erwachsenenmodus funktionales Verhalten initiieren. Kurz zusammengefasst können wir das Entstehen von Basisemotionen und das Auftreten von Kritikergedanken nicht verhindern. Aber wir haben eine Wahl, wie wir mit ihnen umgehen! Wir können im »Autopiloten« in die Bewältigungsmodi »versinken« (untere Zeile), oder durch eine bewusste Selbstregulation »schwimmend nach oben« kommen. Dies bringt uns zum nächsten wichtigen Thema: unser Verständnis vom Gesunden Erwachsenenmodus.

1.3.4 Der Gesunde Erwachsenenmodus aus einer kontextuellen Perspektive

Um unser Verständnis des Gesunden Erwachsenenmodus darzustellen, möchten wir Sie zunächst auf eine andere Methode innerhalb der Dritten Welle der Verhaltenstherapie aufmerksam machen: die Akzeptanz- und Commitment-Therapie (ACT; Hayes, Strosahl & Wilson, 2012). ACT ist (wie die Schematherapie) ein *transdiagnostischer Behandlungsansatz*, der auf der Basis der Bezugsrahmentheorie (relational frame theory; RFT) und des funktionalen Kontextualismus als Weiterentwicklung des behavioralen und verhaltensanalytischen Denkens entwickelt wurde. ACT konnte in den letzten 30 Jahren im Rahmen von über 480 RCTs empirisch gut untersucht und ihre Wirksamkeit in der Behandlung zahlreicher sog. Achse-I-Störungen belegt werden, z. B. bei Angst- und Zwangsstörungen, Depression, chronischen Schmerzen, somatoformen Störungen und Suchterkrankungen. In ACT wird mit sechs Kernfertigkeiten gearbeitet, die sowohl zur Erklärung der Psychopathologie im Sinne einer Fallkonzeption als auch zur Darstellung der zu trainierenden Fertigkeiten verwendet werden:

Gegenwärtigkeit. Aus einer ACT-Perspektive kann psychische Flexibilität erst entstehen, wenn innere und äußere Erlebnisse im Hier und Jetzt flexibel wahrgenommen werden und die eigene Aufmerksamkeit bewusst auf das gegenwärtige Erleben gelenkt werden kann.

Selbst-als-Kontext. Das Selbst wird in ACT als Standort des Erlebens in einem umgebenden, gegenwärtigen Raum verstanden (»Kontext«). Wenn das Selbst nicht als Inhalt, sondern als Kontext verstanden wird, ist ein grundsätzlicher Perspektivwechsel möglich, was als Zeichen psychischer Flexibilität gilt. Bei psychischer Rigidität findet hingegen eine Verschmelzung mit früher gebildeten Selbstkonzepten (Narrativen) statt: Das Selbst wird dann als Objekt und nicht als Kontext erlebt, was die Offenheit für die flexible Wahrnehmung des augenblicklichen Moments sehr einschränkt.

Akzeptanz. Auch »Bereitwilligkeit« genannt. Damit bezeichnet man in ACT eine bewusste und offene Haltung gegenüber dem augenblicklichen emotionalen Erleben. Ein Mensch, der sein Erleben akzeptiert, kann sowohl angenehme als auch schmerzliche Emotionen und Empfindungen flexibel wahrnehmen und diese annehmen, ohne sie festhalten oder von ihnen flüchten zu wollen bzw. gegen diese anzukämpfen. Dahingegen führt das Ablehnen des emotionalen Erlebens zu psychischer Rigidität und zur Anfälligkeit für klinische Symptome.

Kognitive Defusion. ACT betont den »prozessualen Charakter« der Sprache und des Denkens und stellt die kognitive Fusion im Sinne einer »Verschmelzung« mit Gedanken, Selbstkonzepten und Bildern als ein wesentliches Problem dar, welches zur Rigidität und zum emotionalen Leiden führt. Defusion bezeichnet hingegen die Fähigkeit, seine Gedanken weniger ernst zu nehmen und diese nicht mehr als

1.3 Kontextuelle Perspektive

»Wahrheit« zu betrachten. Die Kategorie »wahr vs. nicht wahr« wird bei der kognitiven Defusion durch die Kategorie »nützlich vs. weniger nützlich« ersetzt.

Klarheit über eigene Werte. Werte im ACT-Kontext haben keinen moralischen Charakter. Sie sind vielmehr das Ergebnis einer freien und bewussten Wahl, welche entsteht, wenn man mit seiner (per Definition begrenzten) Lebenszeit wertschätzend umgeht. Diese bewusste Wertschätzung beschreibt eine Haltung, die gewissermaßen eine »Befreiung« von der Verstrickung mit den automatisierten Bewertungen der inneren Kritikerstimmen ermöglicht, ebenfalls eine Distanzierung zur Vergangenheit und zur aktuellen emotionalen Reaktion sowie eine Fokussierung auf das hier und jetzt. »Werte« stehen für das, was einem im Leben aus unmittelbar jetziger Sicht wichtig ist. Werte sind im Prinzip »Sinn gebend« und zeigen eine Richtung für konkrete Handlungen auf.

Engagiertes Handeln. Dies bezeichnet in ACT nichts anderes als die bewusste Umsetzung eigener Werte in konkrete Handlungen. So spricht man in ACT auch von »sinnvollen (Werte = Sinn) Handlungen«.

Diese sechs Fertigkeiten können im Kontext der Schematheorie dem Gesunden Erwachsenenmodus zugeordnet werden. Rainer Sonntag (2008) beschreibt in seiner Systematik neben den sechs Fertigkeiten und deren pathologischen Korrelaten zwei übergeordnete Kernprozesse: *Freiheit von innerer aversiver Kontrolle* (»acceptance«) und *Tatkraft* (»commitment«). Dabei werden kognitive Defusion und emotionale Akzeptanz als Fertigkeiten des Kernprozesses »Freiheit« einerseits, Werteorientierung und engagiertes Handeln als Fertigkeiten des Kernprozesses »Tatkraft« andererseits beschrieben. Abb. 1.4. zeigt das sog. ACT-Hexaflex, von dem sich das Therapierational ableiten lässt (▶ Abb. 1.4).

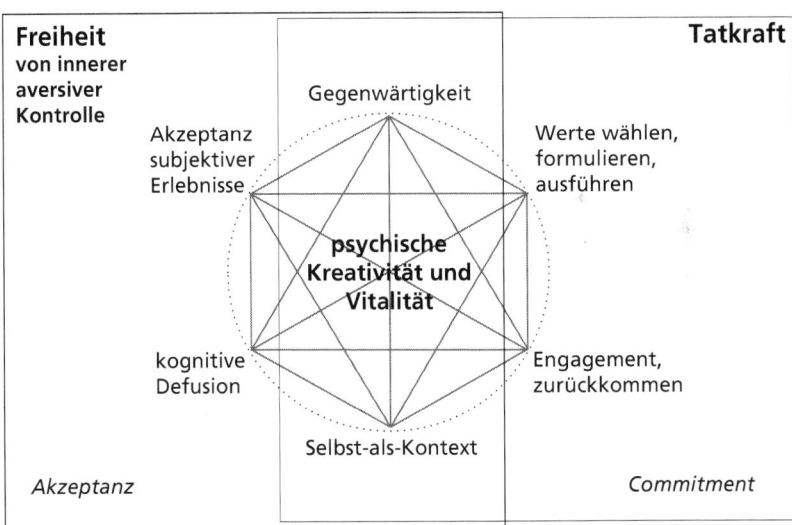

Abb. 1.4: ACT-Fertigkeiten und Kernprozesse (Sonntag, 2008, Abdruck mit freundlicher Genehmigung, modifiziert nach Hayes et al., 2006)

Patientinnen werden systematisch trainiert, sich im Sinne der Gegenwärtigkeit zu »zentrieren« bzw. den Kontakt mit dem augenblicklichen Moment zu suchen. Anschließend wird im Sinne der Akzeptanz aversiver Emotionen und Kognitionen eine Art »Offenheit« gegenüber eigenen verdeckten Reaktionen auf die unmittelbare Situation trainiert, welche im dritten Moment dieser Bewegung den Übergang zur wertorientierten Entscheidung hinsichtlich des nach außen gerichteten Verhaltens sowie dessen Ausführung darstellt.

Die Fertigkeiten *Gegenwärtigkeit* und *Selbst-als-Kontext* im Sinne der »Zentrierung« sind ein zentraler Dreh- und Angelpunkt des Modells! Sie entsprechen der metaperspektivischen *»Beobachterfunktion«* des Gesunden Erwachsenenmodus, während die anderen vier Fertigkeiten eher einer Art *»exekutiver Funktion«* des Erwachsenenmodus zugeordnet werden können – sozusagen der Gesunde Erwachsenenmodus »in Aktion«, wenn Sie möchten. Anders ausgedrückt kann der Erwachsenenmodus dynamisch anhand der Fähigkeit beschrieben werden, sich von unmittelbaren, schemaassoziierten emotionalen und kognitiven Aktivierungen und Handlungsimpulsen zu lösen und dabei zu erkennen, dass diese nur im Kontext verstanden werden können. »Kontext« umfasst dabei sowohl die aktuelle Situation entsprechend der horizontalen als auch die eigene Lebensgeschichte im Sinne der vertikalen Verhaltensanalyse.

1.4 Behandlungsgrundlagen

1.4.1 Das Behandlungsrational

Das Behandlungsrational in der Schematherapie ist verhältnismäßig überschaubar und ergibt sich aus unserem grundsätzlichen Verständnis der Verhaltenssteuerung und der Entwicklung und Aufrechterhaltung psychopathologischer Symptome im Kontext einer PS (▶ Abb. 1.5).

An erster Stelle steht die Entwicklung von »Schema- bzw. Modusbewusstsein«: Therapeutin und Patientin entwickeln ein Erklärungsmodell für die Schwierigkeiten und Symptome, die Leidensdruck verursachen und die Patientin veranlassen, die Therapie zu beginnen. Die individualisierte Fallkonzeption ist die »gemeinsame Sprache« in unserer Kommunikation. An zweiter Stelle steht die Schemaaktivierung, denn Reaktionsmuster, egal ob kognitiv, emotional oder motorisch, können nur effektiv adressiert und verändert werden, wenn sie aktiv sind. Das bedeutet konkret: Wenn sich Schemata bzw. die resultierenden Modi nicht spontan in der Sitzung zeigen, müssen diese gezielt von uns Therapeutinnen aktiviert werden. Erst wenn diese Muster im Raum sichtbar sind, haben Therapeutin und Patientin die Möglichkeit, diese wahrzunehmen und adaptive Regulationsmöglichkeiten einzuüben. Dabei entsteht auch eine neue Beziehungserfahrung für die Patientin. Im Laufe der Therapie lernen die Patientinnen zunehmend, diese Strategien selbstständig anzuwenden und in den Alltag zu übertragen, was letztendlich das Hauptziel der Behandlung ist.

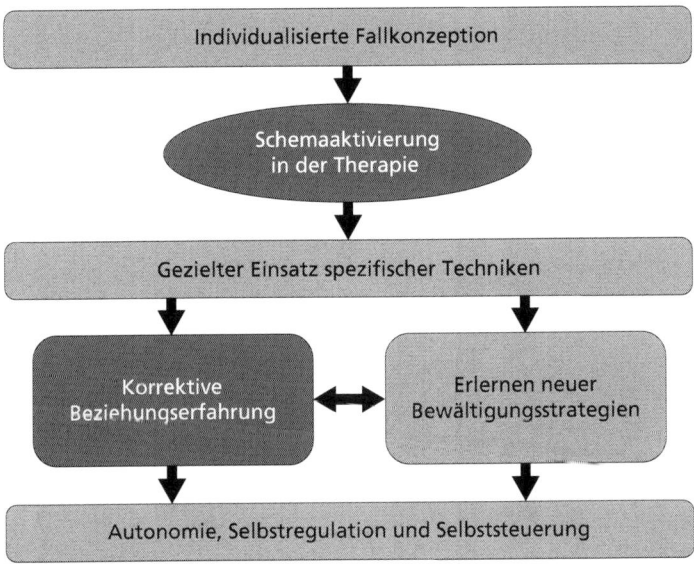

Abb. 1.5: Behandlungsrational

1.4.2 Der Therapieprozess und die wesentlichen Wirkfaktoren

Der Therapieprozess folgt den von Grawe (2004) genannten Wirkfaktoren:
Beziehungsaufbau und Fallkonzeption: Zunächst müssen wir mit den Patientinnen in Kontakt kommen und auf Basis des Modells eine Fallkonzeption erstellen. Wie erwähnt, raten wir von sehr ausführlichen Befragungen bzw. Darstellung der Patientinnen ab, da sich diese überwiegend auf das konzeptionelle Selbst im semantischen Verarbeitungssystem beziehen. Wir fragen lieber die biografischen Eckdaten (analog eines Genogramms) ab und kommen dann rasch zu den aktuellen Problemen, die jetzt in die Therapie führen. Die wesentlichen biografischen Szenen finden wir in der diagnostischen Imagination. Die Schemafragebögen helfen, einen Überblick über zentrale Problembereiche und Bewältigungsreaktionen zu bekommen. Ein entsprechendes Computerprogramm, mit dem die Patientinnen alle Fragebögen zuhause ausfüllen können, kann unter https://www.schematherapie-frankfurt.de/index.php/materialien/therapiematerialien/quest-software bezogen werden. Auf Basis der Problemschilderung, der Fragebögen und der Verhaltensbeobachtung in der Sitzung kann dann eine Moduslandkarte ausgefüllt werden. Zum besseren Verständnis des Modells schauen wir uns mit allen Patientinnen in der zweiten (oder dritten) Stunde gemeinsam das Still-face-Video an. Ggf. müssen Patientinnen Stabilisierungstechniken vermittelt werden. Auf den Umgang mit star-

ken Symptomen gehen wir hier nicht ein, sondern verweisen auf das Buch von Stromberg und Zickenheiner (2021).

Imaginative Problemaktualisierung: In den folgenden Stunden machen wir bevorzugt Imaginationen, um die Schema-bildenden Kindheitssituationen (und damit das innere Arbeitsmodell der Patientinnen) kennenzulernen. Dadurch wird das Eindringen der Vergangenheit in die Gegenwart (Edelman, 1995) deutlich. Wir nehmen alle aktivierten Modi wahr und ordnen sie in das Modell ein (*Modus-Bewusstsein*). Wir schließen dann gleich eine Überschreibung an, damit die Patientinnen ein Erfolgserlebnis haben, was die Therapiemotivation und die therapeutische Beziehung vertieft.

Problemklärung auf Stühlen: Eine Klärung der inneren Konflikte bei Internalisiererinnen sowie das Erzeugen von Nachdenklichkeit bei Externalisiererinnen gelingt am besten in Stühledialogen im beschriebenen Wechsel mit einem kurzen Eintauchen ins Erleben in der imaginativen Position. Diese machen das Herzstück in der Therapie aus und können sich über viele Sitzungen hinziehen. Der zentrale Prozess ist die Mobilisierung der jeweils blockierten Emotion. Ziel dieses Schrittes im Therapieprozess ist, dass die Patientinnen »auf beiden Beinen« stehen (*Modus-Balance*).

Problembewältigung: Während die Klärung des inneren Erlebens auf der hinteren Bühne durch Stühletechnik geschieht, kommt die Lösung immer vom Gesunden Erwachsenenmodus im Stehen. Kurz gesagt, geht es um drei Schritte: (1) Zunächst müssen die aktivierten Modi wahrgenommen und gemeinsam in das Modell eingeordnet werden (*Modusbewusstein*). (2) Durch einen Perspektivwechsel werden dann die für eine funktionale Lösung benötigten fehlenden Emotionen aktiviert, sodass die Patientin »auf beiden Beinen steht (*Modusbalance*). (3) Zuletzt suchen Patientin und Therapeutin zusammen nach funktionalen Strategien, wie sie aus dem Blickwinkel des Gesunden Erwachsenenmodus mit dem Problem umgehen wollen (*Moduswahl*).

Auch das Einüben des neuen Verhaltens in der Sitzung erfolgt in drei Schritten: (1) Therapeutin und Patientin stehen nebeneinander und die Patientin spricht die vorgeschlagene Lösung zu den Stühlen unten aus. Die Therapeutin kann dabei relativ leicht unterstützend eingreifen. (2) Die Patientin setzt sich auf ihren Stuhl (die Therapeutin dahinter). Auch hier kann die Therapeutin noch unterstützen. (3) Die Therapeutin setzt sich auf den Stuhl gegenüber und die Patientin spricht die gefundene Lösung zur Therapeutin hin aus. Das ist deutlich schwieriger, kommt der realen Situation aber am nächsten. Dann kann die Patientin im Sinne eines Verhaltensexperiments versuchen, diese Lösung im Alltag gegenüber einer anderen Person auszuprobieren

1.4.3 Praktische Empfehlungen für die Gestaltung der Therapie

Eine sehr ausführliche Beschreibung verschiedener Therapiephasen im Rahmen eines schematherapeutischen Behandlungsplans und ein Leitfaden für die Praxis wurde bereits von Valente (2021) vorgelegt. Ergänzend möchten wir Ihnen einige praktische Empfehlungen anbieten:

- Halten Sie zu Beginn die Schilderungen der Patientinnen eher kurz. Vielen ist das ganz recht, wenn wir gezielt fragen, was wir wissen wollen. Nicht jedem Menschen liegt es, sein Seelenleben vor einer (zumindest anfangs) fremden Person auszubreiten.
- Trauen Sie sich durchaus, schon in der ersten (oder ggf. zweiten Stunde) eine kurze Fallkonzeptionsskizze zu entwerfen. Je einfacher Sie das Modell wählen, umso leichter gelingt das. Der Bezug zum Still-face-Video ist für alle Patientinnen sehr eindrucksvoll und glaubwürdig. Wir können daran viele für die Therapie wichtige Prozesse zeigen (z. B. das Mitgefühl der Patientinnen als Ressource benennen).
- Versuchen Sie, in jeder Stunde erlebnisaktivierend zu arbeiten. Machen Sie keine »Gesprächstherapie«! Man muss sich dabei manchmal selbst einen Ruck geben, aber wir kennen keine einzige Situation, in der jemand bereut hat, erlebnisaktivierend zu arbeiten.
- Scheuen Sie sich nicht, anfangs den Prozess direktiv sehr stark zu lenken, aber balancieren Sie Führung mit bindungsorientiertem Verhalten aus. Es gibt unseres Wissens keine Studien, die belegen, das non-direktives Therapeutinnenverhalten zu besseren Ergebnissen führt als direktives.
- Machen Sie keine Aussagen, die Sie nicht halten können. Bleiben Sie ehrlich und verweisen Sie darauf, dass wir uns alle auf einem Entwicklungsweg befinden, der aber an unterschiedlichen Punkten losgeht. Die Welt ist nicht gerecht! Sie ist noch nicht einmal gut! Aber wir alle haben immer einen gewissen Spielraum, den wir nutzen können.
- Kündigen Sie früh an, dass die Therapie zeitlich begrenzt ist, wenn auch in einem etwas flexiblen Rahmen. Knüpfen Sie mögliche Verlängerungen an (sichtbare) Therapiefortschritte. Machen Sie deutlich, dass eine andauernde Stagnation zeigt, dass die Therapie nicht (mehr) hilft und daher entweder verändert oder beendet werden muss.
- Formulieren Sie Teilziele, die in einem überschaubaren Zeitraum erreicht werden sollten (z. B. in einem Monat oder zwei Monaten).
- Etwa in der Mitte der Therapiezeit sollen die Patientinnen mehr Eigenverantwortung übernehmen. Wir treten zurück und der Gesunde Erwachsenenmodus der Patientinnen übernimmt. Der Übergang auf nur noch zweiwöchentliche Sitzungsintervalle und der Einsatz der Arbeitsblätter fördern diesen Prozess.
- Versuchen Sie, Blockaden erlebnisaktivierend zu verstehen und aufzulösen. Fragen Sie die Patientinnen, was sie konkret brauchen, um Fortschritte machen zu können.
- Vermitteln Sie eine »Beginnerhaltung« (gerne auch mit Selbstoffenbarung): Wir alle haben Misserfolge und »fallen vom Pferd«. Dann heißt es wieder aufsteigen und weiter probieren. Es geht nicht darum, es zu schaffen, sondern es immer wieder zu versuchen und »weiter zu krabbeln«.
- Wichtig ist, aktiv und im Tun zu bleiben. Wenn wir uns zurückziehen, bleiben wir im selben Umfeld. Durch »Weitermachen« kommen wir auch weiter, d. h. es

passiert etwas, wir haben neue Wahrnehmungen und es ergeben sich möglicherweise neue Optionen: »Gehe so weit du sehen kannst. Von dort aus siehst du weiter!«
- Unterstützen Sie Patientinnen dabei, Dinge, die wir nicht ändern können, anzunehmen und ggf. das Beste aus der Situation zu machen.
- Helfen Sie Patientinnen dabei, in der Gegenwart zu bleiben und in Gedanken weder in der Vergangenheit hängen zu bleiben noch in die Zukunft vorauszueilen. Es geht darum, in der Gegenwart das Mögliche zu tun. Ein schönes Video dazu gibt es vom indischen Mönch Gaur Gopal. Das finden Sie unter www.youtube.com/watch?v=9YRjX3A_8cM.
- Möglicherweise brauchen Ihre Patientinnen Anleitung zu einfachen Achtsamkeitsübungen bzw. leicht anwendbaren Meditationen. Dazu gibt es viele Möglichkeiten. Eine solche Sicherer-Ort-Meditation bzw. Imagination finden Sie unter https://www.schematherapie-frankfurt.de/index.php/materialien/videos/tutorials.
- Bei Roediger (2006) finden Sie viele weitere Anregungen zur Selbstfürsorge und -entwicklung.
- Stärken Sie die Eigeninitiative Ihrer Patientinnen, indem Sie zunehmend in die Haltung der »kreativen Hoffnungslosigkeit« (Hayes et al., 2012) gehen. Sagen Sie: »Ich habe Ihnen alles gesagt und gezeigt, was ich kann und weiß. Was denken Sie denn selbst, was Sie tun könnten?« Denken Sie daran: Auch gegen Ende der Therapie wirken solche Interventionen empathischer, wenn Sie sie im gemeinsamen Aufstehen in der dritten Person vermitteln!
- Grundsätzlich können Sie in der zweiten Therapiehälfte mehr im Sitzen arbeiten. Die Patientinnen sitzen dann auf dem Erwachsenenstuhl, die beiden Lehnen symbolisieren die beiden Beine. Bewältigungsmodi werden benannt und symbolisch herausgesetzt. Wenn die Patientinnen aber nicht im Gesunden Erwachsenenmodus sind, sollten Sie wieder erlebnisaktivierend arbeiten und die Blockade analysieren. In der Regel kommen die der Blockade zugrundeliegenden Botschaften aus der Kritikerecke.
- Wenn Sie das Gefühl haben, dass die wesentlichen Schemata verstanden und angegangen sind und die Patientinnen das Mögliche erreicht haben, gehen Sie auf monatliche Intervalle und damit in die Erhaltungsphase über. Aber auch in den monatlichen Sitzungen sollten Sie erlebnisaktivierend an zwischenzeitig aufgetretenen Problemen arbeiten. Wenn Sie im »Kaffeekränzchenmodus« angekommen sind, ist es an der Zeit, die Therapie zu beenden.
- Wenn die Therapie anhaltend stagniert, sollten Sie das benennen (ggf. wieder im Stehen), in Selbstoffenbarungen Ihre eigenen Grenzen benennen und ggf. pausieren. In den folgenden Kapiteln finden Sie aber noch viele Hinweise, was Sie vorher alles tun können.

Praktische Empfehlungen für die Gestaltung der Therapiestunden

Solange die Patientinnen aus ihrem Leben erzählen, befinden sie sich im konzeptuellen Selbst. Zeigen sie Problemverhalten, machen sie keine neue Erfahrung.

Versuchen Sie daher rasch, das gezeigte Verhalten zu unterbrechen, aufzustehen, einzuordnen und ins emotionsfokussierte Arbeiten zu kommen. Hier dazu die wichtigsten Regeln:

- Eine gute Eingangsfrage ist: »Was haben Sie heute in die Sitzung mitgebracht, woran wir arbeiten können?«
- Nicht über Dinge reden, sondern ins Erleben und Tun kommen.
- Möglichst rasch in eine erlebnisaktivierende Technik einsteigen, d. h. nicht später als nach fünf (maximal zehn) Minuten.
- Hausaufgaben nur kurz abfragen. Dann eher in das Erleben an der Stelle einsteigen, an der es Probleme gab.
- Möglichst zielstrebig von den Bewältigungsmodi zum Erleben oder den Bewertungen auf der hinteren Bühne kommen und da arbeiten.
- Möglichst nach einem Drittel der Sitzung im Gesunden Erwachsenenmodus sein, um Entmachtung und Versorgung bzw. ein funktionales Verhalten zu trainieren. Das sind die zentralen Prozesse und diese brauchen Zeit.
- Nehmen Sie den Patientinnen möglichst nichts ab, was sie selbst tun können, aber sorgen Sie dafür, dass jede Stunde gut ausgeht und werden ggf. selbst aktiver.
- Fassen Sie am Ende der Stunde die Lernerfahrung zusammen und benennen Sie deutlich den alten und den neuen Weg. Die Patientinnen haben eine Wahl!

1.5 Auf dem Weg zu einer prozessbasierten Schematherapie

Um das schematherapeutische Vorgehen transparent zu machen, versuchen wir im Folgenden die zentralen Prozesse in der Beziehungsgestaltung und beim Einsatz der Techniken zu definieren. Wir wollen damit einen Beitrag leisten auf dem Weg zu einer »Prozessbasierten Verhaltenstherapie« im Sinne von Hayes und Hofmann (2018). Wir glauben, dass sich auf Basis unseres vereinfachten Schematherapiemodells alle Verhaltenstherapeutinnen in die essenziellen Prozesse der Beziehungsgestaltung und Prozesssteuerung der erlebnisaktivierenden Techniken einarbeiten können. Sie können dann – wie beim Kochen – aus guten Zutaten ein individuelles Gericht zubereiten, ohne einem bestimmten Kochbuch folgen zu müssen. In der Einführung beschreiben wir diese Prozesse, aus denen sich dann die Interventionen für die schwierigen Therapiesituationen in den Folgekapiteln wie aus einem Baukasten zusammensetzen. Damit können diese flexibel an die Patientinnen und den Prozess angepasst werden. Das dimensionale Modell gibt dazu einen übersichtlichen Rahmen, um alle möglichen Modi darin einzuordnen und aus einer kontextuellen Perspektive differenziert ausbalancierend zu reagieren. Wir folgen damit der Idee des alternativen, dimensionalen Modells im DSM-5. So können Übersichtlichkeit und Flexibilität optimal kombiniert werden.

1.6 Die Beziehungsgestaltung

Diese beiden zentralen Therapieprozesse, die Neubewertung der Kritikergedanken und die Mobilisierung funktionaler Emotionen und deren ausbalancierter Ausdruck in werteorientiertem, funktionalem Verhalten, werden in der therapeutischen Beziehung realisiert. In einer symptombezogenen Verhaltenstherapie ist der Gegenstand der Therapie ein Symptom, unter dem die Patientinnen mehr oder weniger leiden. Die Symptome sind tendenziell ich-dyston. Daher ist es relativ leicht, eine Arbeitsbeziehung herzustellen, um an den Symptomen zu arbeiten. Gegenstand einer Schematherapie sind aber die Interaktionsmuster der Patientinnen mit anderen Menschen. Diese Interaktion kann entweder so ausgerichtet sein, dass man das eigene Erleben in den Vordergrund stellt (Externalisiererinnen) oder eher die Bedürfnisse der anderen (Internalisiererinnen). Diese Muster sind eher ich-synton und werden als zum Selbst gehörig betrachtet (»So bin ich halt«).

> Damit wir an Interaktionsmustern effektiv arbeiten können, müssen diese wie bereits erwähnt im Therapieraum aktiviert werden. Über Interaktionsmuster kognitiv und damit abstrakt zu sprechen hat nur geringe Effekte. Daher tut sich die Verhaltenstherapie mit der Behandlung von Interaktions- bzw. Persönlichkeitsstörungen schwer.

Damit wechseln wir in der Schematherapie zwischen dem Aufrechterhalten der Arbeitsbeziehung und einer Arbeit in und mit den aktivierten Beziehungsmustern, denn wir sind ja nicht selten Teil des Prozesses. Dabei bewegen wir uns in einem therapeutischen Feld mit vier Positionen (▶ Abb. 1.6).

1.6.1 Das Zwei-Achsenmodell und die vier Positionen

Achse 1: Erleben/Aktivieren vs. Reflektieren/Klären

Auf der ersten Achse finden wir zwei wesentliche Prozess- oder Arbeitsebenen. Bei der Bearbeitung von problematischen Interaktionsmustern in der Therapie bewegen wir uns entlang dieser Achse im Sinne von Arbeitsschritten.

1. *Die Prozessebene der Aktivierung:* Die Interaktionsmuster sollen sich im Therapieraum inszenieren. D. h. die Schemata werden in der Therapie zunächst »getriggert« und die Modi dürfen sich zeigen. Dieser Prozess wird sogar therapeutisch befeuert, wenn die Aktivierung nicht spontan stattfindet. Das geschieht bspw. auf den Stühlen, i. d. R. mit geschlossenen Augen, damit die Patientinnen möglichst gut mit ihrer hinteren Bühne in Kontakt kommen. Dabei halten die Therapeutinnen häufig die Augen ebenfalls geschlossen. (Hier eine kleine Anmerkung: Wir arbeiten immer auf derselben Ebene bzw. in derselben Haltung. D. h. beide stehen nebeneinander, beide schließen die Augen oder beide sitzen sich gegenüber).

2. *Die Prozessebene der senkrechten Beobachtung und Reflexion:* Die Interaktion wird nach der Aktivierung unterbrochen und im Stehen wird auf die Beobachterperspektive gewechselt. Aus der Metaebene im Stehen kann wie im »reflecting team« gemeinsam auf das Interaktionsmuster auf den Stühlen herabgeschaut werden. Im Stehen wird zwischen den Erwachsenenmodi der Therapeutinnen und Patientinnen die Arbeitsbeziehung aufrechterhalten, um dann an den Interaktionsmustern wie an einem Symptom zu arbeiten. Auf dieser Prozessebene wird der Gesunde Erwachsenenmodus der Patientinnen trainiert, denn hier werden die aktivierten Prozesse offen wahrgenommen und aus einer kontextuellen Übersichtsperspektive neu bewertet, um dann wertekonform ein Verhalten auszuwählen, dass beide Grundbedürfnisse ausbalanciert (nach innen) und sozialverträglich (nach außen) zu befriedigen verspricht – was dann zwischen den Sitzungen in Verhaltensexperimenten überprüft werden muss.

Patientin und Therapeutin wechseln zwischen der Prozessebene der Aktivierung und der Prozessebene der Reflexion und Beobachtung. Das Schaffen einer Verbindung zwischen dem szenisch-lebendigen Erleben in der episodischen Informationsverarbeitung und dem semantischen Einordnen dieses Erlebens in einen sprachvermittelten zeitlich-räumlichen Kontext scheint ein wesentliches Merkmal effektiver Therapieprozesse zu sein. Das Ausweiten der Arbeitsebene über das Gespräch von Angesicht zu Angesicht hin zu einem vertieften (imaginativen) Eintauchen in das innere Erleben und das Aufstehen, um auch körperlich »über den Dingen zu stehen« erweitert das Interventionsspektrum erheblich und macht die Therapien viel dynamischer. Um den emotionalen Abstand und die Disidentifikation von den Aktivierungsprozessen auf den Stühlen zu fördern, wird über die Prozesse unten in der dritten Person gesprochen. Das verstärkt das Gefühl, eine äußere Szene gemeinsam anzuschauen, wie einen Film oder wie durch eine Kamera (sog. Joint perspective; Siegel, 2006).

Das Wechseln zwischen diesen beiden Ebenen dient außerdem dazu, die emotionale Aktivierung der Patientinnen im sog. emotionalen Toleranzfenster zu halten. Nur in diesem Fenster können wir neue Informationen ausreichend tief verarbeiten, sodass korrigierende emotionale Erfahrungen möglich sind. Bleiben die Patientinnen in ihren vertrauten Bewältigungsmodi, sind sie nicht ausreichend aktiv (dienen doch diese Modi dazu, die innere Anspannung herunterzuregulieren). Sind sie zu erregt (und damit in einer zu starken Sympathikusaktivierung) können stressbedingt keine neuen Lernerfahrungen eingespeichert werden (Details dazu bei Valente, 2021 und Roediger, 2016).

Achse 2: Verstehen/Unterstützen vs. Konfrontieren

Auf einer zweiten Achse steuern die Therapeutinnen den Therapieprozess, indem sie zwischen einer konfrontierenden Position, auf der Schemata ausgelöst werden, und einer unterstützend-nachbeelternden Position wechseln, in der sie die Patientinnen dabei begleiten, die aktivierten Emotionen tolerieren, wahrnehmen und als ein Teil ihres Selbst annehmen zu können. In der konfrontierenden Position sitzen die

Patientinnen der auslösenden Person (bzw. ihren eigenen Kritikergedanken) gegenüber, in der nachbeelternden Position sitzen die Therapeutinnen neben den Patientinnen, um ihnen zu zeigen, dass sie bei ihnen (bzw. auf ihrer Seite) sind.

Die vier Positionen im therapeutischen Feld

Das sind die vier grundsätzlichen Positionen, zwischen denen wir wechseln, um den Therapieprozess möglichst optimal zu steuern zwischen innerem Erleben und Außenperspektive sowie Konfrontation und Unterstützung. Abbildung 1.6 zeigt das therapeutische Feld und die vier Positionen (▶ Abb. 1.6). Wir werden bei der Darstellung der erlebnisaktivierenden Techniken auf praktische Aspekte genauer eingehen.

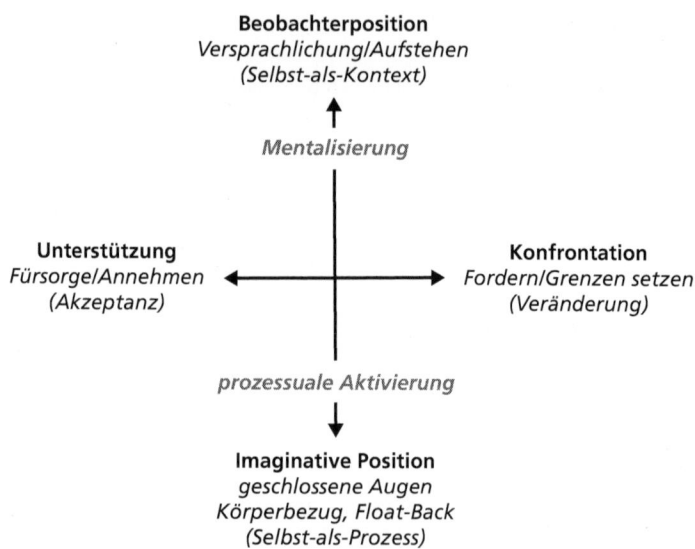

Abb. 1.6: Das therapeutische Feld und die vier Positionen

1.6.2 Die wichtigsten Techniken zur Steuerung der Therapie

Bei der Steuerung des Therapieprozesses zwischen diesen Polen können Therapeutinnen viele Techniken einsetzen, um Prozesse zu realisieren. Wir haben bereits die zentralen bzw. Makroprozesse aufgeführt, die wir aus der Akzeptanz- und Commitment-Therapie (ACT) übernommen haben. Diese brauchen wir für die bereits erwähnten Prozesse des offenen Wahrnehmens, der zentrierten Neubewertung und der Einleitung eines engagierten Handelns. Damit sind wesentliche Prozesse dessen benannt, was wir im Gesunden Erwachsenenmodus machen. Diese drei Schritte entsprechen der sog. Gangwechsel-Metapher von Allen Schore (1994). Wenn wir merken, dass ein Verhalten maladaptiv geworden ist (d. h. das Auto ruckelt), müssen wir das bemerken und zunächst den Gang rausnehmen (d. h. den Bewältigungsmodus stoppen). Im Leerlauf (d. h. aus der Perspektive des flexiblen Erwachsenenmodus) können wir dann erkennen, welcher Gang wohl der passendste ist (d. h. uns selbst in einem größeren Kontext sehen, sowohl in der Situation selbst als auch im Zeitverlauf). Aus diesem Überblick heraus legen wir den neuen, funktionaleren Gang ein, um entschlossen weiterzufahren.

Das sind die Schritte, die wir mit den Patientinnen in ihrem Gesunden Erwachsenenmodus einüben. Auf der anderen Seite müssen wir aber auch die Prozesse der emotionalen, prozessualen Aktivierung gut steuern können. In diesen emotionsfokussierten Prozessen sehen wir einen wesentlichen Beitrag der Schematherapie zu der sich entwickelnden Psychotherapie. Dabei führen wir die Patientinnen an den »beiden Zügeln« der empathischen Konfrontation und der begrenzten Unterstützung. Das sind zwei der übergeordneten bzw. Makroprozesse in der Schematherapie (Young et al., 2005). Dabei balancieren wir auch als Therapeutinnen zwischen unserem roten und blauen Bein: Wir konfrontieren (rotes Bein), sind dabei aber empathisch (blaues Bein). Wir beeltern nach (blaues Bein), müssen dabei aber auch auf Grenzen achten (rotes Bein). Konkret müssen alle führenden, von uns ausgehenden Prozesse mit bindungsorientierten Interventionen, die die Selbstbehauptungsseite der Patientinnen ausreichend respektieren, ausbalanciert werden. Dazu können wir verschiedene Techniken bzw. Mikroprozesse einsetzen. Diese werden hier nun kurz erwähnt. Details dazu bei Roediger (2016).

1.6.3 Mikroprozesse in der Beziehungsgestaltung

Reflexionsfördernde und kontextschaffende Interventionen (im Stehen)

Nicht widersprechen: Wir widersprechen den Patientinnen nicht (analog: »Schlag mit einem härteren Schlag brechen«), sondern sagen »ja – aber« (wie im traditionellen Karate nehmen wir die Energie der Patientinnen auf und lenken sie in eine neue Richtung).
Schnell unterbrechen: Wenn wir vom vorgedachten Prozess abkommen, unterbrechen wir möglichst sofort mit einer bindungsorientiert eingeleiteten, offenen Frage, indem wir sagen: »*Entschuldigen Sie bitte, wenn ich Sie unterbreche, aber haben Sie gerade gemerkt, dass ...*« oder: »*Merken Sie, was Sie da gerade sagen (oder tun, wie Ihre Stimme klingt, Ihre Gesten sind ...)?*« Je weiter wir in die Sackgasse der alten Bewältigungsmodi hineinlaufen, umso länger brauchen wir, um die Patientinnen wieder auf die »Hauptstraße«, also auf die hintere Bühne, zu bringen.
Markieren, Validieren, Einsortieren: Dadurch markieren wir ein bestimmtes Verhalten, dass wir als eine mögliche Verhaltensoption validieren, um sie dann in die Moduslandkarte einzusortieren. Dadurch entsteht wieder ein gemeinsamer Blick auf das Verhalten. Dann wird i. d. R. aufgestanden, um aus dem Gesunden Erwachsenenmodus weiter zu arbeiten.
Weg vom Inhalt, hin zum Prozess: Wir gehen so wenig wie möglich auf die Erzählungen der Patientinnen (konzeptuelles Selbst) ein, sondern schauen auf den Prozess im Hier-und-Jetzt, besonders auf der hinteren Bühne.

Auf die Effekte schauen: Wir bewerten nicht das Verhalten, sondern schauen gemeinsam (im Stehen) auf die Effekte (funktioneller Kontextualismus; Hayes et al., 2012): »*Was glauben Sie, wie das auf die andere Person wirkt und wie diese reagieren wird*«?

Zeitprojektion: Wir erweitern das Bewusstsein für die Konsequenzen des Verhaltens, in dem wir (im Stehen, aber mit geschlossenen Augen) eine Zeitprojektion in die Zukunft machen: »*Wenn Sie eine Woche später (einen Monat, ein Jahr, als 80-Jährige) auf diese Szene schauen, was fühlen Sie da jetzt in Ihrem Körper?*«

Extensionstechnik: Wir erweitern im Stehen die kontextuelle Perspektive, indem wir die Blickwinkel anderer Menschen (z. B. eines guten Freundes oder weisen Menschen) einbeziehen: »*Haben Sie einen guten Freund?...Kann der jetzt mal hierher kommen?... Hallo Max. Sie sind ein guter Freund von Peter. Wenn Sie die Situation zwischen Peter und seiner Therapeutin hier unten auf den Stühlen sehen, was meinen Sie dazu?*«

Substitutionstechnik: Wir fördern die Mobilisierung funktionaler Emotionen (im Stehen), indem wir die verletzbare Seite der Patientinnen auf dem Kindstuhl z. B. durch ein reales Kind ersetzen: »*Wenn da nicht die kleine Susanne säße, sondern Sie sehen, wie die Kritiker so mit Ihrem Sohn Leon reden und ihn so fertig machen, was kommt da jetzt für ein Gefühl in Ihnen hoch?*« Bei Patientinnen, die keine Kinder, aber z. B. einen Hund haben, kann man auch den Hund auf den Kindstuhl setzen und fragen: »*Stellen Sie sich vor, wie jemand Ihren Hund fertig machen will und z. B. mit Steinen bewirft, was kommt da für ein Gefühl in Ihnen hoch?*«

Erlebnisvertiefende Interventionen (mit geschlossenen Augen, meist im Sitzen)

Den Körper spüren: Wir fördern den Bezug zu den Basisemotionen, indem wir (mit geschlossenen Augen) in den Körper hineinfühlen lassen und ggf. polare Gefühlspaare für die blaue und rote Seite anbieten (»Ist die Brust eher eng oder weit? Fällt das Atmen schwer oder leicht? Ist das Gefühl im Bauch eher kraftlos oder kraftvoll? Zieht es sich eher zusammen oder will es sich ausdehnen?«).

Paraphrasieren: Neben dem Stuhl für den Kindmodus sitzend die Aussagen der konfrontierenden Seite paraphrasierend wiederholen (und dabei sogar etwas zuspitzen): »*Hörst du, wie die Kritiker zu dir sagen: ›Aus dir wird nie was, du schaffst das nie, bring dich doch gleich um!‹? – Was macht das für ein Gefühl in deinem Körper?*«

Float-back: Wir fördern den Kontakt mit den Schema-bildenden Situationen, indem wir (mit geschlossenen Augen) die Patientinnen in Kontakt mit den Körpergefühlen in die Jugend- und Kindheitszeit zurücktreiben lassen (sog. Float-back).

Grundbedürfnis erfragen: Wir fördern das Bewusstsein für die Grundbedürfnisse, indem wir die Patientinnen im Kindmodus (mit geschlossenen Augen) fragen, was sie jetzt brauchen (verletzbares Kind) oder was sie jetzt am liebsten tun würden, wenn alles erlaubt wäre (wütendes Kind).

Imaginative Ermächtigung: Wir verstärken die Selbstbehauptungskraft in einer Ressourcen-aktivierenden Imagination (im Stehen mit geschlossenen Augen): »*Sie sind drei Meter groß, alles ist möglich! Was möchten Sie mit dieser Ärgerkraft jetzt machen?*

1.6 Die Beziehungsgestaltung

Wenn eine Person vor Ihrem inneren Auge auftaucht, was wollen Sie der jetzt sagen oder mit der machen?«
Worte anbieten: Wir können den Patientinnen helfen, ihre Gefühle auszudrücken, indem wir ihnen mögliche Formulierungen aus unserem mitfühlenden Erleben vorsagend anbieten (wie eine Souffleuse).

Bindungsfördernde, unterstützende Interventionen (meist neben den Patientinnen sitzend)

Validierungen aller Art: »*Das ist eine ganz verständliche Reaktion*« oder etwas abgeschwächt: »*Ja, das ist sicher eine Möglichkeit zu reagieren*«
One-down-Position: Die Verantwortung auf sich nehmen (sog. One-down-Position; Bateson, 1981): »*Es tut mir leid, dass ich mich so ungeschickt ausgedrückt habe, aber…*«
Selbstoffenbarung: Eigene Emotionen bzw. Impulse anbieten: »*Wenn ich sehe, was die Eltern (oder die Kritiker) zu dem Kind sagen, dann macht mich das wütend.*« Mitgefühl zeigen: »*Wenn ich dich (zum Kindmodus gewandt) so sprechen höre, dann berührt mich das und dann möchte ich dich gerne unterstützen.*«
Vorschläge machen oder als Rollenmodell aktiv werden

Interventionen, die den Bezug zum Hier-und-jetzt stärken

Presencing: »*Merken Sie, was Sie jetzt gerade tun?*« Das weckt sanft die Selbstaufmerksamkeit der Patientinnen.
Aufstehen und die Szene von außen anschauen
Diskrimination: »*Wie fühlen Sie sich jetzt im Vergleich zum Anfang der Stunde?*«, »*Ist das, was Sie jetzt sagen, eine Befürchtung oder eine Beobachtung, d.h. haben Sie das schon einmal ausprobiert?*«
Interpersonale Diskrimination: »*Wenn Sie mir jetzt in die Augen schauen, was macht Ihnen konkret Angst?*«, »*Was kann ich jetzt tun, damit Sie sich etwas sicherer fühlen?*«
Aufmerksamkeitslenkung auf den Atem oder neutrale Reize (z.B. Bücher im Regal im Therapieraum zählen).

Konfrontierende Interventionen (im Stehen empathischer, im Sitzen konfrontativer)

Selbstoffenbarung: Im Stehen eine kritische Selbstoffenbarung machen: »*Wenn ich mich in die andere Person dort unten auf den Stuhl einfühle, denke ich…*«
Advocatus diaboli: Neben dem Kritikerstuhl sitzend diese zu dem Kindmodus auf dem Stuhl gegenüber sprechen lassen und diese anzufeuern: »*Was denkt ihr noch über die Heulsuse da drüben?*«
Sich als Therapeutin aufteilen: »*Ein Teil von mir ärgert sich gerade über…*« bzw. im Stehen: »*Ich glaube, die Therapeutin da unten ärgert sich gerade über…*«
Rollentausch: Patientin und Therapeutin stellen sich gemeinsam hinter (oder setzen sich auf) den Stuhl einer anderen Person und fühlen sich in diese ein (das fördert

besonders bei Externalisierern Empathie und Mentalisierung).
Diskrimination Wunsch/Wirklichkeit: Die negativen Effekte des Bewältigungsmodus und den Unterschied zum gewünschten Ergebnis hervorheben: »*Wie soll denn die andere Person reagieren? ... Und wie reagiert sie tatsächlich? ... Wollen Sie mal etwas anderes versuchen?*«

1.7 Die erlebnisaktivierenden Techniken

Es gibt zwei übergeordnete bzw. Makroprozesse beim Einsatz der erlebnisaktivierenden Techniken. Diese sind:

1. *Entmachtung:* Die konstruktive Ärgerkraft in den Patientinnen zu mobilisieren, damit sie für eine angemessene Selbstbehauptung und Entmachtung der konfrontierenden Position (egal, wer die gerade einnimmt) eingesetzt werden kann. Ggf. muss überschießender Ärger (rotes Bein) mit dem Bindungsbedürfnis (blaues Bein) ausbalanciert werden.
2. *Versorgung:* Die in uns allen angelegte Mitgefühlsfähigkeit (»compassion«) für die eigene, verletzbare Seite einzusetzen. Bei Menschen, die sehr wenig positive Bindungserfahrungen machen durften, müssen ggf. die Therapeutinnen am Anfang der Therapie als Modell Fürsorglichkeit zeigen (Nachbeelterung).

Die vier Positionen als Interventionskompass

Um den komplexen Therapieprozess mit seinen unterschiedlichen Phasen zu steuern, wechseln wir zwischen den vier Positionen im Beziehungsfeld (Valente & Roediger, 2020). Dabei setzen wir die oben genannten Techniken bzw. Mikroprozesse ein, um einerseits mit den Patientinnen in der Arbeitsbeziehung gut verbunden zu bleiben (blaues Bein), aber andererseits an den zunächst gezeigten *Bewältigungsmodi* vorbei auf die »hintere Bühne« zu den *Basisemotionen* der Kindseite und den inneren *Kritikerstimmen* vorzudringen. Dort findet die Therapie (die Entmachtung und Versorgung) statt. Bitte vergegenwärtigen Sie sich noch einmal, dass Patientinnen in der Stunde zunächst immer in einem Bewältigungsmodus sind. Auch wenn der kindhaft aussehen mag, werden immer Bewertungen mit untergemischt sein. Nur wenn wir (idealerweise mit geschlossenen Augen) mit den am Körper gefühlten Basisemotionen in Kontakt sind, sind wir auf der hinteren Bühne beim *Kindmodus*. Der grundlegende Mikroprozess, um auf die hintere Bühne zu kommen, ist das *Markieren, Validieren und Einsortieren* in das Modell. Dadurch werden die Bewältigungsmodi als solche erkannt und benannt. Dann kann nach den »Stimmen im Kopf« (Innere Kritiker) oder den Gefühlen im Körper (Kindmodi) weitergefragt werden. Bitte bedenken Sie, dass das am besten gelingt, wenn die Patientinnen dabei die Augen schließen. Das hilft, den Blick nach innen zu lenken.

Offene Augen lenken die Aufmerksamkeit nach außen! Daher schließen wir, wenn wir auf die hintere Bühne (d. h. in die innere Welt der Patientinnen) und damit auf die Ebene der Schemaaktivierungen gehen wollen, die Augen. Das ist der erste Schritt bei den erlebnisaktivierenden Übungen.

Imagination oder Stühledialoge

Wenn die Patientinnen in die Sitzung kommen, fragen wir sie nach einer Situation, an der sie arbeiten wollen. Dann lassen wir uns die Szene beschreiben. Wir gehen aber nicht auf die Inhalte ein, sondern entscheiden, ob wir lieber eine Imagination machen wollen oder einen Stühledialog. Imaginationen aktivieren die emotionalenergetische Seite in uns und verbinden uns mit der Körperebene, auf der die Schemata angelegt sind und wirken. In einer *Imagination* stellen wir uns innerlich immer einer imaginierten Außenwelt gegenüber. Dabei können wir uns im Floatback sowohl in die Vergangenheit als auch in einem Float-forward in die Zukunft bewegen. In *Stühledialogen* arbeiten wir immer im Hier-und-Jetzt. Wir können entweder die Beziehung zwischen uns und einem anderen »Objekt« (in der Regel eine Person, es könnte aber auch z. B. das »Schicksal« oder ein Symptom sein) auf die Stühle setzen oder auf einer inneren Bühne mit Instanzen in uns selbst arbeiten. Da es dazu keine Bilder gibt, kann man das nicht imaginativ machen. Die Kindmodi und die inneren Kritiker werden dabei auf getrennte Stühle sozusagen herausgesetzt, damit man mit ihnen so arbeiten kann, als seien es »Objekte« in der Außenwelt.

1.7.1 Die zentralen Prozesse bei Imagination und Stühledialogen

Diese Prozesse sind bei beiden Techniken die gleichen:

1. *Aktivierungsphase:* Zuerst werden die Bewältigungsmodi benannt und umgangen. Gestaltet sich dies schwierig, helfen die in den folgenden Kapiteln 2 bis 5 beschriebenen Herangehensweisen und Techniken für spezifische Bewältigungsmodi weiter. Das Erleben auf der hinteren Bühne (also die Emotionen oder die Kritikergedanken) sollen aktiviert werden. Damit arbeiten wir immer an einem *Konflikt*, der durch die konfrontierende Position ausgelöst wird (eine andere Person in der Gegenwart oder der Vergangenheit oder auch die Kritikerstimmen) und einer belasteten Seite (d. h. dem Kind in der Kindheit oder dem Kindmodus heute (nachzubeelternde Position). Zur Aktivierung müssen wir zunächst die konfrontierende Seite kurz aktivieren, dabei in die imaginative Position eintauchen und dann die aktivierte Emotion (Kindmodus oder Kind) wahr- und annehmen. Dann wird die Übung angehalten und wir fragen das Kind (bzw. den Kindmodus), was es jetzt braucht bzw. am liebsten tun würde.
2. *Perspektivwechsel:* Die Lösung kommt nie vom Kindmodus. Die Gefühle des Kindmodus sind nur dazu da, wahr- und angenommen und in das Selbstkonzept integriert zu werden. Die Lösung kommt immer vom *Gesunden Erwachsenen-*

modus. Um in diesen zu kommen, müssen die Patientinnen aus dem Kindmodus aussteigen und die Perspektive wechseln. Dazu stehen wir gemeinsam auf und betrachten die Szene nebeneinanderstehend von außen. In der Imagination betreten die Therapeutin und die Patientin als die erwachsene, kompetente Person von heute die biografische Szene im Stehen (bzw. Gehen); analog stehen wir in den Stühledialogen auf und schauen gemeinsam herunter auf die Stühle. Das ist also im Prinzip die gleiche Bewegung, egal ob im Sitzen mit geschlossenen Augen in der Imagination oder im Raum mit den Stühlen. Erst wenn die Patientinnen die Perspektive gewechselt haben, können sie auf die Ressourcen des Gesunden Erwachsenenmodus zugreifen. Wir werden später spezielle Techniken zeigen, die wir einsetzen können, wenn Patientinnen den Wechsel nicht schaffen. Hier soll aber zunächst der grundsätzliche Ablauf geschildert werden.

3. *Überschreibungs- bzw. Lösungsphase* (bei Internalisiererinnen, das Vorgehen bei Externalisiererinnen ist anders, ▶ Kap. 1.7.4). Im Stehen mit dem Blick von außen können die funktionalen Emotionen prozessual aktiviert werden:

- *Entmachtung:* Wir lenken die Aufmerksamkeit der Patientinnen zunächst auf die konfrontierende Position: *»Wenn Sie jetzt sehen, was die [konfrontierende Position] mit dem Kind (z. B. der kleinen Susanne) macht, was kommt da jetzt in Ihnen für ein Gefühl gegenüber [der konfrontierenden Position] hoch?«* Das sollte *Ärger* sein. Wir fangen mit der konfrontierenden Position an, damit die Kindseite sehen kann, wie der Gesunde Erwachsenenmodus das macht. Das stärkt das Vertrauen in die Therapie. Also erst Entmachtung, dann Versorgung! *»Ja, genau! Jeder Mensch fühlt das, wenn er so etwas sieht. Was möchten Sie aus diesem Gefühl heraus zu [konfrontierenden Position] sagen oder tun?«* Idealerweise entfernen die Patientinnen die konfrontierende Seite aus dem Bild bzw. dem Raum. Dabei unterstützen wir die Patientinnen mehr oder weniger aktiv. Wenn die Patientinnen nicht in den Ärger kommen, liegt das in der Regel daran, dass innere Kritikerstimmen »reinreden«. Nach der Entmachtung fragen wir wieder nach dem Körpergefühl und nehmen den Unterschied wahr (Diskrimination).

- *Versorgung:* Danach schauen wir auf das Kind: *»Was spüren Sie jetzt in Ihrer Brust, wenn Sie das Kind sehen?«* Jetzt sollte *Mitgefühl* gefühlt werden. *»Was möchten Sie jetzt zu dem Kind sagen oder tun? ... Wie fühlt sich das jetzt bis in Ihren Körper hinein an, das zu tun?«* Bei fehlendem Mitgefühl wieder nach den Kritikern fragen (s. u.). Dann bitten Sie die Patientinnen, sich noch einmal in die Kindposition zu begeben: *»Lassen Sie sich einen Moment Zeit...du bist jetzt wieder das Kind (bzw. im Kindmodus). Wie fühlt sich das jetzt an, so versorgt zu werden? ... Was brauchst du noch von der Großen?«* I. d. R. wünschen sich die Patientinnen, dass diese nie mehr weggehen möge. Das ist ein spannender Punkt! Wir wenden uns wieder an die erwachsene Person: *»Sie haben gehört, was sich die Kleine wünscht? Möchten Sie diesen Teil in sich annehmen und immer mit ihm zusammenbleiben? D. h., wenn es ein Kind wäre, möchten Sie es adoptieren und nie wieder verlassen?«* Diese Frage ruft häufig wieder Kritikerstimmen auf den Plan, die wahrgenommen und erneut entmachtet werden müssen (s. u.). Am Ende fragen wir: *»Wie fühlt sich das jetzt in Ihrem Körper an, die Kindseite selbst versorgen zu können?«*

4. *Regelextraktion*: Noch im Stehen fragen wir die Patientinnen: »*Wie können Sie die Erfahrung, die Sie jetzt gemacht haben, in einem neuen Merksatz zusammenfassen?*« Diesen *Merksatz* des Gesunden Erwachsenenmodus können die Patientinnen auf ihr Smartphone aufnehmen, um ihn zu sich selbst zu sagen, wenn sie wieder in eine Schemaaktivierung hineinrutschen. Der Erwachsensatz ist sozusagen das »Gegengift« gegen die Kritikersätze. In der Regel erfolgt dann der Bezug zur Ausgangssituation und wir besprechen, wie die Patientinnen (statt in den Bewältigungsmodus zu gehen) aus dem Gesunden Erwachsenenmodus heraus die Situation am besten auflösen können. Das kann dann in einer zukunftsgerichteten Imagination bzw. einem Rollenspiel eingeübt werden.
5. *Übertragung in den Alltag*: Das so geübte Verhalten soll dann in der nächsten Woche in *Verhaltensexperimenten* ausprobiert werden. Nur das, was die Patientinnen zwischen den Sitzungen üben, baut im Gehirn neue Lösungsschemata auf. Daher sollten die Patientinnen die Stunde nicht ohne eine Hausaufgabe verlassen, damit sie wissen, was sie üben können (und sollen). Dabei können Arbeitsblätter eingesetzt werden (▶ Kap. 1.8).

1.7.2 Die zentralen Schritte in Imagination und Stühledialogen

Die zentralen Schritte in Imagination und Stühledialogen sind immer die gleichen: Markieren, Validieren und Einsortieren des Bewältigungsmodus, Zugang zur aktivierten Emotion finden, nach dem Bedürfnis fragen, Perspektivwechsel, Aktivieren der fehlenden Emotion, diese funktional einsetzen, Diskrimination, Regelextraktion, Vorbereitung der Übertragung der neuen Lösung in den Alltag. Dieser Prozess ist ganzheitlich, d. h. man kann nicht eine kognitive von einer emotionalen oder verhaltensbezogenen Intervention trennen. Wir wollen eine *umfassende korrigierende emotionale Erfahrung* herbeiführen. Die dabei mobilisierten funktionalen Emotionen sind der energetische »Sprit im Tank« der Patientinnen, der sie befähigt, funktional zu handeln. Kognitionen werden so indirekt verändert. Ggf. wird auch gezielt an dysfunktionalen Gedanken (Kritikerstimmen) gearbeitet, indem diese immer wieder markiert, validiert und auf den Kritiker- (bzw. konfrontierenden) Stuhl einsortiert und erneut entmachtet werden. Aber diese Arbeit ist immer szenisch-erlebnisorientiert und findet nicht auf der gedanklichen Ebene statt. Die Regelextraktion soll dann das (episodisch) Erlebte auf der gedanklichen (semantischen) Ebene verankern und so die beiden Verarbeitungssysteme miteinander verbinden, so wie Schacter das bereits 1992 konzipiert hat.

Wechseln zwischen Imagination und Stühledialogen

Da die Prozesse die gleichen sind, kann auch zwischen der Imagination (im Inneren) und der Arbeit auf Stühlen (im Gegenwartsraum) gewechselt werden. Um auf dem Kindstuhl in Kontakt mit den Basisemotionen des Kindmodus zu kommen, lassen wir die Patientinnen die Augen schließen. Damit sind wir bereits in der *imaginativen*

Position. Dann haben wir eine Wahl: Wir können entweder in einem Float-back tiefer in das Erleben bis in die Kindheit zurück einsteigen, um z. B. die Entstehung dieses Gefühls biografisch einordnen zu können. Dazu sagen wir: »*Bleiben Sie mit diesen Gefühlen in Kontakt und lassen sich in diesem Gefühl zurücktreiben in Ihre Jugend- und Kindheitszeit... welche Bilder kommen? Lassen Sie einfach die Bilder kommen.*« Wenn ein Bild kommt, geht es weiter: »*Wie alt ist das Kind in dem Bild? ... Ok, acht Jahre. Ist es ok, wenn ich du zu dir sage? Wo genau bist du, was siehst du, hörst du, fühlst du, riechst oder schmeckst du? Was fühlst du im Körper?*« Es hilft, beim *Float-back* die Gefühle und Körpergefühle auf dem Kindstuhl immer wieder zu wiederholen, um die Patientinnen im episodischen Verarbeitungs- und Assoziationsprozess zu halten. Wenn wir schweigen, springen die Patientinnen schnell wieder in den gedanklich-semantischen Verarbeitungsmodus.

Wir können aber auch in der Gegenwart nach dem Bedürfnis des Kindmodus fragen, dann im Stehen in den Gesunden Erwachsenenmodus wechseln, um das Bedürfnis jetzt zu befriedigen. Wir können ebenso imaginativ in eine zukunftsgerichtete (oder ressourcenaktivierende) Imagination gehen. Umgekehrt können wir bei einer Patientin, die in der Imagination in einen Flashback rutscht, das Bild anhalten und die Augen öffnen lassen, aufstehen und die Gefühle im Flashback auf den Kindstuhl setzen, um die Patientin im Hier-und-Jetzt zu stabilisieren. Da die Positionen im therapeutischen Feld immer gleich sind, können wir den Täter aus der Imagination jetzt auch auf den konfrontierenden Stuhl setzen, dort aus der sicheren stehenden Position gemeinsam entmachten und das Kind versorgen. Arbeit in der Imagination führt tiefer in das Erleben des Kindmodus, Aufstehen in den Gesunden Erwachsenenmodus. Wir entscheiden, was aktuell im Therapieprozess dran ist.

1.7.3 Welche Arten von Imaginationen gibt es?

Diagnostische Imagination: Die erste Hälfte der oben beschriebenen Arbeit dient der Schemaaktivierung, der Einordnung in den biografischen Kontext und damit der Diagnostik. Man kann die Patientinnen auch ungerichtet in ihre Kindheit, z. B. in das Alter von fünf oder sechs Jahren zurücktreiben und das damalige Lebensumfeld lebendig beschreiben lassen. Dann sollen die Patientinnen ein Bild der Mutter (bzw. des Vaters) entstehen lassen. Welche Gefühle kommen? Tatsächlich ist der Float-back aus einer Schemaaktivierung heraus der zuverlässigste Weg, um zu den entscheidenden Situationen in der Kindheit zu kommen, in denen die Schemata angelegt worden sind, die heute noch aktiviert werden und damit den Patientinnen Probleme machen. Diese Szenen werden in der Anamnese in aller Regel nicht erzählt. Etwas provokativ möchten wir daher empfehlen, die biografische Anamnese auf das Erfragen der »harten Fakten« zu beschränken und nicht zu viel Zeit mit den Erzählungen der Patientinnen aus deren jeweiligem semantischen Gedächtnis zu verbringen. Die *eigentliche Anamnese der belastenden Kindheitssituation* gelingt zuverlässiger im imaginativen Float-back und damit im episodischen Gedächtnis.

Imaginative Überschreibung (Imagery Rescripting): I. d. R. schließen wir an einen diagnostischen Float-back auch gleich eine Überschreibung in der oben beschriebenen Weise an. Die Überschreibung führt zu einer sehr positiven Therapieerfahrung und vertieft die therapeutische Beziehung erheblich. Wir meinen, dass die vergleichsweise niedrigen Abbruchraten in Schematherapien (Jacob & Arntz, 2013) im Wesentlichen auf diese positiven Erfahrungen zurückzuführen sind.

Zukunftsgerichtete Imagination: Diese können sowohl unterstützenden als auch konfrontierenden Charakter haben und durch eine Zeitprojektion einen Perspektivwechsel bewirken. So kann man z. B. eine übertrieben selbstsichere (rote) Patientin ihren Zustand als hilflose 80-jährige Greisin im Altersheim visualisieren lassen, um sie ihre potentielle Verletzbarkeit spüren zu lassen. Umgekehrt können wir nach einem »Best-day«-Video fragen, in dem uns die Patientinnen den besten Tag ihres Lebens in der nächsten Woche beschreiben, um positive Emotionen und (rötliche) Tatkraft zu aktivieren.

Ressourcenaktivierende Imagination: Hier versuchen wir, in der Gegenwart ein positives Bild aufzubauen, z. B. das eines sicheren Ortes. Es kann aber auch der körperliche Zustand einer Patientin verändert werden: »*Können Sie sehen, wie Sie jetzt drei Meter groß werden? Spüren Sie die Kraft in Ihrem Körper? Kennen Sie eine Figur, die so ist? Sie sind das jetzt! Sie sind in einer Science Fiction Story. Alles ist möglich! Was möchten Sie mit dieser Kraft jetzt machen (z. B. mit der Person gegenüber in der konfrontierenden Position)? ... Wie fühlt sich das in Ihrem Körper an, so viel Kraft zu haben?*« Diese Übung mobilisiert Selbstbehauptungskraft, die dann in den Gesunden Erwachsenenmodus ins Aufstehen mitgenommen werden kann: »*So, jetzt stehen wir hier als Erwachsene wieder in der wirklichen Welt. Die Kraft von dem Stuhl da unten haben Sie aber mitgenommen. Damit es keinen Ärger mit der Umwelt gibt, müssen wir diese rote Ärgerkraft aber mit der blauen Bindungsseite etwas ausbalancieren. Wie könnte das jetzt aussehen?*« Dann wird gemeinsam ein funktionaler Einsatz der Ärgerkraft in der Alltagssituation vom Anfang der Stunde ausprobiert und eingeübt. Am Ende setzen sich beide wieder auf die Stühle und können z. B. zum Abschluss ein Rollenspiel machen.

1.7.4 Welche Arten von Stühledialogen gibt es?

Stühledialog mit Internalisiererinnen

Dieser Stühledialog verläuft parallel mit der Imaginativen Überschreibung und wurde oben beschrieben. Der Einstieg gelingt am besten, wenn die Patientinnen in ihrem Unterordnungs- oder Distanzierten Beschützermodus gefragt werden, was die Stimme in ihrem Kopf jetzt sagt. Auch mit vielen Selbstberuhigern kann so begonnen werden. Diese Sätze sind ich-synton (d. h. die Patientinnen glauben sie). Daher sind sie überwiegend in Ich-Form formuliert: »Ich muss funktionieren. Wenn ich das nicht schaffe, bin ich wertlos. Wenn ich Gefühle zeige, werde ich verletzt.« Wir nehmen diese Sätze und wiederholen sie, aber jetzt in Du-Form: »*Ich verstehe: Die Stimmen sagen, du musst funktionieren, du musst das schaffen, sonst bist du wertlos, wenn du Gefühle zeigst, wirst du verletzt.*« Durch diese scheinbar harmlose *Umformulierung* klingen die Sätze jetzt aber so, als würde eine andere Person sie sagen und sind damit den Bewertungen ähnlich, die in der Kindheit vom Umfeld vermittelt wurden. Jetzt können diese Sätze auf den Kritikerstuhl gesetzt werden, die Therapeutin dahinter. Gegenüber steht ein leerer Stuhl für den Kindmodus. Die Therapeutin fordert dann die Patientin auf: »*Da drüben sitzt die Kleine. Sagt ihr ins Gesicht, was sie zu tun hat und was sie für eine ist!*« Dabei kann die Patientin im Sinne eines Advocatus diaboli aufgefordert werden, sich noch drastischer auszudrücken: »*Genau! Wer braucht denn so jemanden?*« Interessanterweise fühlen sich die Patientinnen auf diesem Stuhl recht wohl. Daran kann man zeigen, wie stark sie mit diesen Sätzen identifiziert sind. Dann wechseln beide auf die Kindseite und die Patientin wird nach ihrem Erleben und dem Bedürfnis auf dem Kindstuhl gefragt. Die Therapeutin wiederholt (neben der Patientin auf dem Kindstuhl – beide mit geschlossenen Augen) zunächst die Kritikersätze und formuliert diese in Richtung der Schemata um: »*Wie fühlst du dich, wenn die dir sagen, dass du nichts hinbekommst (Inkompetenz), dass du deine Schwäche nicht zeigen darfst (Verletzbarkeit), dass du alles schaffen musst (unerbittliche Ansprüche), dass dich niemand braucht und haben will (Verlassenheit), dass man es mit dir machen kann (Missbrauch)?*« Dadurch werden die Schemata und die damit verbundenen Gefühle noch stärker aktiviert. Dann geht es so weiter, wie oben beschrieben.

Stühledialog mit Externalisiererinnen

Externalisiererinnen haben zunächst keinen inneren Konflikt. Sie haben in erster Linie Konflikte mit anderen Menschen (oder Regeln) in der Außenwelt. Diese Patientinnen sind emotional (mehr oder weniger gut sichtbar) auf dem roten Bein und die Kritiker nach außen auf die anderen gerichtet. Um die Patientinnen nachdenklich zu machen, *stoppen* wir zunächst den externalisierenden Bewältigungsmodus. Dabei ist es egal, ob die Patientinnen offen aggressiv, überkontrollierend, manipulativ, selbsterhöhend, passiv-aggressiv oder schlicht unkooperativ sind. Es ist auch egal, ob sie sich über eine andere Person oder die Therapeutin beschweren. In jedem Fall wird markiert und validiert. Ggf. eben mit viel blauen, bindungserhaltenden Interventionen wie One-down-Position, Selbstoffenbarung, guten Willen zeigen, aber eventuell auch Diskrimination oder um ein Experiment bitten. Einmal im Stehen angekommen, wird mit Bezug auf unser Modell das gezeigte Verhalten in die drei Rollen (aktiv-gestalten-wollend bis dominant, kooperativ, nachgebend bis unterordnend oder sich zurückziehen) eingeordnet. Eine weitere Benennung des Modus ist möglich, aber nicht nötig. Dann wird nach der dahinterstehenden Emotion gefragt (angespannt-genervt-ärgerlich oder verletzbar-ängstlich-traurig). Emotion und Verhalten werden dann dem roten oder blauen Bein zugeordnet und das als eine mögliche Reaktion validiert (schließlich haben wir ja alle zwei Beine).

Der Blick auf die Effekte: Dann wird nach dem gewünschten Verhalten der Gegenseite gefragt (kooperativ, zurückziehend oder dominant). Dadurch wird deutlich, dass die Interaktion nur gelingt, wenn das Gegenüber auf die kooperative (blaue) Seite geht. Dann wird nach dem tatsächlichen Verhalten der anderen Seite gefragt. Das dürfte ein vermeidender Modus sein, denn externalisierende Menschen kommen ja nicht in Therapie, solange sie mit ihrem Verhalten erfolgreich sind. Der Blickwinkel kann hier durch die generalisierende Frage geändert werden: »*Passiert das Anna nur mit der Person da unten oder manchmal auch sonst im Leben?*«. Hier kann die Therapeutin auch ihre eigene Wahrnehmung anbieten oder eine Extensionstechnik eingesetzt werden (s. u.). Wir validieren das dominante Verhalten als ein in der Vergangenheit sicher manchmal hilfreiches Verhalten, fragen die Patientinnen, ob sie ein Interesse daran haben, einen »Plan B« kennen zu lernen, mit dem sie ihr Verhaltensspektrum erweitern können. Dann haben sie zwei Strategien zur Auswahl und können je nach Situation entscheiden, welche sie *wählen* wollen. Dann bitten wir sie, auf dem blauen Stuhl für die verletzbare Kindseite Platz zu nehmen, den wir mit Bezug zu dem Zwei-Beine-Modusmodell dazu stellen. Wir setzen uns daneben.

Mit der verletzbaren Seite in Kontakt kommen: Auf dem Stuhl für die verletzbare Seite fragen wir zunächst: »*Was macht das für ein Gefühl in deinem Körper, wenn du siehst, wie dein Bewältigungsmodus die anderen wegtreibt?*« Rechtfertigende oder abfällige Reaktionen werden dem (roten) Selbstbehauptungsbein zugeordnet und nachgefragt: »*Gut, dann schließe die Augen. Kannst du sehen, wie die andere Person [Name] durch die Tür weggeht? Du wirst sie nie wiedersehen. Was macht das jetzt für ein Gefühl in deinem Körper?*« Hier sollten wieder die oben genannten Gefühlsdimensionen angeboten werden. Als dritte Stufe kann die zukunftsgerichtete Imagination der 80-Jährigen im Altersheim (▶ Kap. 1.6.3) versucht werden. Sobald die Patientinnen kleine Anzeichen von emotionaler Betroffenheit zeigen, werden diese markiert, validiert und ggf. durch eine Selbstoffenbarung verstärkt: »*Ja genau, dieses beklommene Gefühl in der Brust, das ist deine verletzbare Seite. Gut, dass du die jetzt spürst und zeigen kannst. Das ist wichtig, weil das auch die anderen berührt. Ich z. B. fühle mich dir jetzt viel näher als vorhin, als ich nur deinen Bewältigungsmodus auf der vorderen Bühne gesehen habe. Ich bin davon überzeugt, dass das vielen anderen auch so geht!*«

Neben dem Erzeugen von Nachdenklichkeit im Stehen durch den Blick auf die nachteiligen Effekte ist das der zweite kritische Punkt in dieser Übung. Für die Patientinnen ist es sehr aversiv, die verletzbare Seite zu zeigen, bestand ihre bisherige *Überlebensstrategie* doch gerade darin, diese zu verstecken, die Schemata zu kompensieren und auf das rote Bein zu gehen. Der Bezug zu dem Verhalten des Kindes im Still-face-Video hilft den Patientinnen, diesen Prozess zu verstehen: Das Kind hat auf das Gesicht der Mutter und die damit verbundene Frustration des Bindungsbedürfnisses zunächst verletzbar reagiert. Erst nach der Nicht-Reaktion der Mutter auf seine freundlich-unterordnenden (blauen) Annäherungsversuche ist es in den sekundären Ärger gekippt und hat »mit Gewalt« (auf dem roten Bein) versucht, mit der Mutter in Kontakt zu kommen. Falls die Patientinnen biografisch mit dieser Bewältigungsreaktion erfolgreich waren, werden sie diese Strategie vermehrt eingesetzt haben. Wir versuchen das »Lebensvideo« der Patientinnen sozusagen zurückzuspulen und ihnen zu zeigen, dass heute die Menschen möglicherweise wohlwollender reagieren als das damalige Lebensumfeld.

Einstieg mit distanzierten Selbstberuhigern

Wir fragen (mit geschlossenen Augen) nach dem Erleben, das entsteht, wenn der Selbstberuhiger weggenommen wird. Entweder wird dann ein Kindmodus aktiviert (Das halte ich nicht aus, dann werde ich verrückt, drehe durch, raste aus ...). Diese

Aktivierungen sind eher rot, d.h. dahinter steckt ein ärgerlicher (bis wütender) Kindmodus. Mit dem kann dann validierend in Kontakt und dann in eine ressourcenaktivierende Imagination gegangen werden. Oder, falls die Kritikerstimmen laut werden (Reiß dich zusammen, du musst funktionieren, du musst das schaffen, niemand darf sehen, was in dir los ist), werden diese (in Du-Form) auf den Kritikerstuhl gesetzt und wie oben beschrieben weitergearbeitet. Das geht auch sehr gut mit Anorexiepatientinnen, die extrem bösartige Bewerter und Antreiber haben.

Gefühlen eine Stimme geben

Stühledialoge, um Emotionen aus sich heraus zu setzen und »unabgeschlossene Geschichten« abzuschließen: Bei diesem Stuhldialog wird den Patientinnen ein leerer Stuhl gegenübergestellt. Auf diesem sitzt (imaginativ) diejenige Person, mit der die Patientin eine unabgeschlossene Situation hat, z.B. enttäuscht, betrogen oder verlassen worden zu sein (auch durch einen plötzlichen Tod oder einen Suizid), eine Person, die einen in irgendeiner Weise schlecht behandelt hat und der gegenüber man sich ohnmächtig gefühlt hat (das kann auch das Schicksal oder eine Naturkatastrophe sein). Hier geht es mehr um den Ausdruck von Ärger (rotes Bein – »*venting anger*«). Man kann sich aber auch umgekehrt bei einem Menschen *entschuldigen*, den man selbst verletzt hat und jetzt nachträglich seine Reue (blaues Bein) zeigen. In jedem Fall werden (mit geschlossenen Augen) alle Gefühle zunächst zu dem leeren Stuhl hin ausgesprochen. Die Therapeutin sitzt daneben und unterstützt gegebenenfalls durch Soufflieren (▶ Kap. 1.6.3). Danach wird auf den gegenüberliegenden Stuhl gewechselt und die Patientin gefragt (mit wiederum geschlossenen Augen): »*Was fühlst du jetzt in deinem Körper? ... Was möchtest du aus diesem Gefühl heraus zu [Vorname der Patientin] sagen?*« Überraschenderweise antworten die meisten Patientinnen verständnisvoll und versöhnlich. Wir vermuten, dass das auf dem tief in uns verankerten Wunsch nach Harmonie und Frieden mit der Umwelt beruht (Bindungsbedürfnis). Danach wechseln beide wieder auf den Ursprungsstuhl und die Patientin wird nach ihrem Gefühl und ihrem Impuls jetzt gefragt. Ggf. kann diese Bewegung mehrmals wiederholt werden.

1.7.5 Vorgehen bei stockenden Perspektivwechseln

Wie erwähnt, ist der Perspektivwechsel und damit der Ausstieg aus den spontan aktivierten Modi und den dahinter wirkenden Schemata der zentrale Therapieschritt. Es geht nicht darum, die Vergangenheit zu verändern, sondern darum, zu erkennen, dass sie in den Momenten der Schemaaktivierung gar nicht vergangen ist, sondern wir sie zu unserer Gegenwart machen. Damit sind wir aber gar nicht in der Gegenwart, sondern der Vergangenheit (und hängen in unserer *Lebensfalle* fest). Diese müssen wir nicht ändern, sondern verlassen bzw. die Gefühle, Gedanken und spontanen Impulse (Bewältigungsmodi) richtig einordnen. Um den dazu notwendigen Überblick und Abstand zu schaffen, ist die Basisstrategie das Aufstehen. Das machen wir in jeder Sitzung (zumindest in der ersten Therapiehälfte). Solange, bis die Patientinnen diese »Sortierbewegung« selbst schaffen. Neben unseren Lebensfallen haben wir im Laufe des Lebens auch Kompetenzen aufgebaut. Aus der Überblicksperspektive und dem damit verbundenen Gegenwartsbezug sind wir innerlich wieder frei, auf alle heute vorhandenen *Ressourcen* zurückzugreifen bzw. neue aufzubauen. Die Patientinnen hängen aber nicht selten in den Schemaaktivierungen fest, auch wenn sie aufgestanden sind. Dann kann zunächst erneut betont werden: »Wir zwei hier nebeneinander sind jetzt sozusagen das Beratungs- oder Beobachtungsteam. Es geht also nicht um uns, sondern um die Therapeutin und die Patientin da unten. Stellen Sie sich vor, wir sehen den Film *Heute im Büro von [Name der Therapeutin]*. Sie sollten im weiteren Verlauf konsequent in der dritten Person über die Patientin und die Therapeutin sprechen. Das Wechseln der Körperposition, der gemeinsame Blick auf die Stühle und das Unterbrechen des »Ich und Du« tragen alle zur Desidentifikation bei, schwächen die Emotionen ab und erleichtern den Ausstieg aus der Schemaaktivierung. Reicht das nicht aus, können die folgenden Schritte helfen:

Bewältigungsmodus stoppen: Unterbrechen Sie konsequent freundlich die Interaktion und fragen: »*Merken Sie, was gerade jetzt passiert?*« Diese Frage fördert den Gegenwartsbezug. Dann markieren, validieren und einsortieren, d. h. konkret: »*Genau! Das ist immer noch das rote Bein. Versuchen wir doch einmal, diese Gefühle da unten auf den Stuhl zu setzen und von außen drauf zu schauen.*«

Nach Kritikerstimmen fragen: »*Ich merke, dass Sie noch in der Schemaaktivierung drin sind. Was sagt denn die Stimme in Ihrem Kopf dazu? Welche Gedanken gehen Ihnen in genau diesem Moment durch den Kopf? Sprechen Sie diese einfach aus. Alles ist ok, es sind nur Gedanken!*« In der Regel sind das Kritikergedanken, die jetzt eingeordnet und auf den Stuhl für die konfrontierende Position (oder einen dominanten Bewältigungsmodus) gesetzt werden können.

Gegenwartsbezug herstellen: Falls die Patientin stark emotional aktiviert ist, wird das markiert, validiert und dann ein starker Bezug zur jetzigen Situation hergestellt: Laute Beschreibung der konkreten Umgebung, körperliche Übungen (wie z. B. Kniebeugen), bewusste Wahrnehmung des Atems (ggf. mit verlängertem Ausatmen zur Vagusstimulation) oder körperbezogene Skills aus dem »DBT-Notfallkoffer«. Die Therapeutinnen können auch sagen: »*Schauen Sie mir bitte in die Augen: Was sehen Sie da jetzt?*« oder: »*Was können Sie oder ich tun, damit Sie sich jetzt in dieser Situation hier etwas sicherer fühlen?*«

Extensionstechnik: Wir bitten die Patientin, in die Perspektive einer anderen Person zu wechseln: »*Haben Sie eine gute Freundin? Können Sie die bitten, einmal hier in diesen Raum zu kommen? Sie sind jetzt diese Freundin. Danke [Name der Freundin], dass Sie gekommen sind um uns zu helfen. [Name der Patientin] hat gerade Probleme mit ihrer Therapeutin. Sie kennen ja [Name der Patientin] gut und mögen sie. Was denken Sie denn was [Name der Patientin] helfen könnte?*« Sie können jetzt die Freundin zu allen Aspekten der Fallkonzeption bzw. der Situation befragen. Die Patientin kann auch in eine übergeordnete Perspektive eines »weisen Menschen« oder »der Menschenrechte« gehen oder eine vertrauenswürdige Person aus einem Film o. Ä. dazu bitten. Die Idee ist, die Patientin in die neuronalen Netzwerke zu »locken«, die mit dieser Perspektive verbunden sind.

Substitutionstechnik: Wenn Patientinnen keine Emotionen zeigen, können Sie das Kind (bzw. den Kindmodus) auf dem Kindstuhl durch ein reales, geliebtes (idealerweise eigenes) Kind ersetzen und nach den Gefühlen für dieses Kind fragen. Da es diesen Kindern gegenüber keine inneren Kritikerstimmen gibt, wird das in uns angelegte Versorgungssystem leichter aktiviert (wie schon beim Betrachten des Stillface-Videos). Dann kann die verletzbare Seite neben das reale Kind gesetzt und nach Unterschieden gefragt werden. Dadurch werden die Kritikerstimmen sichtbar und können herausgesetzt werden.

Das Therapeutinnenteam: Die Therapeutin kann abgestuft aktiv werden. Es ist relativ leicht, über den Stühlen, in der Imagination oder auch neben den Patientinnen sitzend ihnen passende Worte anzubieten (bzw. zu soufflieren). Die Patientinnen sollen selbstverständlich aus diesen Angeboten das auswählen, was zu ihnen passt. Dadurch entsteht eine »Ko-Konstruktion«, durch die der »Locus of control« sanft von den Therapeutinnen zu den Patentinnen übergehen kann. Es ist wichtig, die Patientinnen nach ihrem Gefühl zu fragen, wenn sie die Sätze selbst aussprechen, denn dadurch können interferierende Kritikerstimmen erkannt werden.

Die Therapeutin als Modell: Bei Patientinnen mit sehr schwach ausgebildetem Gesunden Erwachsenenmodus kann es – besonders zu Beginn der Therapie – notwendig werden, dass die Therapeutin zunächst ein Modell für die Entmachtung und die Versorgung gibt. Wenn möglich, sollte die Patientin aber im Erwachsenenmodus zuschauen und – wie oben beschrieben – das von der Therapeutin Gesagte mit ihren Worten wiederholen. Es kann für die Patientin eine sehr schöne Erfahrung sein, sich anschließend auf den Kindstuhl zu setzen (bzw. in der Imagination in die Rolle des Kindes zu gehen), um zu spüren, wie es sich anfühlt, so versorgt zu werden. Nicht selten erleben die Patientinnen dies zum ersten Mal und sind sehr berührt, was die therapeutische Beziehung vertieft.

1.8 Der Transfer in den Alltag

Folgende Techniken und Elemente erleichtern die Übertragung des in den Sitzungen Erlebten in den Alltag:

Audioaufnahmen anhören: Entweder der ganzen Stunde oder der Erwachsenenbotschaften (Audio-Memos). Dadurch kann das Erleben in den Stunden später aktualisiert werden.

Elektronische Kurzkontakte: Können den Kontakt zwischen den Sitzungen aufrechterhalten, um Sicherheit zu geben und ggf. kurz zu ermutigen, an Aufgaben zu erinnern oder um die Erledigung von Aufgaben zu bestätigen.

Wahrnehmungsprotokolle: Helfen, die Selbstbeobachtung zu stärken (Modus-Bewusstsein) und Auslösesituationen und aktivierte Modi zu identifizieren.

Schema-Memos: Dieses Arbeitsblatt hilft, schrittweise die Auslösesituationen zu *benennen*, den Schemahintergrund zu *erkennen*, die alten Bewältigungsmodi und Inneren Kritiker *anzuerkennen*, um dann aus der Sicht des Gesunden Erwachsenenmodus zu entscheiden, sich vom alten Erleben und Verhalten zu *trennen* und neues Verhalten *einzuüben* (bzw. dadurch in die neuronalen Netzwerke im Gehirn »einzubrennen«). Die Anfangsbuchstaben dieser fünf Schritte ergeben zusammen das Akronym BEATE (Roediger, 2016). Dieses Blatt wird anfangs in der Stunde gemeinsam eingeübt. Später füllen es die Patientinnen zu Hause alleine aus.

BEATE-Schritte einsetzen: Sind die fünf Schritte verinnerlicht, können die Patientinnen in Schemaaktivierungssituationen diese anhand der fünf Finger einer Hand durchgehen.

Tagebuchblätter ausfüllen: Dabei gibt es viele Varianten, von am Abend einen Smiley in den Kalender malen, drei positive Erlebnisse aufschreiben, ein »Gifttagebuch« für belastende Gedanken und Erinnerungen (das danach weggeschlossen und ggf. in die Therapie mitgebracht wird), BEATE-Schritte aufschreiben für einzelne Aktivierungssituationen, Protokollierung von Verhaltensexperimenten (mit Diskrimination vorher/nachher) bis hin zu komplexeren Wochenprotokollen mit Aktivitätenplanung, Umsetzung und Effekten. Allen gemeinsam ist, dass sie neben der Förderung der Selbstwahrnehmung und dem Verhaltensaufbau auch ein Maß für die aktive Mitarbeitsbereitschaft und Eigeninitiative der Patientinnen sind – sozusagen ein Autonomiecheck.

1.9 Zusammenfassung

In diesem Kapitel haben wir die Grundlagen des Modells, der Beziehungsgestaltung und der emotionsaktivierenden Techniken dargestellt. Diese drei Elemente hat Young als zentral für die Schematherapie definiert (Young, 2010). Unsere Darstellung modifiziert das klassische Modusmodell und führt es wieder näher an das eigentliche Schemamodell heran. Das ursprüngliche Problem der zu komplexen Fallkonzeption bei der Arbeit mit dem Schemamodell haben wir dadurch aufgelöst, dass wir das Modell extrem komplexitätsreduziert und in einen dimensionalen Rahmen statt in die Kategorien des alten Modusmodells eingefügt haben, wie er auch vom alternativen Modell des DSM-5 verwendet wird. Statt einem »Kochbuch«, wie man mit einzelnen Modi umgeht, haben wir das Vorgehen in Prozesse dekonstruiert, die von den Therapeutinnen wie »Gewürze« eingesetzt werden können, um einen bestimmten Effekt zu erreichen. Aus diesen Prozessen setzen sich die Techniken zusammen. Wir haben dabei – analog den ACT-Prozessen, die die Funktion des Gesunden Erwachsenenmodus beschreiben – übergeordnete Schematherapieprozesse definiert, die in Ergänzung zu den ACT-Prozessen gezielt Schemata und emotionale Prozesse von Therapeutinnenseite aktivieren. Dadurch arbeiten wir nicht nur auf der Ebene der spontan präsentierten Symptome, sondern auf der Ebene der dahinterstehenden Persönlichkeitsstruktur und aufrechterhaltenden Schemata. Das führt die Arbeit – ähnlich wie das psychodynamische Vorgehen – in einer größere »Tiefe« bzw. hin zu einer biografischen Fundierung. Wenn sich Patientinnen bewusst werden, dass sie in einer alten Lebensfalle stecken, fällt es ihnen leichter, aus ihr auszusteigen. Darin liegt ein wesentlicher Beitrag der Schematherapie.

Die Darstellung ist sicher sehr kompakt und erschließt sich nicht vollständig bei einem einmaligen Lesen. Sie stellt in gewisser Weise ein Kompendium dar, auf das die folgenden Kapitel aufbauen und sich beziehen. Dabei lassen sich gewisse Wiederholungen nicht vermeiden, die entstehen, wenn man die allgemeinen, hier dargestellten Grundlagen auf den Umgang mit den einzelnen Bewältigungsmodi bezieht. Wir hoffen, dass trotzdem deutlich wird, dass wir immer im selben Beziehungsfeld und mit denselben Prozessen arbeiten, auch wenn die einzelnen Kapitel die individuelle »Handschrift« der jeweiligen Autorinnen und Autoren tragen. Das darf und soll in der Schematherapie so sein, denn es ist keine manualisierte Therapie, sondern eine sehr individuelle, die von der Persönlichkeit der Therapierenden getragen wird.

Literatur

Arntz A, Jacob GA, Lee CW, Brand-de Wilde OM, Fassbinder E, Harper RP, Lavender A, Lockwood G, Malogiannis IA, Ruths FA, Schweiger U, Shaw IA, Zarbock G, Farrell JM (2022). Effectiveness of predominantly group schema therapy and combined individual and group schema therapy for borderline personality disorder. A randomized clinical trial. *JAMA Psychiatry*; 79 (4): 287–299. doi:10.1001/jamapsychiatry.2022.0010.

Bamelis L, Evers S, Spinhoven P, Arntz A (2014). Results of a multicenter randomized controlled trial of the clinical effectiveness of schema therapy for personality disorders. *Am J Psychiatry*; 171: 305–22.

Bateson G (1981). *Ökologie des Geistes.* Frankfurt a. M.: Suhrkamp.

Berbalk H, Kempkensteffen J (2000). Die Bedeutung des »Momentanen personalen Gesamtzustandes« für die Arbeit in der Depressionstherapie. *Psychotherapeuten Forum: Praxis und Wissenschaft*; 3.

Boterhoven de Haan KL, Lee CW, Fassbinder E, van Es SM, Menninga S, Meewisse M-L, Rijkeboer M, Kousemaker M, Arntz A (2020). Imagery rescripting and eye movement desensitization and reprocessing as treatment for adults with post-traumatic stress disorder from childhood trauma: randomised clinical trial. *The British Journal of Psychiatry*; 5: 609–615. doi: 10.1192/bjp.2020.158.

Bowlby J (1976). *Trennung. Psychische Schäden als Folgen der Trennung von Mutter und Kind.* München: Kindler.

Edelman GM (1995). *Göttliche Luft, vernichtendes Feuer.* München: Piper.

Gall-Peters A, Zarbock G (2012). *Praxisleitfaden Verhaltenstherapie. Störungsspezifische Strategien, Therapieindividualisierung, Patienteninformationen* (2. Aufl.). Pabst Science Publishers: Lengerich.

Giesen-Bloo J, van Dyck R, Spinhoven P, van Tilburg W, Dirksen C, van Asselt T, Kremers I, Nadort M, Arntz A (2006). Outpatient psychotherapy for borderline personality disorder: a randomized trial for schema-focused-therapy versus transference focused psychotherapy. *Arch Gen Psychiatry*; 63: 649–58.

Grawe K (2004). *Neuropsychotherapie.* Göttingen: Hogrefe.

Grossmann KE, Grossmann K (2003). *Bindung und menschliche Entwicklung. John Bowlby, Mary Ainsworth und die Grundlagen der Bindungstheorie.* Stuttgart: Klett-Cotta.

Hayes SC, Hoffmann SG (2018). *Process-Based CBT: The science and core clinical competencies of Cognitive Behavioral Therapy.* Boston: New Harbinger.

Hayes SC, Strohsal KD, Wilson KG (2012). *Acceptance and commitment therapy: The process and practice of mindful change* (2nd Ed.). New York: Guilford.

Jacob G, Arntz A (2013). Schema therapy for personality disorders – a review. *Int J Cogn Ther*; 6(2): 171–85.
Kohut H (1981). *Die Heilung des Selbst*. Frankfurt a. M.: Suhrkamp.
Kohut H (2001). Über Empathie. *Selbstpsychologie; 4:* 129–38.
Priebe K, Schmahl C, Stiglmayr C (2013). *Dissoziation. Theorie und Therapie*. Heidelberg: Springer.
Roediger E (2006). *Besser leben lernen*. Stuttgart: Freies Geistesleben; Urachhaus.
Roediger E. (2015). Rollentausch: Stuhldialog. In: M. Linden, M. Hautzinger (Hrsg.), *Verhaltenstherapiemanual* (8. Aufl.), S. 217–222. Heidelberg: Springer Medizin.
Roediger E (2016). *Schematherapie. Grundlagen, Modell und Praxis* (3. Aufl.). Stuttgart: Schattauer.
Roth G (2001). *Fühlen, Denken, Handeln. Wie das Gehirn unser Verhalten steuert*. Frankfurt: Suhrkamp.
Sachse R (2008). *Klärungsorientierte Schemabearbeitung. Dysfunktionale Schemata effektiv verändern*. Göttingen: Hogrefe.
Satir V (2004). *Kommunikation. Selbstwert. Kongruenz. Konzepte und Perspektiven familientherapeutischer Praxis* (7. Aufl.). Paderborn: Junfermann.
Schacter DL (1992). Priming and multiple memory systems: Perceptual mechanisms of implicit memory. *Journal of Cognitive Neuroscience;* 4(3): 244–256.
Schore AN (1994). *Affect Regulation and the Origin of the Self: The Neurobiology of Emotional Development*. Hillsdale, NJ: Erlbaum.
Schuchardt J, Roediger E (2016). *Schematherapie*. Tübingen: Psychotherapie-Verlag.
Siegel DJ (2006). *Wie wir werden, die wir sind*. Paderborn: Junfermann.
Sonntag R (2008). *ACT für Fortgeschrittene*. Handout eines Seminars in Olpe.
Steil R (2021) *Imagine: Eine innovative Psychotherapie der PTBS*. Vortrag im Rahmen der Kammerwahl der Hessischen Psychotherapeutenkammer.
Stromberg C, Zickenheiner K (2021). *Emotionale Regulation bei psychischen Störungen: Praxis der Verhaltenstherapie schematherapeutisch erweitert*. Berlin: Springer
Tronick E. The still face Experiment. Zugriff am 6. August 2022 unter https://www.youtube.com/watch?v=YTTSXc6sARg
Valente M (2021). *Schematherapie: Ein Leitfaden für die Praxis*. Stuttgart: Kohlhammer.
Valente M, Roediger E (2020). *Schematherapie*. Stuttgart: Kohlhammer.
Watkins JG, Watkins HH (2003). *Ego-States. Theorie und Therapie*. Heidelberg: Carl-Auer-Systeme.
Watzlawick P (1976). *Wie wirklich ist die Wirklichkeit? Wahn, Täuschung, Verstehen*. München: Piper.
Young JE (2010). Verhaltenstherapie ist wirklich integrativ. In: E. Roediger, G. Jacob (Hrsg). *Fortschritte der Schematherapie*, S. 306–11. Göttingen: Hogrefe.
Young JE, Klosko JS, Weishaar ME (2005). *Schematherapie – ein praxisorientiertes Handbuch*. Paderborn: Junfermann.
Zarbock G (2008). *Praxisbuch Verhaltenstherapie. Grundlagen und Anwendungen biographisch-systemischer Verhaltenstherapie* (4. Aufl.), DVT-Praxis, Bd 1. Lengerich: Pabst Science Publishers.

2 Der Körper kennt den Weg: warum es sich lohnt, Körperprozessen mehr Beachtung zu schenken

Yvonne Reusch

> Der Patient Thomas Meier ist 48 Jahre alt und erstmalig in psychotherapeutischer Behandlung wegen rezidivierenden depressiven Phasen und psychosomatischen Beschwerden. Der erfahrene Schematherapeut hat in den vergangenen Sitzungen den Modus des Distanzierten Beschützers (DB) und dessen Funktion im Leben des Patienten mehrfach herausgearbeitet. Mit der Interview-Technik (▶ Kap. 4) konnte er zum Teil »hinter die Mauer blicken«. Nun scheint dieser Modus in der Sitzung erneut aktiviert, als Herr Meier über einen Konflikt am Arbeitsplatz spricht. Der Therapeut unterbricht den Prozess, markiert die Modusaktivierung, kommt in einen Dialog auf Stühlen und fragt den Patienten schlussendlich, wie es sich nun für ihn anfühlt. Thomas Meier wirkt emotional berührt, berichtet dann aber sofort körperliche Missempfindungen und zugehörige subjektive Erklärungen. Der Therapeut spürt allmählich eine sich ausbreitende Resignation bei sich ob der »Hartnäckigkeit« des Beschützermodus und fragt sich, wie er jetzt eigentlich weiter machen soll. Er lässt den Patienten nun seine Sätze zu Ende führen und nimmt sich vor, später noch einmal nachzulesen, wie man mit dem Modus »richtig« umgeht.

2.1 Einleitung

Im obigen Fallbeispiel begegnen sich zwei Menschen mit eventuell unterschiedlicher Schemaaktivierung und dennoch letztlich ähnlicher Bewältigung auf Modusebene: der Vermeidung. Der Patient spürt seinen Körper fast ausschließlich in der Abwehrreaktion und bei Schmerzen. Er versteht seinen Körper als »Arbeitsgerät«, das eben heute »nicht mehr funktioniert«. Die Nachfragen seines Therapeuten verunsichern ihn, er hat Angst, auch hier in der Therapie zu versagen und/oder so viel Schmerz spüren zu müssen, dass er es nicht mehr aushalten würde. Der Therapeut wiederum ist bemüht darum, Sicherheit und Kontakt zur verletzbaren Seite herzustellen. Bei wiederholter Bewältigungsaktivierung des Patienten wird nun zunehmend die innere kritische Stimme des Therapeuten laut, welche ihm zuflüstert, dass er versagt. So wird auch in ihm nun die Bewältigung des hier passiven Vermeidens aktiviert, sodass er seinen Körper bis zum Abend, an dem er sich über den verspannten Nacken wundert, nicht mehr spürt.

Wenn der Therapeut am nächsten Abend diese Szene mit einem befreundeten Körperpsychotherapeuten intervisorisch bespricht, würde dieser vielleicht neben den Narrationen die verkörperten Kernprozesse des emotionalen Erlebens, der aktivierten Schemata und Bindungsmuster fokussieren. Diese Kernprozesse beschreibt Geuter (2015, S. 6) als »körpernah erlebte, prozedural gespeicherte, basale regulatorische Muster oder Strategien des Erlebens und Verhaltens, die kognitiv, affektiv, imaginativ, sensorisch, motorisch oder vegetativ in Erscheinung treten können«. Die beiden Therapeuten fragen sich dann: Wie könnten beide Personen, Patient und Therapeut, wieder Kontakt zum körperlichen Erleben herstellen und dann im Sinne einer Aktivierung des Erwachsenenmodus entscheiden, wie sie Befürchtungen, Bedürfnisse, Wünsche und Ziele funktional in Balance bringen?

Der (explizite) Einbezug der körperlichen Ebene des Erlebens und Verhaltens findet in den letzten Jahren immer mehr Beachtung. In der stationären psychosomatischen Versorgung ist die Körperpsychotherapie eine etablierte Größe im Rahmen einer multimodalen Behandlung. In der Behandlung posttraumatischer Belastungsstörungen sind körperpsychotherapeutische Techniken aufgrund der Regulationsstörung der basalen psychophysiologischen Erregung (u. a. van der Kolk et al., 2000) unerlässlich. Geuter (2015) beschreibt einen »Body-turn« (S. 8) in der Wissenschaft. Beispiele finden sich in Embodiment- Forschung (Storch et al., 2010; Gugutzer, 2006), Emotionsforschung (Damasio, 1997), Säuglings- und Bindungsforschung (Stern, 1992; Schore, 2017). Heute gibt es daher ein zunehmendes Bemühen, körperliche Prozesse schulenübergreifend in jede Psychotherapie einzubeziehen (Kriz, 2017). Wie Verhaltenstherapeuten dies umsetzen können, beschreibt u. a. Maren Langlotz-Weis (2020) sehr praxisnah. Der Einbezug von Körperarbeit in die Schematherapie wird von Gisela Henn-Mertens und Gerd Zimmek (2021) ebenso praxisorientiert aufgezeigt.

Schematherapie als kontextueller, erlebnis- und prozessorientierter Psychotherapieansatz, wie wir sie verstehen, bietet körperpsychotherapeutischer Arbeit einerseits einen gut definierten strukturellen Rahmen. Andererseits gewinnt die schematherapeutische Behandlung durch die Erweiterung der Systemebenen des Erlebens um die Körperebene im Rahmen unserer Interventionstechniken, wie sie in anderen Kapiteln dieses Buches ausführlich in ihrer spezifischen Anwendung dargestellt werden. Dies ist ganz im Sinne Jeffrey Youngs et al. (2005), wenn sie von »Heilung« als Ziel sprechen und den Begriff wie Fritz Perls (1976) dabei als neu zu gewinnende Ganzheit verstehen. Insbesondere George Downings (2007) Theorie affektmotorischer Schemata ist der ursprünglichen Schematheorie sehr nahe. Die auf seine Arbeit aufbauenden körperpsychotherapeutischen Ansätze zur Überwindung der »Körperabwehrstrategien« (Downing, 2007) können aus unserer Sicht sehr gut in die schematherapeutische Arbeit zur Überwindung der Bewältigungsstrategien, mit dem Ziel »auf der hinteren Bühne« zu arbeiten, integriert werden und den Prozess bereichern.

Dieses Kapitel soll einen Teil zur Integrationsarbeit körperpsychotherapeutischer Konzepte und Methoden in die Schematherapie leisten, indem Ziele und konkrete Anwendung spezifischer Interventionen praxisnah erläutert werden. Aufgrund dieses sehr klar umrissenen Ziels können hier nicht alle körperpsychotherapeutischen Schulen, Modelle und Techniken Erwähnung finden und es soll auch, wo möglich, auf Diskussion einzelner Begriffe und Definitionen, die ja in der körperpsychotherapeutischen Landschaft durchaus vielfältig sind, verzichtet werden. Vielmehr werden diejenigen theoretischen Überlegungen und darauf aufbauenden therapeutischen Interventionen herausgestellt, die aus meiner Sicht konzeptuell eine große Nähe zur Schematherapie besitzen. Der Fokus liegt in diesem Kapitel also auf dem integrativen, prozessorientierten Element. Ich bitte Sie, mir diese wirklich drastische Verkürzung nachzusehen und verweise für einen hervorragenden Überblick zur Geschichte, Theorie und Praxis der Körperpsychotherapie auf die Werke von Ulfried Geuter (2015 und 2019). Die beschriebenen Übungen sind Adaptionen vor allem der im Rahmen meiner Weiterbildung an der Münchner Akademie für Körperpsychotherapie erlernten Interventionen Downings und seiner Kolleginnen Andrea Opitz-Gerz und Elisabeth Breit-Schröder.

2.2 Grundlegendes zur Integration körperpsychotherapeutischen Arbeitens in die Schematherapie

Wie in ▶ Kap. 1 dargestellt, verstehen wir im dimensionalen Modusmodell Bewältigungsmodi auf einem Kontinuum zwischen Internalisierung und Externalisierung, je nach biologischer Disposition und frühen Bindungserfahrungen. Schon in unserer Beschreibung des Modells nehmen wir Bezug zur Körperebene: Wir sprechen vom »Zwei-Beine-Modell« und können bezüglich der biologischen Disposition z. B. folgendes überlegen: Menschen kommen nie ganz »symmetrisch« zur Welt; bei manchen ist das rote, bei manchen das blaue Bein etwas stärker ausgeprägt. Bei manchen sind die Unterschiede minimal, bei anderen extrem. Bezüglich der frühen Bindungserfahrungen können wir uns fragen: Wie wurden rote und blaue Bedürfnisse »beantwortet«? Wurde eher das rote oder eher das blaue Bein oder wurden – optimalerweise – beide (über Verstärkerprozesse) »trainiert«? Wie ausbalanciert bzw. wie »schief« steht nun unser Patient als Erwachsener vor uns? Die Auswahl der Techniken und die Ziele im schematherapeutischen Prozess werden dadurch bestimmt (▶ Kap. 1); wir helfen unseren Patienten, wieder ins Gleichgewicht zu gelangen, einen festen Stand im Leben zu finden, der spontane und flexible Bewegungen zulässt, wo es diese braucht, um sich in Richtung der eigenen Werte zu bewegen. Im Modell bedeutet das: Stärkung des Gesunden Erwachsenenmodus und des Modus des Glücklichen Kindes. In der Definition dieser Modi (▶ Kap. 1) wird deutlich, dass hier Erlebenszustände gemeint sind, die Stephen Porges (z. B. 2010) in seiner Theorie polyvagaler Zustände, die in einem Organismus in Auseinandersetzung mit Umweltreizen über das autonome Nervensystem vermittelt werden, als Zustand des »sozialen Engagements«. Im folgenden Kasten finden Sie eine kurze Zusammenfassung dieser Theorie.

Porges (2010) beschreibt den Zusammenhang zwischen subjektiv erlebten Zuständen von Spannung und Mobilisierung, Entspannung und Immobilisierung sowie der Steuerung grundlegender Reaktionsprogramme des Organismus, die das Überleben sichern und Funktionen wie Herzrhythmus, Atmung, Verdauung, Speichel- und Tränenfluss regulieren. Mit seiner Beschreibung zweier neuroanatomisch nachweisbarer Zweige des Vagusnervs wird das antagonistische Modell zweier Äste des autonomen Nervensystems, Sympathikus und Parasympathikus, die als Gegenspieler die wesentlichen Funktionen von Erregung und Entspannung regulieren, überwunden. So wird ein phylogenetisch »alter« Zweig des parasympathischen Systems (vagales System), der dorsale, nicht myelinisierte Zweig, von einem phylogenetisch »jungen«, nur bei Säugetieren vorhandenen, ventralen myelinisierten Zweig unterschieden. Damit entsteht ein hierarchisch gestuftes System der Reaktion auf Bedrohung: Auf der höchsten Stufe beantworten wir Herausforderungen in einer grundsätzlich als sicher bewerteten Situation mit der Aktivität des ventralen Vaguszweigs, der ruhige Verhaltenszustände und Bindung fördert und den Einfluss des Sympathikus auf Herz und Hypothalamus-Hypophysen-Nebennierenrinden-Achse hemmt. Hier entsteht ein prosoziales Verhaltensmuster mit ruhiger oder leicht beschleunigter Atmung und adaptivem Bewegungsmuster. Porges nennt dies eine über Oxytozinausschüttung vermittelte »Immobilisierung ohne Furcht« (2010, S. 33). Auf einer zweiten, phylogenetisch älteren Stufe der Reizreaktion erfolgt bei als gefährlich bewerteten Ereignissen eine durch das sympathische System gesteuerte Mobilisierung mit verstärkter Atmung und Handlungsbereitschaft des gesamten Systems (Flucht-Kampf-Reaktion). Sind bei als lebensbedrohlich eingeschätzten Ereignissen die Möglichkeiten der zweiten Stufe nicht erreichbar oder wirksam, erfolgt die Regulation über die unterste, phylogenetisch älteste Reaktion auf Bedrohung. Über den dorsalen Vaguszweig wird die Immobilisierungsreaktion aktiviert (Totstellreflex).

Als »Neurozeption« bezeichnet Porges (2010) Einstufungsprozesse bestimmter neuronaler Schaltkreise, die bestimmen, ob eine Situation/ein Gegenüber als sicher (aktiviert das ventral-vagale System), als unsicher/gefährlich (aktiviert eher das sympathische System) oder als lebensbedrohlich (aktiviert das dorsal-vagale System) beurteilt wird.

Seit der ersten Veröffentlichung der Polyvagaltheorie durch Porges im Jahre 1994 sind viele Methoden und Techniken entstanden, welche die Bedeutung des physiologischen Zustandes für den Ausdruck unterschiedlicher psychischer Störungen hervorheben und diese Störungen (z. B. Dissoziation) für Therapeuten und Patienten besser verständlich machen. Vor allem im Bereich der Behandlung komplexer Traumafolgestörungen hat die Arbeit Porges' zentrale Bedeutung (u. a. Dana, 2018; Levine, 2011; Ogden et al., 2010; van der Kolk, 2015). Aber auch für die Wirksamkeit körperorientierter »Interventionen« wie z. B. Atemübungen, Yoga oder Meditation, die den ventralen Vagus stimulieren sollen, liefert sie eine Erklärung. Autoren wie Stanley Rosenberg (2018) gehen sogar so weit, den Vagusnerv den »Selbstheilungsnerv« zu nennen.

> Diese Betonung des zehnten Hirnnervs (N. Vagus) als zentrale koordinative Stelle einer phylogenetisch hierarchisch gestuften Stressreaktion stellt einen der Hauptkritikpunkte an der Polyvagaltheorie dar (Liem & Neuhuber, 2021). Die Autoren beziehen sich dabei auf Befunde zur Beteiligung weiterer neuroanatomischer Schaltkreise als der von Porges genannten, sowie auf Befunde zur Myelinisierung von Fasern des Vagus und respiratorischer Sinusarrhythmie bei anderen Wirbeltieren als Säugetieren, welche die phylogenetische Hierarchisierung widerlegen sollen. Liem und Neuhuber (2021) schlagen daher eine Umbenennung der Theorie und Ergänzungen vor.
>
> Zentral für das therapeutische Arbeiten ist an dieser Diskussion aus meiner Sicht vor allem, ob die zitierten kritischen Befunde die Frage, wie unsere autonome Stressreaktion willkürlich beeinflusst werden kann, (d. h. wie Sicherheit im Kontakt hergestellt werden kann) neu beantworten. Dies ist jedoch, auch nach Ansicht Liems und Neuhubers (2021), nicht der Fall.

Hier sind wir Menschen in der Lage, wirklich im Hier und Jetzt präsent zu sein, zu genießen, uns sicher zu fühlen, offen für Kommunikation zu sein, uns in andere einzufühlen. Auf körperlicher Ebene ist das Immunsystem dann in der Lage, effektiv zu arbeiten, wir verdauen unsere Mahlzeiten und entspannen uns und laden dadurch alle Energiereserven auf. Im Gesunden Erwachsenenmodus begegnen wir daher Herausforderungen, welche mit Ansteigen des psychophysiologischen Arousals einhergehen, mit der nötigen Gelassenheit und sind in der Lage, aus unserem breiten Handlungsspektrum flexible und passende Lösungen zu finden. Die Faktorenanalyse der aktivierten Modi von 2032 Patienten von Karaosmanoglu et al. (2022) weist ebenfalls auf diese Zuordnung hin. Bei Menschen »in dauerhafter Schieflage« (also mit unflexibler Gewichtsverlagerung auf ein Bein) oder bei intensiver Bedrohung führen Schemaaktivierungen allerdings dazu, dass die phylogenetisch ältere Struktur zur Sicherung unseres Überlebens aktiviert wird: Über die Aktivierung des Sympathikus erfolgt die Mobilisierung zur Kampf- oder Fluchtreaktion. Hier fühlen wir entweder Angst und Panik und machen uns Sorgen (Flucht) oder empfinden Ärger, Frustration und geraten in Rage (Kampf). Um fliehen oder kämpfen zu können, steigt das psychovegetative Arousal an: Herzfrequenz, Blutdruck und Atemfrequenz erhöhen sich, die Schmerztoleranz steigt, unser Gesichtsausdruck ist angespannt und unser Hören verändert sich: Anstatt der mittleren Frequenzen, die mit menschlicher Sprache verbunden sind, hören wir fokussiert extrem tiefe und hohe Frequenzen, die mit Gefahren (wie z. B. Knurren des Raubtiers oder Schreien) verbunden sind. Unser Körper erwartet also »Gefahr« und ist optimal für das Überleben dieser Situation vorbereitet. Das ist die körperliche Komponente der »Schema-Brillen«, die in ▶ Kap. 1 dieses Buches beschrieben werden. Je nachdem, welcher Teil unseres autonomen Nervensystems aktiviert ist, nehmen wir die Welt und die anderen Menschen um uns herum wahr. Automatisierte Handlungstendenzen sichern dann unser Überleben (Bewältigungsebene). Wenn wir die sympathische Aktivierung im Modusmodell suchen, finden wir sie einerseits auf der hinteren Bühne als »blaues« Angst-/Panikerleben (in der Abb. dunkelgrau), als »rotes« Ärger-/Frustrationserleben und/oder im »roten« Kampfmodus (in der Abb. schwarz) (▶ Abb. 2.1). Ist auch die zweite Verteidigungslinie überschritten und die wahrgenommene Gefahr so lebensbedrohlich, dass Flucht und Kampf nicht möglich erscheinen, wird die älteste Überlebensstrategie aktiviert: der dorsal-vagale »Shutdown«, eine Variante des »Totstellreflexes«, den wir von Beutetieren kennen. Während wir psychophysiologisch Dissoziation, Lethargie, Taubheit, Gehemmtheit, Hilf- und Hoffnungslosigkeit erleben, bereitet uns der Körper mit der Ausschüttung von Endorphinen auf einen schmerzarmen Tod vor. U. a. werden Herzrate, Temperatur, Gesichtsausdruck und allgemeiner Muskeltonus weitestmöglich reduziert. Karaosmanoglu et al. (2022) fanden hier folgende Modi zugehörig: Unterwerfermodus und Distanzierter Beschützermodus auf der Bewältigungsebene sowie Strafender Kritikermodus. Karaosmanoglu et al. (2022) fanden neben ventrovagaler, dorsovagaler und sympathischer Aktivierung auch Mischzustände. Wenn Menschen in der Lage sind, sympathische Aktivierung über die sog. Vagusbremse (also die gleichzeitige Aktivierung einer parasympathischen Reaktion, die soziales Engagement und zielorientiertes Handeln »trotzdem« möglich macht) »herunterzukühlen«. Mit diesem Faktor hängen folgende Modi zusammen: Fordernder Kritiker, Distanzierter Selbstberuhiger und die manipulative und emotional kältere Kampfreaktion. Hier mischt sich also »blau« und »rot«, was gut zu unserem Bild des Kontinuums der Bedürfnisse und Bewältigungsreaktionen zwischen Internalisierung und Externalisierung passt (▶ Kap. 1).

In der Untersuchung von Karaosmanoglu et al. (2022) konnte der Modus des Verletzbaren Kindes keinem Faktor konsistent zugeordnet werden und wurde daher exkludiert. Denken wir »polyvagal«, ergibt das durchaus Sinn: Dem Modus des Verletzbaren Kindes schreiben wir sowohl die Angst-/Panikreaktion zu als auch einen missbrauchten/verlassenen/gedemütigten/einsamen Anteil. Wenn Sie an den typischen Muskeltonus dieser beiden emotionalen Zustände denken, erleben Sie sofort, dass es sich bei der Beschreibung eines ängstlich-panisch-verzweifelten Zustands um eine sympathische Reaktion (u. a. Anspannung, Herzrate, Atemfrequenz steigen an), beim verlassen-einsam-traurigen Zustand um eine Aktivierung des (dorsalen) parasympathischen Systems (oben genannte Reaktionen fallen ab) handeln muss. Die Vermutung liegt also nahe, dass einige der 2032 Patienten eher die erste Reaktion, die anderen eher die zweite und manche beide Reaktionen im Modus des Verletzbaren Kindes zeigten und daher bei der Frage, zu welcher Gruppe dieser Modus gehört, keine eindeutige Aussage getroffen werden kann. Karaosmanoglu et al. (2022) zitieren vorausgegangene Studien, in der die höchste Korrelation zwischen Aktivierung von Verletzbarem Kindmodus und Distanziertem Beschützermodus gefunden wurde. Hier könnte es sich also eher um Patientengruppen mit dorsal-vagaler Aktivierung gehandelt haben, wie wir sie z. B. bei der Behandlung von Traumafolgestörungen häufig finden (▶ Kap. 7).

Die Aktivierung dieser unterschiedlichen Zustände unseres Nervensystems erfolgt schnell und automatisiert. Therapeutisch aktivieren wir bestimmte Erlebenszustände: Wir nutzen erlebnisvertiefende Interventionen und bringen damit den Menschen aus dem Gleichgewicht und beobachten, welches Bein nach vorne geht, um Balance wieder herzustellen. Andererseits schaffen wir Bewusstsein und Reflexionsmöglichkeiten durch kontextschaffende Interventionen: Wir »trainieren« das andere Bein und helfen so dabei, sich in einem neuen Gleichgewicht einzufinden, das sich zu Beginn noch etwas »schief« für Patienten anfühlt. Daher stützen wir sie in der therapeutischen Beziehung durch Nachbeelterung eine Weile.

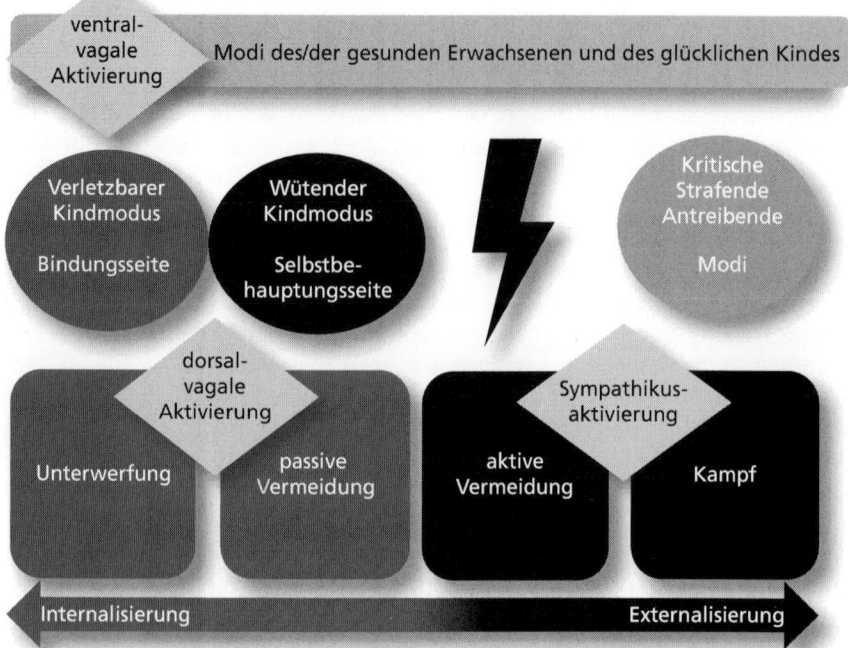

Abb. 2.1: Vagale Zustände im dimensionalen Zwei-Beine-Modusmodell nach E. Roediger

> Körperpsychotherapeutische Techniken, wie wir sie hier verstehen, nutzen wir ...
>
> - zur Exploration des Hier und Jetzt,
> - zur Intensivierung des aktuellen Erlebens
> - und zur Regulation des aktuellen Erlebens.

Die Integration der Interventionen, welche die Körperebene fokussieren, ist für Patienten und Therapeuten in der Verhaltenstherapie häufig gleichermaßen ungewohnt. Im therapeutischen Prozess empfiehlt es sich daher, beim ersten Einsatz der nachfolgend beschriebenen Techniken anzukündigen, dass in dieser Stunde vielleicht etwas anders gearbeitet wird. Sie können dafür auch locker-humorvolle Ankündigungen verwenden wie »*Jetzt komme ich wieder mit einer komischen Übung daher*« oder »*Ja, ich weiß, das hört sich wieder sehr schräg an, aber Sie kennen mich ja ...*« Und dann bitten Sie die Patienten, sich auf dieses Experiment einzulassen. Für Therapeuten bedeutet die Umstellung hin zum Körperfokus eine nicht geringe Veränderung in der Haltung und im Arbeitstempo. Wenn wir zwei Extreme, eine zielorientierte, vielleicht expositionelle, verhaltenstherapeutische Stunde mit einer körperpsychotherapeutischen Stunde mit offenem Prozess vergleichen, sehen wir

2.2 Grundlegendes zur Integration der Körperebene in der Schematherapie

hier einen Rennwagen und da eine Schnecke. Sich auf den Körper zu fokussieren, heißt auch, auf Mikroprozessebene zu arbeiten und eventuell aktivierte eigene innere Antreiberstimmen zu begrenzen.

In der Arbeit mit Körperprozessen konzentrieren wir uns darauf, wie der Patient sitzt, steht oder liegt, wohin sein Blick wandert, wie er sich bewegt (Mimik, Gestik, Atemmuster, Sprachtempo und -melodie etc.) und was sich verändert, was dies in uns bewirkt und wie wir die Interaktion insgesamt erleben. Wir beobachten also wechselseitige Modusaktivierungen, wählen die geeigneten Interventionen aus, um damit dem Patienten zu helfen, sich selbst und seine Bedürfnisse besser zu verstehen, intra- und interpersonelle Konflikte besser aushalten und lösen zu können, eigene Handlungsspielräume zu erweitern und das eigene Ressourcenpotenzial optimaler nutzen zu können (▶ Kap. 1).

Wenn Patienten sich »nach innen« fokussieren, ob nun im Stehen, Liegen oder Sitzen, ist es auch ratsam, »nicht im Weg« zu sitzen oder zu stehen und so den Patienten von seinem Prozess abzulenken. Stellen oder setzen Sie sich im 90-Grad-Winkel zum Patienten (vor allem zur Beobachtung seiner Prozesse gut geeignet) oder neben ihn. Leiten Sie ihn an, den Blick nach innen zu richten und Sie, während er die Körperebene fokussiert, nicht anzusehen. Imitieren Sie auch immer wieder Bewegungen und Haltungen Ihrer Patienten, spüren Sie die Resonanz im eigenen Körper und nutzen Sie Ihr Körperwissen zur Verbalisierung, Intensivierung und Regulation.

2.2.1 Techniken zur Exploration der Körperebene

Aus therapeutischer Sicht ist vor dem Einsatz intensivierender und regulierender Interventionen die Erfassung des Ist-Zustands, also die Exploration des aktuellen Körperprozesses entscheidend, um eine geeignete Intervention auszuwählen. Für Patienten ist dieser Explorationsprozess teilweise schon aktivierend, wie im obigen Fallbeispiel dargestellt, denn Fragen zielen dann zum Teil auf Prozesse und Zustände ab, für die der Patient zunächst kein Bewusstsein und/oder keine Sprache hat. Diese Interventionen zur Exploration dienen also manchmal schon zum Einstieg in eine Stühlearbeit (z. B. wenn Patienten »verstummen«, weil eine Innere-Kritiker-Seite davor warnt, »sich nicht so dumm anzustellen«, greifen wir genau das auf und können auf den Stühlen weiterarbeiten und nach Auflösung zur Exploration zurückkehren), zur Erhöhung der Introspektions- und Reflexionsfähigkeit und zur Förderung des Körpererlebens als Basis des Selbsterlebens.

Die Schnittstelle zwischen den unbewusst-unwillkürlichen Prozessen des autonomen Nervensystems und bewusst(eren)-willkürlichen Reflexionsprozessen und Exekutivfunktionen bildet der Atem, die einzige vegetative Funktion, die wir zugleich willkürlich steuern können. Die Steuerung des autonomen Atmens erfolgt über das Rückenmark, die willkürliche Steuerung über den motorischen Kortex (Butler, 2007). Aufgrund der parasympathischen Innervierung fördert z. B. eine Verlängerung der Ausatmung eine muskuläre Entspannung. Umgekehrt fördert muskuläre Entspannung das Ausatmen, weil propriozeptive Afferenzen die Formatio reticularis zur stärkeren Innervierung des Parasympathikus anregen (von

Uexküll et al., 1997, S. 167). Ruhiges Atmen und Verlängerung der Ausatmung aktivieren den Tonus des ventralen Vagus, während hingegen verstärktes Atmen den Sympathikotonus, Ausdrucksbewegungen und Kontakt zu Gefühlen anregt (Geuter, 2015). Der Atem kann also eine Brücke bilden zwischen unbewussten Körperprozessen und bewussten Reflexionsprozessen: Wenn wir Patienten anleiten, in eine bestimmte Empfindung im Körper hineinzuatmen, schaffen wir Aufmerksamkeit und Bewusstheit für diese Empfindung.

Wenn wir den Aufmerksamkeitsfokus zum Körperprozess, also zu autonomen Vorgängen lenken wollen, empfiehlt es sich, zu unwillkürlich-unbewussten Prozessen »passende« Formulierungen zu wählen, die der Tatsache Rechnung tragen, dass nun der Körper bzw. das autonome Nervensystem die Führung übernimmt. Ein Einstieg könnte z. B. sein: »*Lassen Sie den Atem einen Moment einfach geschehen und achten Sie auf den Fluss Ihres Atems.*« Nach einigen Atemzügen (gerade beim Einstieg sollten Sie sich Zeit lassen) könnten Sie fragen »*Was nehmen Sie jetzt wahr?*« und im Anschluss ergänzen »*Lassen Sie es geschehen*«. Im nachfolgenden Kasten finden Sie einige Beispiele für Fragen, die Sie in Ihrer Arbeit einsetzen können.

> **Beispiele für Fragen, die den Fokus hin zum Körperprozess lenken und die Exploration vertiefen**
>
> - »Wo sind Sie gerade? Was erleben Sie?«
> - »Was empfinden Sie, wenn Sie über … sprechen? Wo im Körper spüren Sie das?«
> - »Gibt es einen Bereich in Ihrem Körper, wo Sie das besonders spüren können? Wie fühlt es sich da an? Wenn es eine Farbe/Form/Konsistenz hätte, wie wäre diese?«
> - »Sagen Sie diesen Satz nochmal laut oder aber auch leise für sich. Spüren Sie nach und schauen, was in Ihrem Körper passiert: Was verändert sich (Atmung, Muskelspannung, Aufrichtung)?«
> - »Bleiben Sie einen Moment bei dem Gedanken/Gefühl. Wie fühlt sich das im Körper an? Wo spüren Sie das?«
> - »Zeigen Sie mir mit einer Hand oder beiden Händen etwas von diesem Gefühl. Übertreiben Sie das ein bisschen. Was kommt da jetzt noch (Exploration der Körperempfindungen, Gedanken, Bilder, Erinnerungen etc.)?«
> - »Haben Sie diese Bewegung Ihrer Hand gerade auch bemerkt? Interessant, oder? Machen Sie die Bewegung nochmal. Ganz bewusst.«
> - »Ich bemerke, dass Ihr Atemrhythmus sich gerade verändert hat. Spüren Sie das auch? Wie fühlt sich das an? Was kommt da noch?«
> - »Ah, interessant! Versuchen Sie, diese Empfindung/dieses Gefühl einmal bis in Ihr Gesicht, bis in Ihre Augen kommen zu lassen.«
> - »Lassen Sie den Körper eine Haltung finden, die erlaubt, diese Empfindung etwas mehr werden zu lassen.«
> - »Erlauben Sie, dass sich das Gefühl verändert. Was könnte helfen, dass Sie das mehr spüren (Haltung, Atmung, Bewegung …)? Was könnten Sie tun, dass es weniger wird?«

Es gibt einige unter unseren (zumeist unsicher gebundenen) Patienten, deren Mentalisierungsfähigkeiten eher schwach ausgeprägt sind und die daher Schwierigkeiten haben, das eigene Erleben wahrzunehmen und zu verbalisieren. Im Modusmodell sprechen wir dann von einer Aktivierung des Modus des Distanzierten Beschützers. Hier empfiehlt es sich, Angebote zu machen, wie »*bei mir fühlt sich das manchmal so an ...; bei Ihnen ist das möglicherweise anders*«. Sie können auch eine »Speisekarte« anbieten: Ist die Empfindung eher »kalt oder warm«, »ziehend oder drückend«, »ruhig oder unruhig«, »statisch oder dynamisch« usw.? Wichtig ist dabei, wirklich Fragen zu stellen, Antwortmöglichkeiten zu erweitern und keine Worte und Beschreibungen vorzugeben. Wir bieten uns vorsichtig und dosiert als vertrauenswürdige, relevante und verallgemeinerbare Informationsquelle an (»epistemic trust«, Fonagy & Luyten, 2016) und fördern so intra- und interpersonelle Mentalisierungsfähigkeiten des Patienten.

2.2.2 Techniken zur Intensivierung und zur Regulation des aktuellen Erlebens

Körperorientierte Techniken können über eine Bottom-up-Aktivierung zur Wahrnehmung und Intensivierung des aktuellen Erlebens zum Einsatz kommen. Schematherapeutisch bedeutet dies, über Wahrnehmung und Veränderung des »body organizing« (Downing, 2007) von der vorderen (Bewältigungs-) auf die hintere Bühne zu wechseln. U.a. kann dies über Atmung, Haltungen und Bewegungen realisiert werden:

Beispiele zur Aktivierung (im Sitzen, Stehen oder Liegen mit aufgestellten Füßen), einzeln oder in Kombination anwendbar

Atmung:

- Bitten Sie den Patienten, ca. fünf tiefe, eher langsamere Atemzüge zu nehmen und dann nachzuspüren, was gerade ist.
- Bitten Sie den Patienten, durch den Mund ein- und auszuatmen und die Augen dabei zu schließen, während er an eine belastende Situation/Bild/Gedanken/Erinnerung/Gefühl denkt.
- Bitten Sie den Patienten, mit der Ausatmung durch den Mund einen Ton »kommen zu lassen«.

Körperhaltung:

- Bitten Sie den Patienten, den Körper eine Haltung finden zu lassen, die sein Erleben zeigen kann.
- Bitten Sie den Patienten, seine aktuelle Körperhaltung bewusst wahrzunehmen und zu spüren, »was kommt« (Bilder, Gedanken, Erinnerungen, Töne, Worte ...).

- Bitten Sie den Patienten, seine Haltung zu intensivieren (»Machen Sie etwas mehr davon« oder »Versuchen Sie nun, die Haltung stufenweise zu intensivieren. Machen Sie 10 Prozent mehr ... nun 20 ...«, etc.).

Bewegung:

- Bitten Sie den Patienten, den Oberkörper im Sitzen oder Stehen mit der Einatmung nach hinten, mit der Ausatmung nach vorne zu nehmen.
- Bitten Sie den Patienten, mit dem Atemrhythmus eine leichte, weitende Bewegung der Hände oder Arme zu machen.
- Bitten Sie den Patienten wahrzunehmen, ob er einen Bewegungsimpuls verspürt, oder spiegeln Sie ihm eine angedeutete Bewegung, die Sie wahrnehmen konnten. Bitten Sie ihn, diese Bewegung ganz bewusst auszuführen. Bitten Sie ihn dann, diese Bewegung nun größer und/oder schneller werden zu lassen.

Zur Regulierung und Modulation von Übererregung können wir andererseits Top-down-Prozesse nutzen, um funktionale Kompetenzen aufzubauen, um Emotionen aushalten, steuern, begrenzen und beruhigen zu lernen oder auch Erstarrung aufzulösen und schematherapeutisch den Modus des Gesunden Erwachsenen zu aktivieren. Beispiele hierfür sind im nachfolgenden Kasten aufgeführt.

Beispiele zur Regulation (im Sitzen, Stehen oder Liegen mit aufgestellten Füßen), einzeln oder in Kombination anwendbar

Atmung:

- Bitten Sie den Patienten, langsamer und durch die Nase ein- und durch den Mund hörbar und vollständig auszuatmen. Machen Sie eine Pause zwischen den Atemzügen (zählen Sie dabei z. B. bis 4).
- Zählen Sie bei einer Atemübung z. B. »Ein – 2-3-4« und verlängern Sie anschließend die Ausatmung (»Aus – 2-3-4-5-6«).
- Bitten Sie den Patienten, gleichmäßig, durch Nase und Mund ein- und auszuatmen und dabei zu versuchen, den Kiefer mit jeder Ausatmung ein bisschen mehr zu lösen und auf einen Punkt einige Meter vor sich auf den Boden zu schauen.

Körperhaltung:

- Lassen Sie den Patienten eine Haltung für den aktuellen Zustand finden und kurz hinein spüren. Dann bitten Sie ihn, einen Gegenpol zu finden, d. h. eine extrem entgegengesetzte Haltung einzunehmen (z. B. entspanntes Liegen oder wiegende Bewegungen im Stehen), und zu üben, langsam vom einen zum anderen Pol zu pendeln.

- Lassen Sie den Patienten die Haltung übertreiben und leiten dann an, davon 10 Prozent weniger zu machen. Dann 50 Prozent usw. ...
- Grounding: Leiten Sie den Patienten an, die Füße hüftbreit aufzustellen und sich aufzurichten (ausführlich s. Übung 5 in diesem Kapitel).

Bewegung:

- Bitten Sie den Patienten, sich den emotionalen Zustand wie eine Welle, die kommt und wieder geht, vorzustellen. Im Stehen (aus einem stabilen Stand heraus, s. u.) können Sie ihn anleiten, bei Aufsteigen der Welle mit der Einatmung das Gewicht auf den Vorderfuß zu verlagern, bei Ausatmung mit Absteigen der Welle das Gewicht wieder auf den ganzen Fuß zurückzubringen (ca. 30 Wiederholungen).
- Fragen Sie den Patienten, welche Bewegung jetzt etwas Entlastung bringen könnte, und bitten Sie ihn, diese auszuführen. Lassen Sie ihm Zeit, diese Bewegung zu finden und leiten Sie ihn an, dass sich die Bewegung auch verändern darf (beruhigend wirken z. B. Wiegebewegungen des Beckens und/oder des Oberkörpers, langsames Schwingen der Arme, sanftes Berühren, Halten oder Streichen der Hände von Körperstellen, an denen Spannung und/oder unangenehme Empfindungen zu spüren waren und Ähnliches). Gehen Sie gemeinsam mit dem Patienten langsam im Rhythmus des Atems durch den Raum, leiten Sie ihn zur Achtsamkeit für Bewegungen und Bewegungsimpulse an. Leiten Sie ihn an, alles, was Entlastung bringen mag, kommen zu lassen.

2.3 Körperprozesse im dynamisch-dimensionalen Modusmodell

Wie oben beschrieben, können wir die unterschiedlichen vagalen Zustände mit ihren unbewussten und bewussten Organisierungsprozessen im Modusmodell sowohl auf der hinteren als auch der vorderen Bühne wiederfinden. Kapitel 1 zeigt die Verbindung zur horizontalen und vertikalen Verhaltensanalyse (▶ Kap. 1.3.1). Körperprozesse spielen dabei vor allem auf der physiologischen Ebene der Reaktion, welche den Kindmodi und den Bewältigungsmodi (zwei Beine) zu geordnet wird, eine herausragende Rolle.

Hier besteht konzeptionell eine große inhaltliche Nähe zu Downings Konzept der affektmotorischen Schemata (2007), die sich über Erfahrungen verschiedener Bewegungen, Emotionen und Interaktionsmuster mit den primären Bezugspersonen entwickeln und deren grundlegende Themen Verbindung und Trennung sind (im Modusmodell Bindung und Behauptung/Gestaltungskraft). Besteht überdauernd eine Störung in der Interaktion zwischen Kind und Bezugspersonen, führt dies nach Downing zu einer Verhinderung oder Verzerrung der Entfaltung dieser Schemata – es entstehen Strategien der Körperabwehr wie z. B. Gegenmobilisierung oder Atemreduktion. Im schematherapeutischen Modusmodell finden wir diese auf der vorderen Bühne der Bewältigungsmodi. Hier geht es also zum einen um unwillkürliche, automatisierte motorische Muster (auch Atemmuster), zum anderen um willkürliche Bewegungen und Handlungsimpulse.

Downing (2007) betont dabei, wie wichtig die therapeutische Beziehung ist, um Achtsamkeit für Körperabwehrstrategien zu erarbeiten und deren Veränderung anzuleiten: »Die psychotherapeutische Arbeit mit dem Körper kann jene Bedingungen schaffen, unter denen diese Schemata, wo notwendig, ihr blockiertes Wachstum wieder aufnehmen können« (S. 209). In der Schematherapie und der Körperpsychotherapie nach Downing wird in der therapeutischen Interaktion prozesshaft an der Entfaltungsmöglichkeit des affektiv-kognitiven und körperlichen Erlebens und dessen Versprachlichung gearbeitet.

Wann immer wir Patienten in Bewältigungsmodi begegnen, ist das Ziel unserer schematherapeutischen Interventionen, diese Aktivierung für Patienten zu markieren, von der vorderen sichtbaren Bühne auf die hintere verdeckte Bühne zu wechseln, um dort funktionale Emotionen zu validieren, dysfunktionale Kognitionen zu konfrontieren und sich davon in einer neuen Haltung des eigenen Erwachsenenmodus zu distanzieren (▶ Kap. 1). Im Folgenden werden Möglichkeiten beschrieben, die Körperebene gezielt für den Wechsel von der vorderen auf die hintere Bühne einzusetzen.

2.4 Fokussierung der Körperebene im Umgang mit Erlebensvermeidung

Kapitel 4 dieses Buches beschreibt Ausdrucksform und Funktionalität von sowie Umgang mit den erlebensvermeidenden Modi in der Schematherapie (▶ Kap. 4). Claudia Stromberg und Kristin Zickenheiner heben hervor, dass der Aufbau von Emotionsregulation »die zentrale Rolle« (2021, S. 39) bei der evidenzbasierten Behandlung von psychischen Störungen spielen sollte. Eine der basalen Fertigkeiten, die es in diesem Zusammenhang aufzubauen gilt, ist die Überwindung von Emotionsvermeidung, im schematherapeutischen Modell also die Überwindung der vermeidenden Bewältigungsmodi.

Körperpsychotherapeutische Techniken zur Exploration und Intensivierung der Körperprozesse (▶ Kap. 2.2.1 und ▶ 2.2.2) können hierbei unser schematherapeutisches Vorgehen wertvoll ergänzen. Wenn wir z. B. eine Stunde mit Patienten mit aktivem Distanzierten Beschützermodus beginnen, können wir durch eine haltgebend-wohlwollende Begleitung (▶ Kap. 2.4.1, s. Übung 1) Patienten helfen, den Modus zu erkennen und durch Einnahme einer beobachtend-abwartenden Haltung abklingen zu lassen, um so ein durch die Bewältigungsreaktion verdecktes Bedürfnis wahrnehmen und ausdrücken zu lernen. Lukas Nissen und Michael Sturm (2018) beschreiben ein ähnliches Vorgehen.

2.4.1 Übung 1: den Modus des Distanzierten Beschützers beobachten

Die Patientin Susanne Müller ist seit Kurzem in Ihrer Behandlung. Sie erleben die Patientin fast durchgängig im Distanzierten Beschützermodus. Auch heute, als sie von einer Situation, in der ihr eine langjährige Freundin die Freundschaft gekündigt hat, berichtet. Sie entscheiden sich, vom Inhalt auf die Metaebene zu wechseln und die Körperprozesse bewusst zu machen, wie der folgende exemplarische Dialog zwischen Therapeut (Th.) und Patientin (P.) zeigt:

Th.: »Susanne, was spüren Sie, jetzt im Moment, wenn Sie mir von diesem Erlebnis berichten?«
P.: (*sitzt gerade, mit angelegten Oberarmen, Schultern leicht in die Höhe gezogen, verflachte Atmung, runzelt die Stirn*) »Eigentlich nicht viel. Ich weiß nicht, was Sie genau meinen.«
Th.: »Mir ist aufgefallen, dass Ihre Atmung sich etwas verändert hat, haben Sie das auch gemerkt?«
P.: (*zögernd*) »Nein, eigentlich nicht, es fühlt sich alles ganz normal an.«
Th.: (*freundlich, ruhig*) »Vielleicht mögen Sie Ihre Aufmerksamkeit für einen Moment in Ihren Brustkorb lenken … (wartet, bis sich die Aufmerksamkeit der Patientin nach innen richtet, setzt sich mit dem Stuhl aus dem Blickfeld der Patientin). Ok, spüren Sie mal nach.«
P.: (*verunsichert, geht mit dem Oberkörper etwas zurück*) »Also, ich bin in sowas echt nicht gut. Ich spüre eigentlich gar nichts.«

Hier ist die Aktivierung des DB mit der Körperabwehrstrategie »Atemreduktion« deutlich sichtbar. Sie fokussieren jetzt die Abwehr, was zunächst das Nervensystem in Alarm versetzt.

Th.: (*weiter freundlich, ruhig, aufmunternd*) »Susanne, das ist komisch für Sie jetzt gerade, das kann ich gut verstehen. Sie machen es super. Bleiben Sie einen Moment in dieser Haltung und lassen den Atem einfach so fließen, wie er eben gerade fließt (*atmet mit, beobachtet, wartet ca. drei bis fünf Atemzüge*). Was nehmen Sie wahr?«
P.: (*erstaunt, rutscht auf dem Stuhl*) »Also, eigentlich atme ich gar nicht so richtig.«
Th.: (*nickt bestätigend*) »Ja, da ist gar nicht so viel Atem.«
P.: (*zögerlich, irritiert wirkend*) »Ich glaube, so ist es oft. Komisch, das merke ich erst jetzt.«
Th.: (*bestätigend, beugt sich etwas vor*) »Es ist gut, wenn Sie das bemerken, versuchen Sie, nichts zu verändern, wir wollen wirklich nur beobachten. Wie

ist das denn mit dem »gar nicht so viel Atem«? Meinen Sie, dass der Atem eher flach ist oder stockend oder fließend oder tief?«

P.: *(langsam, nachdenklich)* »Also, flach stimmt. So ganz wenig. Und irgendwie geht der nicht richtig rein.« *(schaut fragend zum Therapeuten)*

Th.: *(bestätigend nickend)* »Ah, Sie haben das Gefühl, der Atem gelangt nicht besonders tief?«

P.: *(nickt ebenfalls)* »Ja, genau, das ist irgendwie seltsam.«

Th.: *(leiser)* »Was nehmen Sie wahr, wenn Sie beobachten, dass der Atem wenig wird, fast ganz stockt?«

P.: *(wirkt jetzt ganz bei sich)* »Also, irgendwie merke ich jetzt, dass ich nervös bin.«

Th.: *(neugierig, leise)* »Ah, ok. An was merken Sie das? Wo fühlen Sie Nervosität?«

P.: »Mein Herz schlägt schneller. Und ich ...« *(rutscht auf dem Stuhl, scharrt mit den Füßen)*

Th.: »Ist da was in den Beinen?«

P.: *(schaut unsicher zum Therapeuten)* »Ja, ich werde total unruhig.«

Th.: *(lächelt, nickt, signalisiert Ruhe und Gelassenheit)* »Sie machen das super! Da ist Unruhe – wo genau?«

P.: »In den Beinen und ... *(kehrt die Aufmerksamkeit wieder nach innen, atmet zweimal)* also irgendwie auch im Bauch.«

Th.: *(weiter bestätigend, ermutigend)* »Ok, da ist flacher Atem, Unruhe in Beinen und im Bauch, das Herz klopft ... Bleiben Sie einen Moment bei dieser Beobachtung, lassen Sie den Atem fließen ...«

Sie vertrauen dem Prozess: Wenn die Patientin in der Beobachtung bleibt, eine Begleitung des Therapeuten erhält und sich im Kontakt sicher fühlt, wird das autonome Nervensystem sich über Aktivierung des ventral-vagalen Parasympathikus regulieren (Vagusbremse).

P.: *(atmet ruhig, gleichmäßig in Brustkorb und Bauch, entspanntere und offenere Sitzhaltung)* »Jetzt wird es besser.«

Th.: *(im gleichen Atemmuster, ruhig)* »Wie spüren Sie das?«

P.: »Ich werde wieder ruhiger und kriege mehr Luft.«

Th.: *(lehnt sich wieder etwas nach vorne)* »Ja. Bleiben Sie dabei.«

Jetzt ist der ventral-vagale Zustand erreicht, die Patientin fühlt sich sicher und entspannt. Nach einigen Atemzügen kann sie eine Veränderung des Körpers spüren und ausdrücken. Sie explorieren auch diese Veränderung in der oben beschrieben neugierig-stützenden Weise. Die Patientin kann im weiteren Verlauf die Aktivierung von Trauer spüren und weinen.

Wenn Patienten im aktiven Beschützermodus »nichts« oder »keine Ahnung« oder ähnliches antworten, wenn wir nach Empfindungen fragen, können wir auch dieses »Nichts« oder diese »Ahnungslosigkeit« mit Lokalisierungsfragen (s. o.) explorieren, z. B. *»Interessant! Wo spüren Sie dieses Nichts besonders intensiv? Wie fühlt es sich genau an?«*. Eine Verbindung zur Stühletechnik kann dann darin bestehen, dieses »Nichts«, das nun in Farbe, Form, Konsistenz beschrieben wurde, zu externalisieren (»*Stellen Sie sich vor, dass Sie diese schwarze, neblig-zähe Wolke nun auf diesen Stuhl neben sich setzen.*«) und in den Dialog einzusteigen (▶ Kap. 4).

Wenn vermeidende Bewältigungsautomatismen während einer imaginativen Übung oder auf dem Stuhl für emotionale Bedürfnisse in der Stühlearbeit aktiviert werden, können wir über Markieren, Externalisieren und Lenken des Aufmerksamkeitsfokus (▶ Kap. 4.5) zurück zur Erlebnisaktivierung gelangen. Gelingt dies schwer oder gar nicht, empfiehlt sich die Zuhilfenahme der körperfokussierten Interventionen (▶ Kap. 2.4.2, ▶ Übung 2).

2.4.2 Übung 2: den Modus des Distanzierten Beschützers überwinden

Sie leiten Ihren Patienten Thomas Meier zur Imagination einer belastenden Situation (ein Kollege äußert sich enttäuscht über Herrn Meiers Arbeitsleistung) an. Es gelingt, das emotionale Erleben zu explorieren und zu intensivieren und nun möchten Sie den »Float-back« anleiten, um die für die Schemaaktivierung relevante biografische Szene imaginativ zu überschreiben.

Th.: *(leise, ruhig)* »Sie spüren den Kloß im Hals, Druck auf der Brust, Verzweiflung ... Lassen Sie sich ganz in diese Empfindungen fallen, tauchen Sie durch, Kloß im Hals, Druck auf der Brust, ganz verzweifelt, ganz hilflos ... Welche Bilder aus Ihrer Kindheit tauchen da jetzt auf, ganz von alleine?«
P.: *(ohne emotionalen Ausdruck)* »Nichts, da ist es jetzt ganz schwarz irgendwie.«
Th.: *(ruhig)* »Spüren Sie den Druck noch?«
P.: »Ja, aber schwach.«
Th.: »Okay. Bleiben Sie einen Moment nochmal hier und konzentrieren sich ganz auf diese Empfindungen ... Was ist stärker, Kloß oder Druck?«
P.: *(ohne zu zögern)* »Druck.«
Th.: »Bleiben Sie dabei ... Vielleicht können Sie auch nochmal in seine Augen schauen und den Druck dadurch nochmal ganz intensiv spüren.«
P.: *(nickt, verzieht kurzzeitig das Gesicht)* »Ja ... ja, jetzt wird er stärker.«
Th.: »Okay, dann lassen Sie den Körper jetzt eine Haltung finden, ganz von alleine, die dieses Druckgefühl noch intensiver werden lassen kann.«
P.: *(neigt sich nach vorne, krümmt sich leicht)*
Th.: *(bestätigend)* »Super, übertreiben Sie das!«
P.: (krümmt sich ganz zusammen)
Th.: *(einfühlsam, warm)* »Bleiben Sie hier. *(wartet ca. zwei bis drei Atemzüge)* Was nehmen Sie wahr?«
P.: *(leise, schmerzverzerrtes Gesicht)* »Es tut weh.«
Th.: *(ebenso leise, einfühlsam)* »Wo ist der Schmerz?«
P.: *(fast schluchzend)* »Ich fühle mich total klein und wie zerstört. Mir tut alles weh, es drückt mir auf die Schultern *(weint leise)* und meine Brust tut so weh!«

Th.: *(warm und einfühlsam)* »Und was taucht jetzt auf? *(wartet ein bis zwei Atemzüge)* Welche Bilder kommen jetzt?«
P.: *(weint heftiger)* »Mein Vater ...«
Th.: »Wie alt sind Sie?«
P.: »Fünf.«
Th.: *(ruhig, warm)* »Ok, bleiben Sie verbunden mit dem Bild und dem Gefühl und richten sich langsam wieder auf, lassen Sie die Augen geschlossen. Lassen Sie uns ganz eintauchen in diese Szene. Ich duze den 5-jährigen Thomas, okay? Wo bist du?«

Sie arbeiten weiter in der Imagination.

Im Rahmen der Stühletechnik können wir diese Aktivierung der affektmotorischen Schemata ebenfalls nutzen, wenn wir Patienten nach Wechsel auf den Stuhl für die Kindmodi dazu anleiten, den Aufmerksamkeitsfokus zunächst nach innen zu lenken, indem sie die Augen schließen und wir dann dazu anleiten, eine zum aktuellen Erleben passende Haltung finden zu lassen und diese zu übertreiben. Die Anleitung »Lassen Sie den Körper eine Haltung finden« sollte, ähnlich zum »Float-back« in der Imaginationsübung (▶ Kap. 1) passiv formuliert sein, da es um die Bottom-up-Aktivierung relevanter Schemata geht und nicht um einen Top-down gesteuerten Suchprozess nach zum aktuellen Selbsterleben »passenden« Zusammenhängen.

Manche Patienten fühlen sich im gewohnten Setting der Therapiesituation alleine durch die Anwesenheit der anderen Person über Schemaaktivierung bedroht und wechseln automatisiert und ohne Bewusstsein dafür in eine vermeidende Bewältigung. Hier fällt es ihnen dann manchmal schwer, die eingangs beschriebenen Lokalisierungs- und Explorationsfragen zu beantworten und sich auf einen Körperprozess einzulassen. Es kann in solchen Fällen daher hilfreich sein, die Stühle zu verlassen.

2.4.3 Exkurs: Arbeit im Stehen und Liegen

Eine Möglichkeit ist, die oben beschriebene Grundhaltung (»Grounding«) im Stehen einnehmen zu lassen und einige tiefe Atemzüge anzuleiten: »*Atmen Sie tief durch die Nase ein und den Mund aus und lassen Sie zu, dass sich Brustkorb und Bauchdecke gleichermaßen heben, wenn Sie einatmen, und senken, wenn Sie wieder ausatmen.*« Bitten Sie den Patienten dann, die aktuellen Wahrnehmungen zu beschreiben. Geben Sie sich mit kleinen Veränderungen zufrieden, vielleicht gibt es hier und da Aktivierung, Anspannung, Unruhe etc. Greifen Sie die Beobachtung auf und explorieren Sie. Schließen Sie ab mit der Frage, wie sich der Patient jetzt fühlt, vielleicht auch, was sich jetzt im Kontakt mit Ihnen verändert hat. Fragen Sie, wie es wäre, diesem Gefühl/dieser Veränderung mehr Raum im Alltag geben zu können. Besprechen Sie dazu z. B. eine Selbstbeobachtungsübung bis zur nächsten Stunde, in der Sie an diese Übung anknüpfen und mit der emotionalen Aktivierung arbeiten.

Das Arbeiten im Liegen erleichtert das Eintauchen in die emotionale Aktivierung noch etwas mehr als im Sitzen und Stehen. Hierzu empfehle ich Ihnen, entsprechende Präsenzseminare zu besuchen, da die Arbeit im Liegen sich deutlich von unserem gewohnten Prozess unterscheidet.

Körperpsychotherapeutische Sitzungen beinhalten manchmal auch Berührungen. Im Sitzen und Stehen ähneln diese oftmals den Berührungen, die wir in der Schematherapie auf dem Stuhl der Kindmodi oder stärkend für den Erwachsenenmodus anbieten, im Liegen können Atemgriffe gezielt Atmung vertiefen, Haltegriffe können unterstützen und stabilisieren. Diese Griffe sollten Sie in einem Seminar »am eigenen Leib« erfahren und üben, bevor Sie sie an Patienten weitergeben.

2.5 Fokussierung der Körperebene im Umgang mit Internalisierung

Wie in ▶ Kap. 3 beschrieben, haben schematherapeutische Interventionen mit internalisierenden Patienten u. a. das Ziel, deren (rote) Behauptungskraft zu aktivieren und im Erwachsenenmodus funktional zur aktiven Gestaltung eines bedürfnis- und werteorientierten Lebens zu nutzen. Übung 3 (▶ Kap. 2.5.1) zeigt eine Variante der Übung zur Förderung der Selbstbehauptungsseite aus ▶ Kap. 3. Hierzu ist es günstig, ein Symbol/einen Stuhl für die Interaktionspartner in der konkreten Situation zu wählen, sich den Patienten die verletzende/angreifende Seite der anderen Person vorstellen zu lassen und nach der Aktivierung zu fragen. Üblicherweise wird bei unseren internalisierenden Patienten hier eine unterordnend bis vermeidende Bewältigungsreaktion aktiviert, die wir markieren und validieren. Wir bitten dann, aufzustehen und validieren den dahinter in Form eines leeren Stuhls platzierten aktivierten Verletzbaren Kindmodus. Für diese Übung bitten wir den Patienten, sich auf das Experiment einzulassen, auf einem weiteren Stuhl für den wütenden Kindmodus Platz zu nehmen.

2.5.1 Übung 3: Ausdruck für die Behauptungsseite finden

Ihr Patient Michael Sommer berichtete von einer Streitsituation mit seiner Ehefrau Lisa, die so eskalierte, dass die Ehefrau Ihres Patienten diesen geohrfeigt hat. Herr Sommer reagierte wie gewohnt unterordnend, verzweifelt und weinend. Sie möchten ihm helfen, die blockierte Ärger-Reaktion zu erfahren und in eine adaptive erwachsene Behauptungsreaktion umzuleiten und beginnen mit folgender körperorientierter Technik zur Erlebnisintensivierung, als er auf dem Stuhl des wütenden Kindmodus sitzt (bei der Arbeit mit Kindmodi werden Patienten geduzt, ▶ Kap. 1).

P.: *(zögernd)* »Dass die mir so ins Gesicht schlägt, das ist ja schon nicht so okay« *(schaut die Therapeutin fragend an)*

Th.: »Wo in deinem Körper ist das Gefühl, das da kommt mit dem Gedanken *(Stimme wird fester und lauter)* ›Es ist nicht okay, dass sie mir einfach so ins Gesicht schlägt!‹?«

P.: *(mit der Aufmerksamkeit mehr bei sich)* »Ja, also weiß nicht, mir wird ein bisschen warm.« *(macht kleine Bewegungen mit der Hand, über den Schenkel wischend, Schulter geht dabei etwas nach vorne und wieder zurück)*

Sie greifen die beobachtete Bewegung auf, spiegeln und leiten zur Exploration an sowie dazu, die Bewegung etwas »mehr werden« zu lassen.

Th.: *(Tonlage, Tempo und Atemfluss des Patienten pacend)* »Mach die Bewegung jetzt mal ganz bewusst, ganz langsam, konzentrier dich auf die Bewegung mit dem Oberkörper *(beobachtet die Bewegungen des Patienten)*. Bleib verbunden mit der Wärme und lass hier mal die Bewegung kommen, mach sie größer *(beobachtet, wie die Bewegung langsam mehr Kraft bekommt, wartet, bis nach einigen Wiederholungen die Bewegung einem Schlagen in die Luft ähnelt)*. Was kommt da jetzt?«

P.: *(atmet geräuschvoll aus)* »Ich werde jetzt echt wütend.«

Es folgen einige Nachfragen zur Aufmerksamkeitslenkung auf und Intensivierung von Körperprozessen, Gefühlen und Gedanken, die der neu entdeckten Bewegung folgen. Dann leiten Sie zum Ausdruck von Gefühl und Bewegungsimpuls an:

Th.: »Mache die Bewegung ganz langsam, ganz bewusst. Atme ein, dann mach die Bewegung langsam mit dem Ausatmen. *(beobachtet)* Nochmal. *(atmet mit und übertreibt das Geräusch des Ausatmens etwas)* Nochmal. *(atmet mit und übertreibt noch etwas mehr)* Super! Jetzt mache die Bewegung und lasse mit dem Ausatmen einen Ton kommen. Hole Luft und bleib verbunden mit der Wärme, der Wut, der Bewegung. Und mit der Bewegung, lass den Ton kommen.«

P.: *(presst ein zischendes Geräusch durch die Lippen, Kiefer ist angespannt, Zahnreihen geschlossen)*

Th.: *(bestätigend)* »Wiederhol das einige Male, lass den Ton kommen, lass die Geräusche entstehen!«

P.: *(kommt immer mehr in ein rhythmisches, immer lauter werdendes Knurren, die Bewegung verändert sich in Richtung Abwehr)*

Th.: *(nach einigen Wiederholungen, als der Patient stoppt)* »Was fühlst du jetzt?«

P.: *(energisch)* »Ich bin geladen!«

Th.: *(bestätigend)* »Dann lass mal diese neue Bewegung, die hier entstanden ist, wiederkehren und aus dem Ton ein Wort oder einen Satz werden!«

P.: *(zögert zunächst, macht dann abwehrende Stoßbewegungen mit den Händen und einen Kick mit dem rechten Fuß, presst hervor)* »Verpiss dich!«

Th.: *(laut)* »Ja! Nochmal!«

P.:   (*mit der Bewegung, laut*) »Verpiss dich, du dumme, blöde Nuss! Was fällt dir ein! Blöde Kuh! Hau ab!« (*schaut erst erschrocken, dann belustigt zur Therapeutin*)
Th.: (*lächelt und nickt bestätigend. Sanft*) »Wie fühlst du dich jetzt?«
P.:   (*lächelt*) »Also, ich muss echt lachen. Es ist irgendwie echt gut jetzt.«

Sie validieren, lassen die wahrgenommene Veränderung spüren und markieren die Regulation und Distanzierung der »heißen« Behauptungsreaktion als Aktivierung des Erwachsenenmodus. Im Stehen erarbeiten Sie eine neue Verhaltensreaktion, die anschließend im Rollenspiel geübt werden kann. Sollten Kritikerstimmen die Aktivierung des Erwachsenenmodus erneut reduzieren, dann arbeiten Sie wie in ▶ Kap. 3.4.1 und 3.4.2 beschrieben weiter.

Gezielte Anleitungen zu Bewegungen und Haltungen können zur Unterstützung der Entfaltung und Intensivierung des Ärgerausdrucks (Selbstbehauptungsseite) hilfreich sein. Beispiele im Stehen und im Sitzen finden Sie im folgenden Kasten.

Ärgertechniken

Im Stehen:

- Führen Sie eine kurze Grounding-Sequenz (▶ Kap. 2.4.3) zur Erhöhung von Achtsamkeit durch und bitten Sie den Patienten dann, die Arme vor den Körper zu nehmen und die Fäuste zu ballen. Nun lässt der Patient die Arme in kraftvollen, kontrollierten Bewegungen mit der Ausatmung von oben nach unten schnellen. Lassen Sie einige Wiederholungen durchführen, in denen die Bewegung schneller und größer werden darf und leiten Sie an, mit der Ausatmung »einen Ton kommen zu lassen«. Lassen Sie sich den Ausdruck entfalten und warten Sie, bis sich die Bewegung und der Ausdruck ändert oder leiten Sie an, die Bewegung wieder kleiner, langsamer werden zu lassen.
- Nach einer kurzen Grounding-Sequenz bitten Sie den Patienten, die Arme vor den Körper in eine abwehrende Haltung (ca. Brusthöhe) zu bringen und leiten dann wie oben mit der Ausatmung wegstoßende Bewegungen an. Auch hier lassen Sie den Ausdruck mit Bewegung, Mimik und Ton sich entfalten und wieder regulieren. Ggf. kann die wegstoßende Bewegung auch mit Widerstand erfolgen, z. B. wenn Sie den Patienten einen Schaumstoffwürfel gegen die Wand drücken lassen.

Im Sitzen:

- Bitten Sie den Patienten, eine Geste zu finden, die ihm Schutz und Sicherheit gibt, sowie diese auszuführen und einen Satz oder ein Wort damit zu verbinden. Steigern Sie den Ausdruck ggf. durch eine weitere Hand, durch eine dynamische Bewegung, durch den Ausdruck in Mimik und Atmung.

- Lassen Sie, wenn Sie einen entsprechenden Bewegungsimpuls bemerken, eine »schlagende« Bewegung der Arme ausführen, indem Sie z. B. einen Schaumstoffwürfel neben den Stuhl des Patienten stellen und eine kontrollierte und kraftvolle Bewegung mit der Ausatmung durchführen lassen. Auch hier können Sie den Patienten den Ausdruck mit Ton/Wort steigern lassen.

2.6 Fokussierung der Körperebene im Umgang mit Externalisierung

In ▶ Kap. 5 werden schematherapeutische Interventionen im Umgang mit externalisierenden Patienten beschrieben, welche das blockierte Bindungsbedürfnis wahrnehmbar machen und damit die Motivation zur Verhaltensänderung deutlich erhöhen. Auf Körperebene bedeutet dies häufig, dass wir Regulationstechniken (▶ Kap. 2.2.2) einsetzen. Hier ist es wichtig, dass Sie bereits mit dem Modusmodell gearbeitet haben und Veränderungsmotivation bei dem Patienten zumindest im Ansatz besteht. So können Sie die Techniken z. B. einführen, indem Sie zunächst die Aktivierung des Bewältigungsmodus markieren: entweder auf den Stühlen wie in ▶ Kap. 5 beschrieben herausarbeiten, warum es sich lohnt, auf die Bindungsseite zu wechseln oder an eine bereits durchgeführte Stühlearbeit erinnern und dann anbieten, mit Patienten daran zu arbeiten, die rote Seite hier und jetzt etwas abzukühlen. Diese Techniken können Patienten später auch selbstständig durchführen.

Wenn Sie mit externalisierenden Patienten die in ▶ Kap. 5 beschriebene Stühletechnik durchführen, kann es sein, dass es Ihren Patienten vor allem zu Beginn sehr schwer fällt, die Aktivierung der Bindungsseite zuzulassen und auszudrücken. Hier können Sie ebenfalls die Fokussierung der Körperebene nutzen, um den Prozess für Patienten (und Sie) lebendiger und intensiver zu gestalten.

2.6.1 Übung 4: Ausdruck für die Bindungsseite finden

Ihre Patientin Cathrin hat zunächst auf dem Stuhl für den Bewältigungsmodus gesessen, auf dem sie gerichtet zum leeren Stuhl, symbolisch für ihre Partnerin stehend, Verachtung und Ekel aufgrund deren »Heulerei« und Schwäche ausgedrückt hat. Nun sitzt sie auf dem Stuhl der Bindungsseite, auf dem Sie als Therapeut möchten, dass sie Zugang zu der Seite in ihr findet, die sich als Kind ihrer alkoholabhängigen Mutter und ihres dominant-fordernden Vaters häufig ungesehen, ungeliebt, haltlos fühlte. Die Patientin kann sich nur schwer einlassen, die Selbstbehauptungsseite wird immer wieder dominant.

> Th.: »Okay, Cathrin, ich weiß, das ist schwer für dich, da gibt's auch was, was da nicht hin will, wie früher, ich weiß. Schließe deine Augen für einen Mo-

2.6 Fokussierung der Körperebene im Umgang mit Externalisierung

ment und lasse deinen Atem fließen ... *(beobachtet ein Schlucken der Patientin)*. Ja, okay, da sehe ich, da fällt es schwer, da im Hals. Was kommt da?«
P.: »Ein Druck oder Kloß oder so, es ist halt ...« *(schaut zum Therapeuten, holt Luft)*
Th.: »Bleib mal da, Cathrin, mach die Augen nochmal zu und lass den Atem ganz leicht genau da hinfließen, zum Kloß im Hals. *(zwei Atemzüge Pause)*. Nicht drücken, ganz leicht ... vielleicht mag dein Atem das Kloßgefühl nur antippen ... Was kommt jetzt?«
P.: *(leise)* »Es wird mehr.«
Th.: »Es wird mehr Druck?«
P.: *(nickt)*
Th.: »Okay, lass dieses Gefühl mal nach oben steigen, mit deinem Atem, ganz langsam *(zwei Atemzüge Pause)*, bis in dein Gesicht *(ein bis zwei Atemzüge Pause)*, bis in deine Augen.«
P.: *(sinkt etwas im Oberkörper ein, dreht das Gesicht weg)*
Th.: *(warm)* »Was ist da jetzt, Cathrin?«
P.: *(zuckt mit den Schultern, Tränen auf den Wangen)*
Th.: *(lächelnd, warm)* »Das macht dich hier ganz traurig, Cathrin, ich sehe dich *(ein Atemzug Pause)*. Strecke mal deine Arme nach vorne, Cathrin, lasse deine Ellbogen angewinkelt und lass mal das Gefühl jetzt in dir in deine ausgestreckten Arme kommen.«
P.: *(streckt die Arme aus, leichte Bewegungen nach vorne oben sind zu sehen, die Finger bewegen sich ebenfalls leicht)*
Th.: »Ja, die Arme und die Hände strecken sich aus, die wollen vielleicht auch was greifen ... Was denn?«
P.: *(weint)* »Ich will, dass jemand kommt.«
Th.: *(warm)* »Ja! *(legt der Patientin ein Kissen in die Hände)* Greif danach und halte es. Atme weiter tief. *(mehrere Atemzüge Pause, bis sich der Atem der Patientin und ihr Schluchzen deutlich beruhigt)*. Cathrin, was ist da jetzt?«
P.: *(räuspert sich, leise)* »Ich bin so traurig. Aber auch ruhig irgendwie.«
Th.: »Hier aus dieser ruhigen Trauer, sag mir, was wünschst du dir, Cathrin?«
P.: *(leise, aber fest)* »Dass jemand bei mir ist.«

Sie validieren die Sehnsucht der Patientin nach Nähe und kommen langsam ins Stehen, schließen eine Grounding-Übung an und arbeiten in der Stühlearbeit weiter.

Die Übung können Sie natürlich auch außerhalb der Stühletechnik nutzen, wenn Patienten im Prozess Sehnsucht äußern. Hier eignet sich das Arbeiten im Liegen besonders gut, Sie können aber auch im Sitzen oder Stehen die Arme ausstrecken lassen. Nicht immer möchten Patienten greifen, manchmal wird aus der Haltung eine Bewegung. Lassen Sie sich diese Bewegungen entfalten und fragen Sie immer wieder nach aktualisiertem Erleben auf kognitiver, emotionaler, physiologischer, motorischer Ebene. Z. B. finden dann manche Patienten Worte dafür, was sie abgeben und nach was es sie sehnt, von was sie mehr wollen. Hier haben Sie dann eine vom Körper vorbereitete Überleitung zur Wertearbeit (▶ Kap. 1).

2.7 Fokussierung der Körperebene zur Stärkung des Gesunden Erwachsenenmodus

In ▶ Kap. 6 dieses Buches beschreiben Julia Hinrichs und Julia Schuchardt die Stärkung des Gesunden Erwachsenenmodus als zentrales Ziel jeder Schematherapie und zeigen das konkrete Vorgehen hierzu. Wie zuvor bereits ausgeführt, geht es um eine flexible Balance auf unseren zwei Beinen. Aufgerichtet und balanciert aktivieren wir präfrontale Fertigkeiten wie z. B. Planen und inneres Probehandeln, flexibles Wechseln zwischen Aufgaben und Zielen, Impulskontrolle und Emotionsregulation. Dass regulative Fertigkeiten des Gesunden Erwachsenenmodus innerhalb unserer schematherapeutischen Interventionen besonders gut im Stehen abrufbar sind, wurde an anderen Stellen bereits beschrieben (Roediger, 2016; Valente & Roediger, 2020; Valente, 2021). Die Ausführungen zur Polyvagaltheorie in diesem Kapitel bekräftigen dies. Die Übungen 5 bis 7 zeigen, wie Sie die Körperebene gezielt nutzen, um Patienten zu ermöglichen, ihre Ressourcen im Gesunden Erwachsenenmodus einzusetzen und auszubauen, die bei Schemaaktivierung vormals nicht abrufbar waren. Der Fokus hier soll eher auf regulativen Fertigkeiten liegen, Interventionen zur Selbstfürsorge werden in ▶ Kap. 6 und an vielen anderen Stellen (z. B. Potreck-Rose & Jacob, 2016) ausführlich dargestellt. In ▶ Kap. 7 dieses Buches beschreibt Eckhard Roediger einige wichtige Übungen bei Anspannung und Dissoziation komplex traumatisierter Menschen, in deren Fokus die Regulation der aktivierten sympathischen Über- oder dorsal-vagalen Untererregung über (Atem-) Bewegungen und Haltungen stehen. Der Umgang mit (früher) Traumatisierung bedeutet Umgang mit unflexiblen, hochautomatisierten affektiv-kognitiv-physiologisch-motorischen Mustern, bei deren Aktivierung häufig der Zugang zur kognitiv-affektiven Ebene nicht möglich erscheint und wir daher den Zugang über die physiologischen und motorischen Ebenen des Erlebens wählen. Dies ist nicht nur bei Traumatisierung empfehlenswert, sondern immer dann eine »elegante« Lösung, wenn wir im Therapieraum Über- oder Untererregung im Sinne eines Verlassens des Toleranzfensters (▶ Kap. 1) wahrnehmen.

2.7.1 Übung 5: Wechsel aus dem Kindmodus in den Gesunden Erwachsenenmodus (Grounding)

Sie sitzen neben Ihrem Patienten Max Müller, der auf dem Stuhl für seinen Verletzbaren Kindmodus sitzt. Aktiviert wurde er durch die vorherige Selbstabwertung auf dem Stuhl für den Inneren Kritikermodus. Jetzt möchten Sie zur Regulation und Neuorientierung den Gesunden Erwachsenenmodus aktivieren. Sie begleiten den Prozess mit folgender Anleitung:

> »Atme einmal durch die Nase ein und durch den Mund aus *(Sie atmen gemeinsam mit dem Patienten)*. Spür die Füße auf dem Boden, stell sie hüftbreit auf *(Sie atmen wieder hörbar ein und aus)*. Richte deinen Oberkörper auf, lass den Atem fließen

und bleib verbunden mit deinem Bedürfnis *(Sie atmen wieder hörbar ein und aus)*. Vielleicht möchtest du eine Hand dorthin legen, wo du das Bedürfnis am intensivsten wahrnimmst. Wenn wir jetzt gleich aufstehen, bleib durch die Atmung verbunden mit dem Bedürfnis und richte dich auf in deinem großen, gesunden Erwachsenenmodus *(wieder ein Atemzug Pause)*. Machen wir die Schritte ganz bewusst. Der Atem fließt, das Gefühl ist da *(Sie legen Ihre Hand an dieselbe Stelle Ihres Körpers wie der Patient und atmen wieder hörbar ein und aus. Ab hier wechseln Sie vom »Du« für den Kindmodus ins »Sie« für den Gesunden Erwachsenenmodus)*. Sie bringen jetzt das Gewicht auf die Füße und kommen langsam ins Stehen *(Sie stehen gemeinsam auf. Sie stellen sich neben den Patienten, halten aber Abstand)*. Die Beine sind hüftbreit, die Füße parallel. *(Sie modellieren die Haltung, lächeln den Patienten an und begleiten die einzelnen Schritte)*. Ihre Knie sind mikrogebeugt und das Becken ist neutral oder Sie schieben es leicht nach vorne. So hat die Wirbelsäule ein wunderbares stabiles Fundament *(ein Atemzug Pause)*. Richten Sie nun Ihre Wirbelsäule Wirbel für Wirbel auf, nehmen Sie die Schultern einmal nach vorne und oben und kreisen Sie sie ganz bewusst nach hinten und unten. Die Krone des Kopfes strebt nach oben, das Kinn ist parallel zum Boden und so haben Sie einen entspannten und weiten Blick *(ein Atemzug Pause)*. Hier angekommen, atmen Sie noch einmal tief durch die Nase ein, durch den Mund aus *(Atmet mit)*. Wie alt sind Sie?«

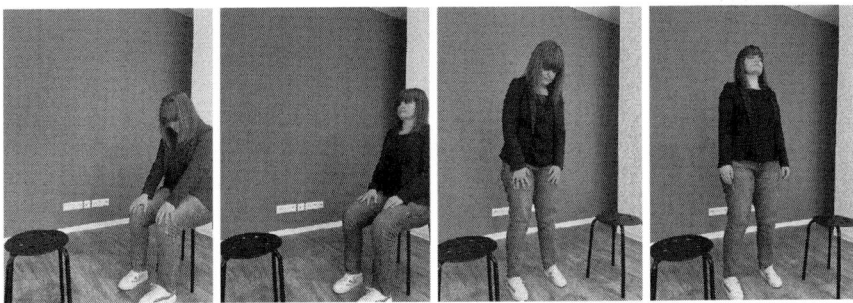

Abb. 2.2: Wechsel vom Kind- in den Gesunden Erwachsenenmodus

Nachdem Sie, wie in ▶ Abb. 2.2 dargestellt, über die Körperhaltung der erwachsenen Perspektive eine Form gegeben haben, können Sie nun wie gewohnt in der Stühlearbeit weiterarbeiten. Je nachdem, wie hoch das vegetative Arousal des Patienten war, kann es nötig werden, im Stehen noch regulative Atemtechniken (▶ Kap. 2.2.2) durchzuführen, bevor Sie auch den Perspektivwechsel auf der kognitiv-affektiven Ebene mit ihm vollziehen. Auch für die Vertiefung der Atmung und damit die parasympathische Erregungsregulation ist die aufrechte Haltung mit weitem Brustkorb ideal. Ihre Präsenz als Therapeut, ruhig in gleicher Haltung neben dem Patienten stehend, trägt ebenfalls zur Regulation bei. Eine Hand auf seiner Schulter oder zwischen den Schulterblättern kann eine weitere regulative Intervention sein – hierzu sollten Sie sich Erlaubnis holen. Wenn Sie in den nächsten Schritten zum Ausdruck der neuen Perspektive und dann zur verbalen Abgrenzung vom Inneren Kritikermodus anleiten, können Sie als Modell dienen und in dieser Haltung den Effekt des Doppelns (von Ameln et al., 2014) durch die Berührung und Nähe intensivieren.

Entlang der Stühletechnik folgt nach dem Perspektivwechsel die aktive Distanzierung von Selbstabwertung und -ablehnung, repräsentiert im Inneren Kritikermodus. Auch wenn der Perspektivwechsel durch die obigen Schritte gut gelungen ist, kann es sein, dass der Prozess erneut ins Stocken gerät. Übung 6 (▶ Kap. 2.7.2) zeigt, wie Sie die Körperebene nutzen, um der Distanzierungsbewegung Stärke und Sicherheit zu verleihen.

2.7.2 Übung 6: Abgrenzung vom Kritikermodus im Stehen

Ihr Patient Michael Sommer aus Übung 3 steht in einer anderen Sitzung neben Ihnen und blickt auf die beiden Stühle, die Kindmodus und Kritikermodus repräsentieren. Er antwortet auf Ihre Frage, wie er das denn findet, wie der Kritikermodus den Kindmodus behandelt, spontan, dass er sich ärgert.

Th.: *(steht neben dem Patienten)* »Was macht Sie wütend?«
P.: *(mit zusammengebissenen Zähnen)* »Na, der da!« *(dreht sich zum Stuhl für den Inneren Kritikermodus und zeigt darauf, schaut dann unsicher zum Therapeuten)*
Th.: *(lächelt den Patienten ermutigend an, schaut dann zum leeren Stuhl des Inneren Kritikermodus)* »Ah ja, bleiben Sie so stehen und schauen von hier mit mir auf den Anteil (zeigt auf den leeren Stuhl). Wo spüren Sie die Wut?«
P.: *(zögernd)* »Also im Bauch und hier so *(zeigt auf den Brustkorb)*, da wird es ziemlich unruhig.«
Th.: *(wendet sich dem Patienten zu)* »Ja, da ist Unruhe. Lassen Sie uns mal ein kleines Experiment machen, Herr Sommer. Nehmen Sie die Hände vor den Körper, indem Sie die Ellbogen anwinkeln *(macht die Bewegung vor und kommentiert die Bewegung des Patienten)*, jetzt sind die Unterarme parallel zum Boden. Ja, sehr gut. Nun konzentrieren Sie sich auf das Gefühl der Wut, der Unruhe, das Sie gerade beschrieben haben. Führen Sie Ihren Atem leicht zu dem Bereich, wo Sie die Unruhe am meisten spüren *(Wartet ab, bis die Aufmerksamkeit des Patienten sichtbar nach innen gerichtet ist)*. Genau. Und jetzt lassen Sie aus dem Gefühl eine Bewegung in Ihre Hände kommen *(Patient macht eine abwehrende, wegstoßende Geste)*. Ah okay, machen Sie das nochmal. *(beobachtet und verstärkt)* Gut! Jetzt lassen Sie die Bewegung fließen, lassen Sie den Atem fließen, bleiben Sie mit dem Gefühl verbunden und lassen zu, dass die Bewegung sich verändert. *(Beobachtet, wie die Stoßbewegungen heftiger werden und der Patient dann stoppt)*. Was nehmen Sie wahr?«
P.: *(laut)* »Ich bin total wütend! *(dreht sich zum Therapeuten und schaut diesen überrascht an)* Das ist echt Wahnsinn!«

Wie in Übung 3 (▶ Kap. 2.5.1) leiten Sie noch einige Wiederholungen an, regen an, einen Ton mit der Bewegung kommen zu lassen und erarbeiten dann einen

2.7 Fokussierung der Körperebene zur Stärkung des Gesunden Erwachsenenmodus

zur Bewegung/Haltung, die eventuell entsteht, passenden Satz der Abgrenzung. Sie lassen nachspüren und leiten an, in Alltagssituationen immer wieder in diese Haltung zu wechseln, die Bewegung und den Satz innerlich zu vollziehen und sich so vom Kritikermodus abzugrenzen.

Auch in der Imagination können Sie die Körperebene zur Regulation und zum Perspektivwechsel nutzen. Z. B. formulieren Sie: »Okay, dann bitte ich Sie, Herr Müller, jetzt durch die Augen des Erwachsenen auf die Szene zu schauen. Nehmen Sie sich Zeit dafür, sich in diesem heutigen, erwachsenen Ich einzurichten. *(ca. zwei bis drei Atemzüge)* Wenn es geht, richten Sie den Oberkörper etwas auf und heben das Kinn leicht an *(Bewegung abwarten)* und atmen einmal tief durch die Nase ein *(Bewegung abwarten, mit dem Patienten mit atmen)*. Und durch den Mund wieder aus. Sehr gut, sind Sie angekommen?« Gibt der Patient eine zustimmende Antwort, bitten Sie ihn, aus dieser Haltung heraus Gefühle, Körperempfindungen, Einstellungen/Gedanken sowie Handlungsimpulse gegenüber dem Kind und den dieses Kind schädigenden/vernachlässigenden Personen in der Imagination zu verbalisieren und schließen dann das Rescripting an (▶ Kap. 1). Auch hier ist es aber manchmal gut und notwendig, noch einige Atemzüge zur Regulation zu nutzen. Achten Sie dabei aber darauf, nicht in eine Entspannung abzugleiten, denn für eine Distanzierung von dysfunktionalen Selbstverbalisationen in der Stühlearbeit und Entmachtung von schädigenden Personen in der Imagination benötigen wir sympathische Erregung im oberen Drittel des Toleranzfensters. Das Maß an angewandter Regulation hängt immer vom Erregungsniveau des Patienten ab, den Sie gut beobachten sollten. Die Kiefermuskulatur, Bewegungen von Händen/Armen und Füßen/Beinen sowie Haltung der Schultern und auch der Atemrhythmus (Brustkorb/Bauch) geben Ihnen bspw. wichtige Hinweise auf das Anspannungsniveau. Innerhalb einer ausreichend gut etablierten therapeutischen Beziehung synchronisieren wir uns außerdem, sodass Sie auch das eigene Anspannungsniveau als Hinweis nutzen können. Hierzu ist eine wache, offene und achtsame Haltung als Therapeut gegenüber Übertragungs- und Gegenübertragungsprozessen notwendig.

Eingangs wurden in diesem Kapitel Techniken zur Intensivierung und Regulation emotionaler Aktivierung beschrieben, die entsprechend helfen, blockierte Emotionen spüren und überschießende Aktivierung drosseln zu lernen. Übung 7 (▶ Kap. 2.7.3) zeigt eine Verbindung beider Prozesse zur Einnahme einer neuen, hilfreichen (Körper-)Haltung, die wir in der Schematherapie dem Gesunden Erwachsenenmodus zuordnen.

2.7.3 Übung 7: den Körper die erwachsene Haltung finden lassen

Ihre Patientin Lisa Meier berichtet verzweifelt, dass sie es einfach nicht schaffe, im Alltag die erarbeiteten Strategien einzusetzen und so immer wieder den Eindruck habe, in »alten Mustern« und schmerzhaften Gefühlen festzustecken.

Th.: *(setzt sich im 90-Grad-Winkel zur Patientin)* »Versuchen wir etwas, Frau Meier, wenn das okay für Sie ist. Lassen Sie jetzt Ihren Körper eine Haltung finden, die zeigt, wie schmerzhaft und belastend das alles für Sie ist. ... Ja, probieren Sie ruhig ein bisschen, lassen Sie sich Zeit ...«

P.: *(leicht genervt)* »So irgendwie« *(sitzt zusammengekauert, mit Händen eingeklemmt zwischen den Knien, Kopf fast auf den Oberschenkeln und Füße verschränkt).*

Th.: *(einfühlsam)* »Das sieht sehr anstrengend aus. Wie fühlt es sich denn an?«

P.: *(stöhnt)* »Es ist anstrengend! *(Richtet sich auf)* Ich krieg kaum Luft, alles fühlt sich abgeschnürt an.«

Th.: *(stößt ebenfalls Luft aus)* »Puh, das ist schwer. Gehen Sie noch einmal in die Haltung, auch wenn es anstrengend wird. *(Nickt ermutigend)* Übertreiben Sie es ein bisschen. Spüren Sie nach, wie es sich anfühlt. *(ein bis zwei Atemzüge)* Und jetzt lassen Sie Ihren Körper den ersten Schritt machen, um ein bisschen Entlastung zu spüren. Einen Schritt, zur Entlastung. *(beobachtet Patientin, die den Kopf aufrichtet)* Okay, der erste Schritt ist: Kopf hoch! Was nehmen Sie jetzt wahr?«

P.: *(angestrengt)* »Ich kriege etwas mehr Luft, aber es ist immer noch sehr angespannt alles.«

Th.: *(mitfühlend)* »Dann lassen Sie den Körper einen zweiten Schritt finden, um noch etwas mehr Entlastung zu spüren.«

P.: *(löst die Arme)*

Th.: »Ah, okay, jetzt werden die Arme freier?«

P.: *(nickt)*

Th.: »Lassen Sie den Körper den nächsten Schritt finden.«

P.: *(löst die Beine und stellt die Füße auf)*

Th.: *(begleitend)* »Und die Beine werden jetzt auch freier. Super. Lassen Sie den Körper den nächsten Schritt finden.«

P.: *(richtet den Oberkörper auf)*

Th.: »Jetzt geht es in die Aufrichtung.«

P.: *(atmet geräuschvoll aus)*

Th.: »Ja, jetzt ist auch der Atem wieder freier?«

P.: *(nickt)*

Th.: *(zugewandt)* »Was spüren Sie jetzt?«

P.: *(mit der Aufmerksamkeit nach innen gerichtet)* »Es ist jetzt ein bisschen mehr Entspannung da und auch Ruhe.«

Th.: »Wo spüren Sie das besonders?«

P.: »Hier, *(greift sich an den Brustkorb)* wo eben noch die Spannung war. Es ist jetzt irgendwie warm und *(Worte suchend)* weicher, würde ich fast sagen.«

Th.: *(lächelt, nickt)* »Okay, Frau Meier, das scheint eine große Entlastung zu sein. Wenn Sie mögen, machen wir noch einen nächsten Schritt. *(Wartet, bis Patientin Zustimmung signalisiert)* Bringen wir diese Haltung jetzt ins Stehen.«

P.: *(steht auf)*

Th.: *(stellt sich seitlich im ca. 90-Grad-Winkel auf, sodass das Blickfeld der Patientin frei bleibt)* »Okay, schauen Sie mal, ob es jetzt noch einen Schritt geben kann, der Entlastung bringt.«

P.: *(stellt sich breitbeinig auf, der Oberkörper wiegt leicht hin und her, die Arme schwingen leicht nach vorne und hinten)*

Th.: »Ah … Nun ist es eine Bewegung geworden. Bleiben Sie dabei. *(wartend, beobachtend und kommentierend)* Ok, jetzt wird die Bewegung ganz klein, ganz sanft.«

P.: *(lächelt)* »Sanft stimmt, so fühle ich mich.«

Th.: *(lächelt)* »Wo spüren Sie das besonders?«

P.: *(überlegt)* »Im Gesicht.«

Th.: *(lächelt)* »Ja, da sehen Sie jetzt ganz entspannt aus.«

P.: *(schaut den Therapeuten lächelnd an)* »Ja.«

Th.: »Bleiben Sie einen Moment hier, beim sanften Lächeln und Ihrer Bewegung. Lassen Sie den Atem fließen. *(wartet einige Atemzüge ab)* Schauen Sie mal, ob jetzt ein Wort kommt. Oder ein Satz.«

P.: *(lächelt)* »Es ist ok.«

Th.: »Jetzt ist es ok?«

P.: *(nickt)*

Th.: »Also sind Sie jetzt vom ›Ich kann es nicht aushalten‹ da unten *(zeigt auf den leeren Stuhl der Patientin)* zu »Es ist okay« hier oben gekommen!«

P.: *(nickt und lächelt)*

Th.: *(warm, enthusiastisch)* »Wie schön! Lassen Sie uns den Weg noch einige Male wiederholen und das Gefühl hier oben verankern.«

Wiederholen Sie den Weg in die neue Haltung mindestens einmal, besser zweimal und leiten Sie Ihren Patienten in den Wiederholungen an, z. B. »*Erster Schritt: Kopf hoch*« usw. Beachten Sie, dass die Zielhaltung und/oder Zielbewegung sich ändern kann, eventuell möchte der Patient in der zweiten oder dritten Wiederholung noch etwas anfügen. Sie schließen die Übung ab, indem Sie nachspüren lassen und dann im Sitzen fragen, was der Patient nun wahrnimmt, was der Unterschied ist zum Eingangsgefühl und, wenn Sie den Transfer in den Alltag steigern wollen, was dies für die kommende Woche z. B. konkret für ihn bedeutet. Es kann sein, dass Patienten sich vornehmen, »ihre« Schritte vor belastenden Situationen durchzuführen, um erwachsen, im Sinne von bedürfnis- und wertebasiert, handeln zu können. Manche Patienten möchten sich die Schritte dazu auch aufschreiben oder Sie geben eine Audioaufzeichnung der Übung mit.

2.7.4 Pendeln zwischen Bewältigung und erwachsener Haltung

Eine Variante dieser Übung ist das Pendeln zwischen zwei Haltungen. Dies eignet sich dann besonders, wenn Patienten die Aktivierung von Bewältigungsmodi in einer bestimmten herausfordernden Situation berichten und Sie eine Alternative zur Stühlearbeit durchführen möchten. Starten Sie dazu im Stehen mit einer kurzen

Grounding-Sequenz (▶ Kap. 2.4.3). Bitten Sie nun den Patienten, sich die belastende Situation vorzustellen und die Haltung der aktivierten Bewältigung einzunehmen: *»Richten Sie sich ganz ein, kommen Sie in die Körperhaltung, lassen Sie die Bewegungen entstehen, die der Modus xy (Bewältigungsmodus) eventuell macht und lassen Sie Ihr Gesicht auch die Mimik des Modus zeigen. ... Was nehmen Sie wahr?«* Fragen Sie nach Körperempfindungen, Gedanken, Gefühlen, Bildern, Erinnerungen, Tönen usw. Bitten Sie den Patienten nun, die Haltung zu verlassen, den Modus vielleicht auch kurz abzuschütteln *(Ausschütteln der Arme und Beine)* und bewusst einen Schritt zur Seite zu treten und hier nun die gewünschte Haltung (des Gesunden Erwachsenenmodus) einzunehmen: *»Stellen Sie sich nun vor, Sie wären in der Situation und hätten aber all die Fähigkeiten und Möglichkeiten, die Sie brauchen, um sich gesund erwachsen entlang Ihrer Ziele, Bedürfnisse und Werte zu verhalten. Wie sieht Ihre Körperhaltung jetzt aus? Wie ist der Ausdruck im Gesicht? Welche Gestik zeigen Sie hier? ... Was nehmen Sie jetzt wahr?«* Fragen Sie erneut alle Erlebensebenen ab und kommen dann zurück in eine neutrale Position. Sie beginnen nun, langsam vom Ausgangs-(Bewältigungs-)Zustand in den Ziel-(Erwachsenen-)Zustand zu pendeln, indem Sie erneut bitten, die Ausgangshaltung einzunehmen und z. B. fragen, was der erste Schritt in Richtung des gewünschten Zustands (auf Körperebene) wäre. Sie können auch zunächst vom Zielzustand Schritt für Schritt in den Ausgangszustand finden lassen und dann die Richtung umkehren. So können Sie einige Male die Richtung wechseln lassen und von einem zum anderen Modus bewusst pendeln. Wichtig ist, die Schritte für den Patienten wie in Übung 7 (▶ Kap. 2.7.3) zu verbalisieren und die bewusste Pendelbewegung mehrere Male zu wiederholen. Dies stärkt Selbstwirksamkeitserleben und Identitätsgefühl. Wenn Ihr Patient keine Idee für die Haltung, Gestik und Mimik des Gesunden Erwachsenenmodus finden kann, dann kann er ein für ihn positives Modell (ein Freund, eine Film- oder Romanfigur oder aber auch den Therapeuten) nachahmen.

2.7.5 Körperunzufriedenheit und Körperbildstörung

Der Einbezug der Körperebene des Erlebens ist für Patienten mit Körperunzufriedenheit oder sogar Körperbildstörung manchmal aversiv bis unmöglich. Dabei sprechen wir von einem nicht unerheblichen Teil unserer Patienten, obwohl diese Unzufriedenheit und verzerrte Wahrnehmung eher selten spontan berichtet wird. Eine Metaanalyse von Griffen et al. (2018) ergibt in der Zusammenfassung, dass Körperunzufriedenheit sich auch außerhalb klinischer Stichproben auffällig häufig findet und signifikant häufiger in der Adoleszenz und bei Frauen. Miranda et al. (2021) befragten 405 weibliche Jugendliche im Alter von 14–19 Jahren. Fast die Hälfte der Teilnehmerinnen war mit ihrem derzeitigen körperlichen Erscheinungsbild unzufrieden und wies Verzerrungen der Körperwahrnehmung auf. Ein negatives Körperbild kann zum Wunsch nach drastischer Veränderung des Körpers durch Diäthalten, Extremsport bis hin zu kosmetischen Operationen und Missbrauch von Stereoiden führen (Irvine et al., 2019) und steht im Zusammenhang mit diversen gesundheitsschädlichen Verhaltensweisen (Voelker et al., 2015), weniger Selbstvertrauen, gestörtem Essverhalten, negativen sexuellen Erfahrungen, Depres-

2.7 Fokussierung der Körperebene zur Stärkung des Gesunden Erwachsenenmodus

sionen und Angststörungen (Griffen et al., 2018). Die Körperbildstörung gilt als Kernsymptomatik von Essstörungen und körperdysmorphen Störungen. Die Schwere der Körperbildstörung korreliert dabei mit der Dauer der Essstörung (Stice & Shaw, 2002) und prognostiziert Rückfälle (Fairburn et al., 1993).

Das Körperbild als körperliches Selbsterleben gilt als zentraler Aspekt der Identität (Geuter, 2015). Und so wird der Aufbau einer wohlwollenden Haltung dem eigenen Körper gegenüber zu einem wichtigen Teil des Aufbaus eines Gesunden Erwachsenenmodus. Hierzu eignet sich eine Variante der Stühletechnik, die vor einem Ganzkörperspiegel durchgeführt wird. Der Einsatz des Spiegels erhöht dabei die emotionale Aktivierung (Vinai et al., 2015).

Zunächst wird in einer ersten Phase die emotionale Aktivierung erhöht, indem sich die Patienten dem aversiven Spiegelbild aussetzen und aufgefordert werden, aus dem Modus des Inneren Kritikers heraus zu sprechen (▶ Abb. 2.3). Die Kernsätze der ablehnenden Selbstbewertung werden dabei gemeinsam mit dem Patienten erarbeitet und in Du-Form direkt an das Spiegelbild ausgesprochen (z. B. »Du bist so eklig, so fett und so unförmig! Du bist widerlich! Ich kann kaum hinschauen, so eklig finde ich dich.«). Der Patient spürt im nächsten Schritt auf dem Stuhl des Verletzbaren Kindmodus dem Effekt dieser Sätze auf affektiver Ebene nach. Der Therapeut sitzt dabei neben dem Patienten, lenkt die Aufmerksamkeit auf das emotionale Erleben und fragt z. B. »*Was spürst du, wenn du das hören musst? ... Wo spürst du das im Körper? Wie fühlt es sich da an?*«.

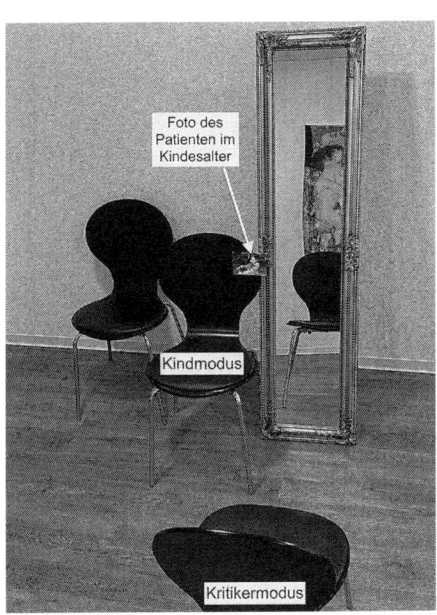

Abb. 2.3: Stühlearbeit vor dem Spiegel zur Erhöhung von Körperakzeptanz: Aktivierung.

Durch Erfragen des emotionalen Grundbedürfnisses, das unbefriedigt bleibt, wird der nächste Schritt eingeleitet, bei dem der Patient den Perspektivwechsel übt. Wie

► Abb. 2.4 zeigt, stehen Therapeut (in der Abb. grau) und Patient (in der Abb. weiß) gemeinsam auf und beobachten den Prozess »von außen«. Hier hilft eine Grounding-Übung (► Kap. 2.4.3), den Gesunden Erwachsenenmodus und vor allem die Selbstbehauptungstendenz des Patienten zu aktivieren. Diese wird gestärkt, wenn der Blick vom Inhalt weg auf die Effekte der Sätze auf der verletzbaren Kindseite gelenkt wird: »*Schauen Sie jetzt aus dieser Haltung, mit Ihrem heutigen, erwachsenen Wissen auf den kleinen (Vorname des Patienten). Da sitzt ein völlig verängstigtes und verzweifeltes Kind, das sich schämt und das sich andauernd gedemütigt und grundsätzlich falsch fühlt.*« Dann wird der Patient gebeten, den Stuhl für den Modus des Inneren Kritikers anzuschauen: »*Machen Sie sich hier, in dieser Haltung bewusst, wer für den Schmerz verantwortlich ist. Da sitzt dieser Teil. Dieser Teil, der unbarmherzig und hart und immer und immer wieder ohne Gnade auf Sie einprügelt, Sie demütigt, Sie beschimpft, Sie verachtet. Was spüren Sie, wenn Sie sich das bewusst machen, Herr (Nachname des Patienten), heute, am (Datum), hier und jetzt?*«

Dabei ist es wichtig, Bewegungen und Körperhaltungen genau zu beobachten, da Wut/Selbstbehauptung für die Patienten häufig wenig spürbar bzw. verbalisierbar bleibt. Sie kann aber in Mikrobewegungen der Hände und Arme (Fäuste, Abwehrhaltungen) beobachtet und markiert werden (*»Bemerken Sie, was Ihre Arme/Hände machen? Machen Sie das nochmal, langsam, ganz bewusst. Lassen Sie die Bewegung größer werden ... lassen Sie einen Ton kommen ... vielleicht kommt jetzt ein Satz oder ein Wort?«*). So kann die Abgrenzung von den Behauptungen des Inneren Kritikers (körperlich und verbal) Schritt für Schritt angeleitet und aufgebaut werden.

Die Entscheidung für eine neue, wohlwollendere Haltung gegenüber dem eigenen Körper fällt Patienten, vor allem in der ersten Sitzung, sehr schwer und auch insgesamt ist die Übung durch die Intensität der emotional-physiologischen Reaktion sehr anstrengend, weshalb die erste Übung an dieser Stelle, wenn das psychophysiologische Erregungsniveau durch Perspektivwechsel verringert wurde, beendet werden sollte.

Nach (teilweise mehrmaliger) Wiederholung dieser Übung werden zwei weitere Phasen angefügt. Auf einem Stuhl für den Gesunden Erwachsenenmodus übt der Patient nun, diese neue Perspektive zu halten, während er sich wieder dem Spiegelbild aussetzt. Der Therapeut steht hinter dem Patienten und unterstützt durch Blickkontakt im Spiegel und als Modell zunächst das Stoppen des Kritikermodus (z. B. »*Jedes Mal, wenn Sie Ihre innere kritische Stimme hören, sagen Sie laut STOP! Dann unterbrechen Sie die Betrachtung, drehen sich zum Stuhl dieses Anteils und sagen die erwachsene Antwort, die wir geübt haben*«). Wenn auch in dieser Situation intensiverer emotionaler (Schema-)Aktivierung die Abgrenzung vom Modus des Inneren Kritikers gelingen kann, üben Patienten in der letzten Phase die Verbalisation einer neutralen bis wohlwollenden Haltung dem Spiegelbild gegenüber (► Abb. 2.5; Reusch, 2020).

2.7 Fokussierung der Körperebene zur Stärkung des Gesunden Erwachsenenmodus

Abb. 2.4: Stühlearbeit vor dem Spiegel zur Erhöhung von Körperakzeptanz: Perspektivwechsel.

Abb. 2.5: Stühlearbeit vor dem Spiegel zur Erhöhung von Körperakzeptanz: Einüben einer neuen Haltung.

2.8 Zusammenfassung

Schemamodi der hinteren und der vorderen Bühne beinhalten körperliches Erleben und körperlichen Ausdruck, weshalb es stimmig erscheint, sich im therapeutischen Prozess eben nicht auf affektiv-kognitive-verhaltensbezogene Ebenen des Erlebens zu beschränken, sondern die Interventionen und Prozesse um diese Systemebene zu erweitern bzw. um von dieser Systemebene ausgehend Bottom-up-Aktivierungen auszulösen und für diese »neue« Sprach-, Denk-, Emotions- und Verhaltensmuster zu schaffen. Die Integration des Körpers als weitere Ebene des Erlebens in unser schematherapeutisches Arbeiten schafft nicht nur mehr Raum für emotionale Aktivierung, sondern auch mehr Möglichkeiten der Introspektionsfähigkeit und der funktionalen Stress- und Emotionsregulation und damit zur Erweiterung des individuellen Toleranzfensters und der individuellen Handlungsspielräume. Dies wiederum stellt eine wichtige Grundlage für den Aufbau des Gesunden Erwachsenenmodus dar, da Situationen, die für die Patienten emotional weiterhin aktivierend bleiben, nun nicht mehr automatisiert durch Bewältigungsmodi gelöst, sondern individuelle Reaktionen bewusst neu entschieden werden können. Damit werden mehr und mehr Erfahrungen von Selbstwirksamkeit, Verbundenheit mit eigenen Bedürfnissen und Werten sowie sozialer Verbundenheit möglich, was die allgemeine Lebenszufriedenheit steigert. Innerhalb der therapeutischen Interaktion erhöht der Einbezug der körperlichen Erlebensebene ein umfassenderes Verstehen und Mitfühlen mit dem Schmerz auf der hinteren Bühne, was einen der Hauptfaktoren für die Wirksamkeit für Psychotherapie, eine vertrauensvolle therapeutische Beziehung, begünstigt. Bei aller Verkürzung der umfassenden Themen »Körper« und »Körper in der Therapie« sollen die in diesem Kapitel vorgestellten Interventionen dazu beitragen, den »emotionalen Volumenregler« während der Anwendungen unserer schematherapeutischen Interventionen je nach Ziel und Bedarf hoch- oder herunterzudrehen und diese Mikroprozesse in der Therapie noch feiner justieren zu können.

Literatur

Butler JE (2007). Drive to the human respiratory muscles. *Respiratory Physiology & Neurobiology*; *159*: 115–126.
Damasio AR (1997). *Descartes Irrtum. Fühlen, Denken und das menschliche Gehirn*. München: dtv.
Dana D (2018). *Arbeiten mit der Polyvagal-Theorie: Übungen zur Förderung von Sicherheit und Verbundenheit*. Lichtenau: G.P. Probst.
Downing G (2007). *Körper und Wort in der Psychotherapie. Leitlinien für die Praxis*. (2. Aufl.). München: Kösel.
Fairburn CG, Peveler RC, Jones R, Hope RA, Doll HA (1993). Predictors of 12-month outcome in bulimia nervosa and the influence of attitudes to shape and weight. *Journal of Consulting and Clinical Psychology*; 61 (4): 696–698.

Fonagy P, Luyten P (2016). A multilevel perspective on the development of borderline personality disorder. In: D. Cicchetti (Hrsg.), *Developmental psychopathology: Maladaptation and psychopathology* (S. 726–792). Hoboken: John Wiley & Sons.

Geuter U (2015). *Körperpsychotherapie: Grundriss einer Theorie für die Klinische Praxis* (Psychotherapie Praxis). Berlin: Springer.

Geuter U. (2019). *Praxis Körperpsychotherapie. 10 Prinzipien der Arbeit im therapeutischen Prozess* (Psychotherapie Praxis). Berlin: Springer.

Griffen TC, Naumann E, Hildebrandt T (2018). Mirror exposure therapy for body image disturbances and eating disorders: A review. *Clinical Psychology Review*; 65: 163–174.

Gugutzer R (2006). Der body-turn in der Soziologie. Eine programmatische Einführung. In: ds. (Hrsg.). *body turn. Perspektiven der Soziologie des Körpers und des Sports* (S. 9–53). Bielefeld: transcripts.

Henn-Mertens G, Zimmek, GF (2021). *Körperorientierte Techniken in der Schematherapie*. Weinheim: Beltz.

Irvine KR, McCarty K, McKenzie KJ, Pollet TV, Cornelissen KK, Tovée MJ, Cornelissen PL (2019). Distorted body image influences body schema in individuals with negative bodily attitudes. *Neuropsychologica*; 122: 38–50.

Karaosmanoğlu HA, Ateş N, Köse Karaca B, Aytaç M (2022). A new viewpoint to schema modes and mode domains through Polyvagal Theory: Could schema modes be just a way of coping?. *Curr Psychol: 1–14*. https://doi.org/10.1007/s12144-022-03176-x.

Kriz J (2017). *Subjekt und Lebenswelt: Personenzentrierte Systemtheorie für Psychotherapie, Beratung und Coaching*. Göttingen: Vandenhoeck & Ruprecht.

Langlotz-Weis M. (2020). *Körperorientierte Verhaltenstherapie* (2. Aufl.). München: Ernst Reinhardt.

Levine P (2011). *Sprache ohne Worte: Wie unser Körper Trauma verarbeitet und uns in die innere Balance zurückführt*. München: Kösel.

Liem T, Neuhuber W (2021). Kritik an der Polyvagaltheorie. *Deutsche Zeitschrift für Osteopathie*; 19: 34–37.

Miranda VP, Amorim PRS, Bastos RR, Souza VG, Faria ER, Franceschini SC, Teixeira PC, de Morais NS, Priore, SE (2021). Body image disorders associated with lifestyle and body composition of female adolescents. *Public Health Nutrition*; 24 (1): 95–105.

Nissen L, Sturm M (2018). *Emotionsvermeidung überwinden. Eine integrative Methode zur Regulierung des inneren Alarmsystems*. Paderborn: Junfermann.

Ogden P, Minton K, Pain C (2010). *Trauma und Körper*. Paderborn: Junfermann.

Perls FS (1976). *Gestalt Therapy Verbatim*. New York: Bantam.

Porges SW (2010). *Die Polyvagal-Theorie. Neurophysiologische Grundlagen der Therapie*. Paderborn: Junfermann.

Potreck-Rose F, Jacob G (2016). *Selbstzuwendung, Selbstakzeptanz, Selbstvertrauen*. (Leben Lernen, Bd. 163): Psychotherapeutische Interventionen zum Aufbau von Selbstwertgefühl. Berlin: Springer.

Reusch Y (2020). Ich im Spiegel. Ein schematherapeutischer Ansatz zur Behandlung der Körperbildstörung (nicht nur) bei Essstörungen. *Verhaltenstherapie & Verhaltensmedizin*: 41 (4): 346–364.

Roediger E (2016). *Schematherapie. Grundlagen: Modell und Praxis*. (3. Aufl.). Stuttgart: Schattauer.

Rosenberg S (2018). *Der Selbstheilungsnerv*. Kirchzarten: VAK.

Schore A (2007). *Affektregulation und die Reorganisation des Selbst*. Stuttgart: Klett-Cotta.

Stern D (1992). *Die Lebenserfahrung des Säuglings*. Stuttgart: Klett-Cotta.

Stice E, Shaw HE (2002). Role of body dissatisfaction in the onset and maintenance of eating pathology: a synthesis of research findings. *Journal of Psychosomatic Research*; 53 (5): 985–993.

Storch M, Cantieni B, Hüther G, Tschacher W (2010) *Embodiment. Die Wechselwirkung von Körper und Psyche verstehen und nutzen* (2. Aufl.). Bern: Hans Huber.

Stromberg C, Zickenheiner K (2021). *Emotionale Regulation bei psychischen Störungen: Praxis der Verhaltenstherapie schematherapeutisch erweitert*. Psychotherapie: Praxis. Berlin: Springer.

Valente M (2021). *Schematherapie: Ein Leitfaden für die Praxis*. Stuttgart: Kohlhammer.

Valente M, Roediger E (2020). *Schematherapie. Psychotherapie kompakt.* Stuttgart: Kohlhammer.

van der Kolk B (2015). *Verkörperter Schrecken.* Lichtenau: G.P. Probst.

van der Kolk B, McFarlane A, Weisaeth L (Hrsg) (2000). *Traumatic Stress. Grundlagen und Behandlungsansätze.* Paderborn: Junfermann.

Vinai P, Speciale M, Vinai L, Vinai P, Bruno C, Ambrosecchia M, Ardizzi M, Lackey S, Ruggiero G, Gallese V (2015). The Clinical Implications and Neurophysiological Background of Using Self-Mirroring Technique to Enhance the Identification of Emotional Experiences: An Example with Rational Emotive Behavior Therapy. *Journal of rational emotive and cognitive behavior therapy*; 33(2): 115–33. https://doi.org/10.1007/s10942-015-0205-z.

Voelker DK, Reel JJ, Greenleaf C (2015). Weight status and body image perceptions in adolescents: current perspectives. *Adolescent Health, Medicine and Therapeutics*; 6: 149–58. https://doi.org/10.2147/AHMT.S68344.

von Ameln F, Kramer J (2014). *Psychodrama: Grundlagen.* (3. vollst. überarb. Aufl.). Berlin: Springer.

von Uexküll JT, Fuchs M, Müller-Braunschweig H, Johnen R (1997). *Subjektive Anatomie. Theorie und Praxis körperbezogener Psychotherapie.* (2.Aufl.). Stuttgart: Schattauer.

Young JE, Klosko JS, Weishaar ME, Kierdorf T (2005). *Schematherapie. Ein praxisorientiertes Handbuch.* Paderborn: Junfermann.

3 Unterwerfungsmodus und Internalisiererinnen

Eva Frank-Noyon

3.1 Einleitung

In diesem Kapitel schauen wir uns den Modus der Unterwerferin genauer an. In unserem Zwei-Beine-Modell ist das der Modus, in dem Menschen vor Angst, die Bindung zum anderen zu bedrohen oder gar zu verlieren, ihr Grundbedürfnis nach Selbstbehauptung (SB) blockieren und sich stattdessen komplett an ihr Gegenüber anpassen. Der Preis dafür kann sehr hoch sein – so fühlen sich Menschen, die zu diesem Modus neigen, häufig ausgebrannt und erschöpft, da es in der Natur dieses Modus liegt, über die eigenen Grenzen zu gehen und auf die Erfüllung eigener Bedürfnisse und Wünsche zu verzichten. Die Handlungen aus dem Unterordnungsmodus (UO) heraus sind in dem Sinne angstgetrieben (im Gegensatz zu frei entschieden ▶ Kap. 6 zum Gesunden Erwachsenenmodus) und können sich im konkreten Verhalten als passiv-sich-anpassend/unterordnend bis hin zu aktiveren Tendenzen (z.B. die antizipierten Wünsche des anderen aktiv erfüllen) zeigen. Menschen, die automatisiert in diese Art der Bewältigung rutschen, bezeichnen wir auf Basis des dynamischen Modells (Roediger, 2016) als »Internalisiererinnen«. Im Gegensatz zu den Externalisiererinnen, deren Kritikerstimmen sich i.d.R. gegen andere richten und die daher häufig in Konflikte mit den Menschen um sie herum geraten, richten sich bei Internalisiererinnen die Kritikerstimmen in erster Linie gegen sich selbst.

3.2 Der Unterordnungsmodus im Modusmodell

Fallbeispiel Selma

Selma hat von ihrer Partnerin Jen einen Gutschein für eine Partnerinnen-Erotikmassage bekommen. Obwohl sie spürt, dass sie sich bei dem Gedanken an die Massage nicht wohl fühlt, beteuert sie, sich über die Massage zu freuen und lässt sich darauf ein bzw. lässt sie »über sich ergehen«.

Als Selma den Gutschein öffnet, entsteht in ihr – also auf ihrer »hinteren Bühne« – der folgende Konflikt: Selmas spontaner Gedanke ist: »Das ist nicht mein Ding, Erotik möchte ich nur zwischen Jen und mir haben, eine erotische

Massage durch eine dritte Person ist mir zu intim« (SB-Bedürfnis). In der folgenden Abbildung 3.1 können wir sehen, warum Selmas Selbstbehauptungsbedürfnis blockiert ist und was stattdessen passiert (▶ Abb. 3.1).

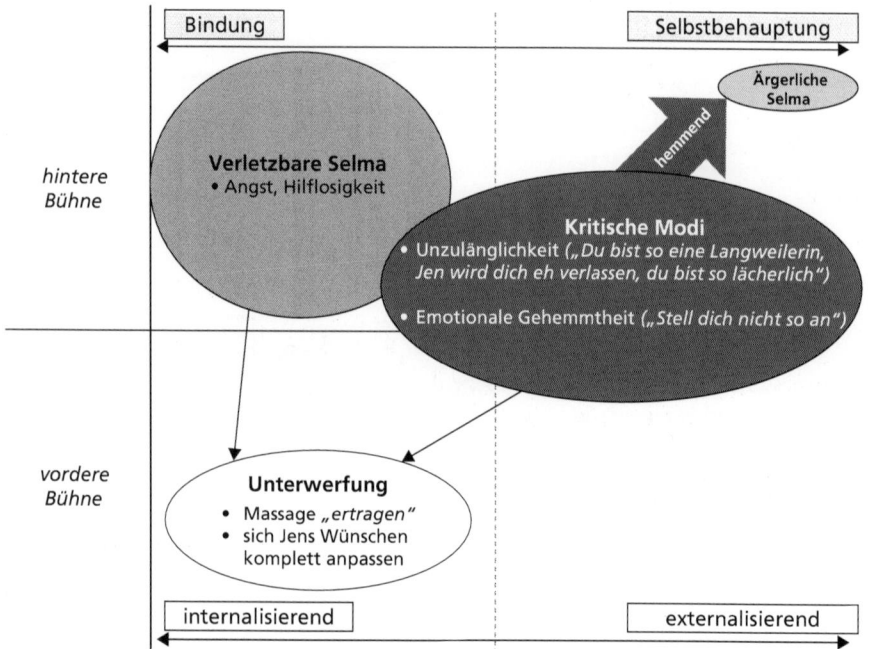

Abb. 3.1: Modusmodell Internalisiererinnen am Beispiel Selma

Wie wir in der Abbildung sehen können, »glaubt« Selma ihren inneren Kritikerstimmen und erlebt aus diesem Grund die Situation als bedrohlich nach dem Motto: »Entweder ich verliere Jen oder ich gebe meine Grenze auf.« Aus der Angst (Verletzbarer Kindmodus) heraus rutscht sie in den Unterordnungsmodus und passt sich Jens vermuteten Wünschen an.

Eine Person, die aus dem Unterordnungsmodus handelt, steht, wie aus der Abbildung ersichtlich wird, vornehmlich auf dem »blauen Bein«. Aus Angst, die Bindung zum Gegenüber zu verlieren, verzichtet sie komplett auf jegliche Selbstbehauptungstendenzen und »unterwirft« sich bzw. passt sich dem Gegenüber an. Der Modus des Ärgerlichen Kindes, der durch das Selbstbehauptungsbedürfnis energetisiert wird, wird geblockt und findet keinen Ausdruck. Dadurch fehlt es den Patientinnen an Energie, die nötig wäre, um sich nach innen (den eigenen Kritikern gegenüber) und ggf. auch nach außen abzugrenzen und für sich und die eigenen Wünsche einzustehen.

Aus Angst, Jen zu verlieren bzw. von ihr kritisiert zu werden, passt sich Selma an und sagt nichts. Als Jen Selma später fragt, wie sie den restlichen Tag verbringen möchten und ob Selma auf etwas bestimmtes Lust hat, erwidert Selma: »Alles ist gut so. Schlag du gerne etwas vor«. Interessanterweise ist auch Jen nach der Massage etwas bedrückt und sagt: »Irgendwie fehlt mir die Lebendigkeit in unserer Beziehung. Jetzt haben wir zwar Spannendes erlebt, und trotzdem fühlt es sich nicht ›echt‹ an«.

3.3 Welche Auswirkungen hat der Unterordnungsmodus auf das Gegenüber?

Wie das Gegenüber den Menschen im Unterordnungsmodus wahrnimmt und darauf reagiert, ist sehr unterschiedlich. Oftmals ist es gar nicht so einfach, »angemessenes prosoziales Verhalten« vom Unterordnungsmodus zu unterscheiden, insofern reagieren viele Menschen zunächst einmal positiv auf diesen Modus. Auch im therapeutischen Setting ist es teilweise gerade zu Beginn der Therapie nicht immer sichtbar, ob man es mit einem »authentischen Erwachsenenmodus« oder einem angepassten Unterordnungsmodus zu tun hat. Patientinnen im Unterordnungsmodus wirken zunächst aufgrund ihrer hohen Anpassungsbereitschaft nicht selten angenehm unkompliziert.

In dauerhaften Beziehungen, z. B. in länger bestehenden Partnerschaften, spüren (vor allem sensible) Partnerinnen jedoch mehr und mehr, dass das Verhalten nicht wirklich authentisch ist. Partnerinnen, die selbst hauptsächlich sehr dominant auftreten, also mehr auf dem SB-Bein als auf dem Bindungsbein stehen und ihre Aufmerksamkeit weniger beim Anderen als bei sich selbst haben, mögen diesen Modus vielleicht sogar begrüßen, da sie in der Beziehung ungebremst dominieren können.

Andere jedoch – insbesondere Menschen, die auf beiden Beinen (blau und rot) stehen – fühlen sich auf Dauer nicht wohl in einer Beziehung, in der sich die Partnerin nur anpasst. Für viele Menschen ist es ein sehr schönes Gefühl, auch etwas für die andere tun zu können, um etwas gebeten zu werden, die andere glücklich machen zu können oder auch einfach der anderen »folgen« zu können, wenn sie etwas initiiert. Auch im Sexuellen erleben viele Menschen mitunter den Moment am aufregendsten, in dem sie die andere in Erregung versetzen können und nicht nur die Momente, in denen sie selbst erregt werden.

Diese wechselseitigen Erfahrungen und die daraus entstehende Lebendigkeit bleiben aus, wenn die internalisierende Partnerin nicht zeigt, wer sie wirklich ist und was sie möchte. Authentische Hingabe, nicht im unterordnend-ängstlichen Sinne, sondern im lustvollen, positiven Sinne (»Ich mute mich dir zu, ich gebe mich in deine Hände und genieße, dass du mir etwas Gutes tust«) bleibt aus.

Anhand des Fallbeispiels von Selma können wir sehen, dass ein blockiertes Selbstbehauptungsbedürfnis sowohl das Nein als auch ein mögliches Ja blockiert. Die »Lösung« durch den UO-Modus sorgt zwar für eine Senkung der Anspannung auf der hinteren Bühne, führt jedoch in der Konsequenz dazu, dass Selma weder ausdrückt, was sie nicht möchte, noch die Beziehung aktiv und initiativ mitgestaltet.

Stattdessen passt sie sich passiv an und lässt Jen dabei über ihre Grenzen gehen (ohne dass Jen etwas davon mitbekommt).

Dazu kommt, dass Lebendigkeit in Partnerschaften durch Bewegung zustande kommt, Bewegung zwischen den Polen Autonomie/Bindung, Führen/sich Einlassen und Hingeben, Initiieren/Reagieren. Sowohl die Internalisiererinnen als auch die Externalisiererinnen machen hier unbewusst ein sehr einseitiges Beziehungsangebot, welches die Partnerinnen automatisch in Richtung des anderen, im Falle der Internalisiererinnen, dominanten Pols schiebt.

Der amerikanische Paar- und Sexualtherapeut David Schnarch unterscheidet zwischen fremdbestätigter und selbstbestätigter Intimität (Schnarch, 2006). Fremdbestätigte Intimität entsteht aus einer positiven Reziprozität heraus, wenn eine Partnerin sich der anderen offenbart und diese entweder mit Bestätigung und Validierung reagiert oder/und sich in ähnlicher Weise öffnet. Selbstbestätigte Intimität im Gegensatz dazu »benötigt« nicht die positive Spiegelung des anderen, sondern entsteht eher aus einer Integrität, einer positiven Beziehung mit sich selbst und beschreibt eine Selbstoffenbarung und Selbstkonfrontation im Beisein der Partnerin, die nicht von der Akzeptanz und Bestätigung der anderen abhängig ist. Sie kostet Mut und geht mit dem Risiko einher, nicht gut gefunden und bestätigt zu werden und erfordert daher die Fähigkeit, sich selbst bestätigen und beruhigen zu können. Gerade Momente, in denen wir uns nicht sicher sein können, wie der andere reagiert und uns dennoch zeigen, so wie wir sind, sind Momente, die ein hohes Maß an Intimität erzeugen können, da wir uns wahrhaft zu erkennen geben. In diesen Momenten lassen wir uns wirklich ein, lassen zu, gesehen zu werden, ohne oder bzw. trotz Angst, nicht gemocht oder validiert zu werden.

In Partnerschaften und auch anderen engen zwischenmenschlichen Beziehungen werden gerade zu Beginn der Beziehung Intimität und ein Wir-Gefühl über die Fremdbestätigung erzeugt. Im weiteren Verlauf wird jedoch insbesondere die selbstbestätigte Intimität wichtiger, sofern man sich als Paar entwickeln möchte und eine balancierte Beziehung anstrebt, die sowohl Bindung als auch Autonomie erlaubt. Als Differenzierung bezeichnet Schnarch (2006) die Möglichkeit, sowohl das Bedürfnis nach Bindung (das *Wir*) als auch das nach Individualität und Autonomie (das *Ich*) möglichst gut zu balancieren. Menschen, die einen hohen Grad an Differenzierung zeigen, können sich auf der einen Seite einlassen und nahekommen, ohne Angst zu haben, sich zu verlieren; auf der anderen Seite sind sie in der Lage dazu, sich selbst in einer authentischen Weise zu zeigen, ohne Angst zu haben, den anderen zu verlieren.

Sowohl Internalisiererinnen als auch Externalisiererinnen sind vor diesem Hintergrund insofern wenig differenziert, als dass genau diese Flexibilität und Integration von beiden Bedürfnissen nicht gut gelingt. Internalisiererinnen, die aus dem Unterordnungsmodus heraus agieren, handeln orientiert aus der Angst heraus, den anderen zu verlieren bzw. vom anderen nicht gut gefunden zu werden (wie es der Kritiker vorhersagt). Externalisiererinnen hingegen handeln häufig aus der Angst heraus, sich selbst zu verlieren und zu wenig Kontrolle und Autonomie – im dimensionalen Modusmodell als Selbstbehauptungsbedürfnis beschrieben – zu bekommen (▶ Kap.5).

3.3 Welche Auswirkungen hat der Unterordnungsmodus auf das Gegenüber?

Wenn wir davon schreiben, dass Internalisiererinnen hauptsächlich auf dem blauen Bein stehen, also den Fokus auf das Bindungsbedürfnis legen, dann heißt das nicht, dass sie automatisch auch »gute« Bindungsangebote machen. Dadurch, dass sie sich nicht zeigen, also auch einen Teil ihres Selbst verstecken, ist ihr Kontaktangebot häufig reduziert und einseitig, in dem sie zwar »freundlich« sind, jedoch gleichzeitig auch etwas unlebendig und unauthentisch. Das liegt daran, dass die Motivation zur Bindung angstgetrieben ist und nicht aus einer Freiheit kommt, die Beziehung gestalten und sich zeigen zu können und zu wollen.

Im therapeutischen Prozess sind internalisierende Patientinnen, die auf dem blauen Bein stehen, i. d. R. sehr »angenehme« Patientinnen, da es im Kontakt mit ihnen nie zu Spannungen kommt. Gerade dadurch, dass sie dazu tendieren, alles »gut« zu finden und abzunicken, kann man auf therapeutischer Seite das Gefühl bekommen, der Therapieprozess verlaufe gut und unkompliziert, ohne zu begreifen, dass es explizit die *Aufgabe* des UO-Modus ist, nicht kompliziert und anstrengend zu sein. Das führt auf der einen Seite dazu, dass sich Therapierende im Kontakt mit diesem Modus zunächst einmal sehr wohl fühlen, da »blaue« Bindungsangebote die Atmosphäre erwärmen. Gleichzeitig »lädt« im Übertragungsgeschehen dieser Modus fast dazu ein, diesen Menschen weniger Beachtung zu schenken und Raum zu geben als anderen, da von ihnen kein Gegenwind zu erwarten ist. Das kann z. B. dazu führen, dass die Therapeutin einen Termin schneller verschiebt oder absagt als bei anderen Patientinnen, weil es den Anschein hat, dass es für diese Person »nicht so schlimm ist«, wenn dies geschieht. Wird der UO-Modus nicht aufgedeckt und an der hinteren Bühne gearbeitet, kann es passieren, dass der Therapieprozess »erfolgreich« verlaufen ist und dies vielleicht auch teilweise stimmt (weil die Patientin »brav« getan hat, was die Therapeutin vorgeschlagen hat). Dennoch wird die Patientin nach Ende der Therapie genauso wenig in der Lage sein wie vorher, sich selbst zu behaupten, da die dazu nötige (rote) Energie noch immer blockiert ist.

Fallbeispiel Bert

Bert kommt mit einem depressiven Beschwerdebild in Therapie. Des Weiteren klagt er über diverse körperliche Symptome wie Migräne sowie eine Reizdarmsymptomatik. Die Fragebögen, welche ihm in der ersten Sitzung ausgehändigt wurden, bringt er perfekt ausgefüllt zur zweiten Sitzung mit. Nach den ersten Wochen wird beim Blick auf das Stimmungsprotokoll deutlich, dass Bert so gut wie keine Zeit mit selbst gewählten »schönen« Dingen verbringt, sondern ständig damit beschäftigt ist, Dinge zu erledigen und abzuarbeiten, für sich, seine Familie und auch beim Arbeiten. Der Versuch, zunächst einmal positive Aktivitäten aufzubauen, führt nicht zum gewünschten Erfolg. Bert wirkt genauso erschöpft wie zuvor. Eine Analyse der Situation zeigt, dass Bert zwar die von der Therapeutin vorgeschlagenen positiven Aktivitäten durchgeführt hat, allerdings weniger, um *sich* etwas Gutes zu tun, sondern aus der Motivation heraus, die Hausaufgaben für die Therapie zu erledigen. Im Modusinterview mit dem »Braver-Patient-Modus« wird deutlich, dass Bert in diesem Modus prinzipiell mit der Aufmerksamkeit beim Gegenüber ist, um alles »richtig« zu machen und sein Gegenüber nicht zu verärgern.

Achtung: Nicht immer ist die Ärgerkraft von Internalisiererinnen so komplett oder dauerhaft blockiert wie in den Fällen von Selma und Bert. Bei manchen Patientinnen blitzt der Ärger kurzzeitig auf und entlädt sich für einen kurzen (oder auch längeren) Moment im Kampfmodus. Insbesondere bei Patientinnen mit einer Borderline-Diagnose ist dieser rasche und extreme Wechsel zwischen den Polen blau und rot gut zu beobachten. Auf der hinteren Bühne richtet sich der Kritikermodus im Wechsel nach innen, dann wieder nach außen. Eckhard Roediger spricht hier von der sog. Wut-Schuld-Wippe (▶ Kap. 7). Der Überkompensationsmodus führt direkt zur Aktivierung der nach innen gerichteten Kritiker, woraufhin Angst, Schuld und Scham sich breit machen und der Ärger blockiert wird. Der Unterordnungsmodus wird für eine Zeit lang aktiviert, nach und nach wächst jedoch das blockierte Ärgergefühl (Selbstbehauptungsbedürfnis), bis es wieder impulsartig im Überkompensationsmodus durchschlägt.

Fallbeispiel Jo

Die nicht-binäre Person Jo studiert Jura, da es der große Wunsch von Jos Eltern war, dass Jo in ihre Fußstapfen tritt. Da diese mit Jos Geschlechtsneutralität Probleme haben und ihnen Jo immer ein Stück weit »peinlich« war, versucht Jo alles, um die lang ersehnte Anerkennung von ihnen zu erlangen. Jo kümmert sich um die kranke Großmutter, hilft den Eltern, wo es nur geht (im Gegensatz zu den beiden Brüdern), finanziert sich das komplette Studium selbst und lernt in jeder freien Minute (Unterordnungsmodus). Auf der inneren Bühne fühlt sich Jo permanent ängstlich, traurig und getrieben. Die nach innen gerichteten Kritiker- und Antreibermodi sagen Dinge wie: »Du kannst machen, was du willst, sie werden dich nie so lieben wie deine Geschwister. Und du bist daran schuld, schau dich an, wie lächerlich du bist.«

I. d. R. ist Jos Ärger eher blockiert und Jo ist traurig und ängstlich. Doch manchmal reicht ein Wort und Jo sieht rot. Als Jos Mutter auf einer abendlichen Autofahrt mal wieder betont, wie »traurig« sie darüber sei, dass »ihr einziges Mädchen keins sein möchte«, flippt Jo aus und schreit: »Ich hasse dich so sehr! Halt einfach die Fresse, ich weiß, dass ich nicht bin, wie ihr es euch wünscht. Dann kann ich mich auch gleich umbringen.« Jo springt an der Ampel aus dem Auto und rennt weg. Am nächsten Morgen plagt Jo das schlechte Gewissen. Jo geht zu den Eltern, wo kein Wort über den Vorfall gesprochen wird, und hilft dem Vater im Garten (automatisierter Unterordnungsmodus).

Bei anderen Patientinnen wiederum kommt der Ärger passiver, jedoch auch nicht in konstruktiver Weise zum Ausdruck. Manche klagen ununterbrochen oder zeigen auf nonverbale Weise, wie angestrengt und überfordert sie sind (z. B. lautes Stöhnen), andere wiederum machen durch »Randbemerkungen« wie: »Na ja, war ja klar, dass ich dann die Einzige war, die sich darum gekümmert hat« durch die Blume deutlich, dass es ihnen nicht gut geht.

Manchmal erleben sich Patientinnen selbst ausschließlich im UO-Modus (in diesen Fällen auch häufig im »Opfermodus«) und bekommen überhaupt nicht mit, wie sich die Ärgerkraft in »passiv-aggressiver«, für andere sehr unangenehmer Weise den Weg bahnt. Dass andere sich daraufhin zurückziehen oder selbst mit Ärger reagieren, ist dann für diese Patientinnen nicht nachvollziehbar. Wir schlagen grundsätzlich vor, immer auch Partnerinnen in die Therapie einzuladen, da gerade diese »unbemerkten« Anteile insbesondere im Kontakt mit nahen Bezugspersonen zu Tage treten.

In diesem Kapitel geht es im nun folgenden praktischen Teil darum, wie mit dem Unterordnungsmodus gearbeitet werden kann. Selbstverständlich ist es jedoch wichtig, gerade in den eben beschriebenen Fällen die komplette Dynamik zu erfassen (inkl. des Modus-Flipping) und an allen Modi zu arbeiten. Ziel ist dabei, statt eines »entweder blauen oder roten Beins« (Modus-Flipping) zu einer Balance im Sinne eines flexiblen und situativen »sowohl blau als auch rot« zu finden. Wie bislang unreflektierte Überkompensationsmodi zunächst empathisch konfrontiert werden können, ist in ▶ Kap. 5 zu lesen.

3.4 Techniken zum Umgang mit Internalisiererinnen in der Therapie

Aus den bisherigen Ausführungen ergeben sich insbesondere zwei Implikationen für das praktische Vorgehen in der Arbeit mit Internalisiererinnen:

1. Internalisiererinnen sollten insbesondere darin unterstützt werden, die für die Selbstbehauptung notwendige »Ärgerkraft« zu entwickeln, um sich im ersten Schritt den eigenen Kritikern und ggf. auch dem Umfeld gegenüber abzugrenzen und zu behaupten.
2. Da Internalisiererinnen oftmals, wie in den Fallbespielen deutlich wurde, nicht gelernt haben, das eigene Wollen, also die eigenen Wünsche, Sehnsüchte und Bedürfnisse, zu spüren, sollte der weitere Fokus darauf liegen, diesen Zugang besser zu ermöglichen.

Zusammengefasst geht es im ersten Schritt mehr darum, das Nein nach innen und nach außen zu spüren und zu setzen, während es im zweiten Schritt mehr darum geht, das authentische Ja (zu sich und somit auch anderen gegenüber) zu entwickeln und zu benennen. Die Leitfragen hier sind: »Wer bin *ich* bzw. Wer möchte *ich* sein? Wo möchte *ich* hin?«

3.4.1 Stühleübung zur Distanzierung der inneren Kritikerstimmen – Teil 1

In einer der klassischen Stühleübungen in der Schematherapie geht es darum, den inneren Konflikt der Patientin auf Stühlen zu inszenieren und die Patientin darin zu unterstützen, sich aktiv aus dem GE heraus gegen die inneren Kritikerstimmen zu wehren.

Fallbeispiel Selma

Selma berichtet in der Stunde erneut von einer Situation aus der Beziehung mit Jen. Diesmal geht es um Urlaubspläne. Jen möchte gerne Urlaub mit Selma und zehn weiteren Leuten machen. Selma ist das eigentlich zu viel. Sie fühlt sich in so großen Cliquen nicht wohl, vor allem nicht zwei Wochen am Stück. »Jen ist einfach viel cooler und abenteuerlustiger als ich. Ich weiß eh nicht, was sie mit mir will, ich bin einfach nur ein Klotz an ihrem Bein und langweile sie sicher zu Tode.«

Folgendes Vorgehen könnte sich bei der Stühleübung anbieten:

1. Die Therapeutin unterbricht Selma und nutzt den Moment, um direkt in die Stühleübung einzusteigen: »Selma, ich würde gerne den Moment nutzen, um genauer anzuschauen, welcher Modus hier gerade Regie übernommen hat, in Ordnung?«
2. Die Therapeutin stellt drei Stühle auf, einen für den Kritiker- bzw. Antreibermodus und zwei für die beiden Seiten des Kindmodus (Verletzbarer Kindmodus [VK] und Ärgerlicher Kindmodus [ÄK]) und bittet Selma, sich auf den Kritikerstuhl zu setzen und aus diesem Modus heraus zu sprechen: »Selma, ich möchte Sie bitten, hier auf dem Stuhl des Kritikers Platz zu nehmen und nun in aller Deutlichkeit in Du-Form direkt zu Selma (deutet auf die Kindstühle) zu sprechen. Wie denkst du über Selma und ihre Beziehung zu Jen?«
3. Nachdem Selma aus der Sicht des Kritikers gesprochen hat (»Du bist total langweilig, keine hat Lust mit dir zusammen zu sein, Jen wird sowieso bald merken, wie öde es mit dir ist; du hast einfach nichts zu bieten«), bittet die Therapeutin Selma, sich auf den Stuhl des VK zu setzen und fragt sie nach der emotionalen Reaktion: »*Selma, wie fühlt es sich für dich an, wenn du diese Worte hörst? Wie fühlt sich das im Körper an?*« Auch das dahinter liegende Bedürfnis wird erfragt: »*Was brauchst du eigentlich/stattdessen? Wonach sehnst du dich am meisten?*«
4. Nun bittet die Therapeutin Selma, auf dem Stuhl des ÄK Platz zu nehmen, mit dem Ziel, die Ärgerkraft zu aktivieren: »*Selma, ich möchte dich bitten, dich für einen Moment von der traurigen Seite* (deutet auf den VK-Stuhl) *zu lösen und hier auf diesem Stuhl in Kontakt mit deiner ärgerlichen Seite zu kommen. Richte dich gerne etwas auf und nimm dir nun einen Moment Zeit, um auch den Ärger in dir zu spüren. Wie ist das, wenn die Kritiker so mit dir sprechen? Wie fühlt sich das in deinem Körper an?*«
5. Die Therapeutin bittet Selma noch einmal auf den Stuhl des Kritikers: »*Selma, nehmen Sie nun noch einmal auf dem Stuhl des Kritikers Platz. Was sagt die*

kritische Stimme, wenn sie Selma – ihre Traurigkeit/Verletzung und auch ihren Ärger – hört? Sagen Sie es ihr direkt und in der Du-Form.«

Anmerkung: Der Wechsel zwischen Kind- und Kritikerstuhl sollte so lange erfolgen, bis eine ausreichende emotionale Aktivierung erreicht und die verschiedenen Modi kontrastreich dargestellt sind. Die innere Dynamik wird auf diese Weise deutlich: Die Kritikeraktivierung blockiert den Ärger und das dahinter liegende Selbstbehauptungsbedürfnis, sodass sowohl nach innen gerichtet (gegen den Kritikermodus) als auch auf der vorderen Bühne (im Kontakt mit dem Vater) die Kraft fehlt, sich für sich einzusetzen.

6. Die Therapeutin bittet Selma nun, gemeinsam mit ihr aufzustehen und auf der Metaebene eine Beobachterposition einzunehmen (Modus des Gesunden Erwachsenen): »*Selma, nun möchte ich Sie bitten, gemeinsam mit mir von hier oben auf die Szene zu schauen, die sich dort unten abspielt. Sagen Sie mir, wie erleben Sie das, was Sie dort sehen, aus dieser Perspektive? Welches Gefühl steigt in Ihnen auf, wenn Sie sehen, wie der Kritiker die Kleine behandelt?*«

Die Therapeutin achtet darauf, dass Selma sowohl Mitgefühl (mit der kleinen Selma) als auch Ärger gegenüber dem Kritiker formulieren kann. Gerade die Ärgerkraft ist in dieser Übung von zentraler Bedeutung, da nur durch sie die Abgrenzung vom Kritiker erfolgen kann! Achten Sie auch darauf, selbst nicht »zu distanziert/vermeidend« anzuleiten, da gerade gehemmte Gefühle eine deutliche Aktivierung von Seiten der Therapeutin brauchen. Sollte die Ärgerkraft noch immer blockiert sein, sollten die Substitutions- oder die Extensionstechnik genutzt werden (▶ Kap. 1.6.3 und ▶ 1.7.5).

7. *Entmachtung:* Die Therapeutin bittet Selma, nun auf dem Erwachsenenstuhl (der ursprüngliche »normale« Patientenstuhl) zwischen Kritiker und Kindmodi Platz zu nehmen: »*Selma, was möchten Sie als Erwachsene im Kontakt mit Ihren Bedürfnissen zum Kritikermodus sagen? Wie möchten Sie mit ihm umgehen, was möchten Sie mit ihm tun?*«

Anmerkung: Bei der Entmachtung der Kritikerstimmen geht es nicht darum, über Inhalte bzw. deren »Wahrheitsgehalt« zu diskutieren, da diese Diskussionen endlos sind und ins Nichts führen. Stattdessen sollten der Effekt der Kritikerstimmen und die grundsätzliche »Verzerrung« aufgezeigt werden (z. B. »Niemand hat es verdient, dass so mit ihm gesprochen wird. Du hackst einfach nur rum und tust nichts anderes als zu kritisieren. So kann man sich nur schlecht fühlen. Du bist null hilfreich, sondern verbreitest nur Angst und Schrecken. So kann sich keiner entwickeln und ausprobieren« usw.).

Manche Patientinnen sind an dieser Stelle kämpferisch und möchten den Kritikerstuhl rausnehmen, andere wiederum entscheiden sich für eine sich distanzierende Haltung. Wichtig ist, dass die Patientin die eigene Entscheidungsfreiheit spürt, mit der sie wählen kann, ob sie mit dem Stuhl (bzw. den alten verinnerlichten Botschaften) verhaftet bleibt oder die Aufmerksamkeit auf selbst entschiedene Werte lenken möchte.

Die Patientin kann ausprobieren, welche Haltung, welche Worte sich gut anfühlen, der Fokus sollte hauptsächlich auf der Gesunden Erwachsenenhaltung liegen. Die Therapeutin fragt dabei immer wieder: »*Spüren Sie in sich herein. Wie fühlt es sich an, diese klare Haltung einzunehmen und die Worte in dieser Weise auszusprechen? Wie fühlt sich das in Ihrem Körper an – wo spüren Sie es?*«

8. *Validierung beider Kindmodi:* Die Therapeutin fordert Selma nun auf, zu beiden Kindmodi direkt zu sprechen: »*Selma, ich würde Sie nun bitten, Ihr Wort an die kleine Selma zu richten, sowohl an die verletzte als auch an die ärgerliche Selma. Was möchten Sie ihr sagen?*«
9. Danach nimmt Selma auf den Kindstühlen Platz, die Therapeutin erfragt die emotionale Reaktion auf die Validierung: »*Selma, wie fühlt es sich an, wenn die große Selma in dieser Weise mit dir spricht? Wie fühlt sich das jetzt in deinem Körper an, wenn du das mit dem Gefühl von vorhin vergleichst? Gibt es noch etwas, das du brauchst in diesem Moment?*«
10. *Erarbeitung eines Erwachsenenverhaltens im Alltag:* Im letzten Schritt kann nun erprobt werden, wie Selma aus der neuen Haltung heraus in der »äußeren Welt«, in diesem Fall im Kontakt mit Jen, funktional, auf beiden Beinen stehend agieren möchte, anstatt automatisiert in den Bewältigungsmodus der Unterordnung zu rutschen. Dies kann in Form eines Rollenspiels direkt ausprobiert werden. Die Therapeutin unterstützt Selma dabei, »auf beiden Beinen stehend«, also im Kontakt mit beiden Bedürfnissen, zu sprechen. Für Jen kann dabei ein leerer Stuhl aufgestellt werden oder die Therapeutin übernimmt die Rolle von Jen: »*Selma, jetzt schauen Sie als Gesunde Erwachsene zu Jen hin und spüren Sie beide Seiten in Ihnen: Bindung und Selbstbehauptung … Sie stehen auf beiden Beinen! Jetzt schicken wir aber nicht Ihren Bewältigungsmodus vor! Sie sind jetzt selbst hier vorne aktiv und vertreten die Interessen sowohl der kleinen verletzbaren als auch der kleinen ärgerlichen Selma ›hinter den Kulissen‹. Was möchten Sie Jen sagen oder vorschlagen?*«
11. *Übertragung in den Alltag:* Im Anschluss an das Rollenspiel nimmt sich Selma als Hausaufgabe vor, mit Jen ein Gespräch über den anstehenden Urlaub zu führen, so wie sie es im Rollenspiel geübt hat.

3.4.2 Stühleübung zur Distanzierung der inneren Kritikerstimmen – Teil 2

Da erfahrungsgemäß Kritiker und Antreiberstimmen nicht löschbar sind, sondern immer wieder zurückkommen, schlagen wir vor, langfristig eher daran zu arbeiten, sich von den Kritikerstimmen zu lösen und ihnen nicht zu folgen (► Kap. 1.7.1), anstatt sie immer wieder zu entmachten.

Das Vorgehen erfolgt dann folgendermaßen:

> 1. Die Therapeutin (bzw. in der fortgeschrittenen Therapie die Patientin) identifiziert den Kritiker- bzw. Antreibermodus und benennt ihn klar als solchen.
> 2. Die Kritikerstimmen werden nach außen auf den leeren Stuhl gesetzt.
> 3. Therapeutin und Patientin stellen sich hin und schauen aus dieser Perspektive, welchen Effekt diese Stimmen auf die Patientin haben.
>   *»Hilft diese Stimme dabei, ein zufriedenes und erfülltes Leben zu führen?«*
>   Falls nein: *»Warum nicht, was ist stattdessen der Effekt dieser Stimme?«*
> 4. Die Patientin wird daran erinnert, dass sie sich *entscheiden* kann, welcher Stimme sie folgen möchte. Aus dem GE heraus wird vor dem Hintergrund der eigenen Werte entschieden, wohin die Patientin stattdessen im Hier und Jetzt ihre Aufmerksamkeit richten möchte: *»Ich bitte Sie nun, sich daran zu erinnern, dass Sie entscheiden können, was Sie mit dieser Stimme tun wollen. Wollen Sie ihr folgen oder möchten Sie Ihren Fokus auf etwas anderes legen, und wenn ja, auf was? Sie haben nicht unter Kontrolle, dass diese Stimmen sprechen, aber es ist Ihre Entscheidung, ob Sie sich von ihnen hypnotisieren lassen möchten.«*
>
> Anmerkung: Diese Übung setzt voraus, dass die Patientin nicht mehr komplett identifiziert ist mit den Kritikerstimmen, sondern bereits eine Entmachtung der Kritikerstimmen, wie in der ersten Übung illustriert, stattgefunden hat. Zur Unterstützung dieser Übung sollte die Patientin ermutigt werden, regelmäßig Achtsamkeitsübungen zu praktizieren.
>
> 5. Wann immer die Kritikerstimmen erneut im Alltag auftauchen, sollte die Patientin diese Übung innerlich wiederholen – Kritikerstimmen wahrnehmen, prüfen, den Fokus im Hier und Jetzt auf die bewusste Entscheidung lenken, Kritikerstimmen ziehen lassen.

3.4.3 Stühleübung zum Verständnis der Funktion sowie der Nachteile des Unterordnungsmodus

Ziel dieser Übung ist es, die Vor- und auch die Nachteile des Unterordnungsmodus spürbar zu machen und dadurch die Einseitigkeit (bezogen auf die Grundbedürfnisse) des Modus zu verdeutlichen.

Für die Übung werden vier Stühle benötigt. Die Patientin wird zunächst gebeten, sich auf den Stuhl des Unterordnungsmodus zu setzen: *»Ich würde gerne heute mit Ihnen explizit an dem Unterordnungsmodus arbeiten bzw. eine Übung machen, um diese Seite genauer zu erfassen und zu verstehen. Dafür möchte ich Sie bitten, einmal hier auf dem Stuhl (Stuhl für den UO-Modus) Platz zu nehmen.«*

> 1. Zunächst wird durch Fragen wie *»Warum bist du wichtig?«*, *»Wie hilfst du …?«*, *»Wie machst du das?«* und *»Wenn du nicht da wärst, was würde passieren?«* die Funktion des Modus herausgearbeitet. Fragen wie *»Wann und warum hast du dich entwickelt?«*, *»In welcher Weise warst du bislang hilfreich im Leben von …?«*

helfen dabei zu verstehen, wie sich diese Seite als »Überlebensstrategie« entwickelt hat (▶ Kap. 4, *Interview mit dem Distanzierten Beschützermodus*).
2. Im zweiten Schritt werden zwei Stühle, der des VK sowie der des ÄK, hinter den Bewältigungsmodus gestellt. Zunächst wird die Patientin auf den Stuhl des VK gesetzt und nachgespürt, wie es sich für diese Seite anfühlt, hinter dem UO-Stuhl zu sitzen. Wahrscheinlich wird die Patientin beschreiben, dass sie sich »geschützt/sicher« fühlt. Danach wird die Patientin auf den Stuhl des ÄK gebeten. Dazu kann einleitend etwas gesagt werden wie »*Und nun komm bitte auf den Stuhl des ärgerlichen Kindes. Wie fühlt es sich für dich an, wenn du dich ständig nach anderen richtest und deine Wünsche nicht berücksichtigt werden? Hilft dir der Modus dabei, glücklich zu sein und dich zu entwickeln? Was würdest du dir wünschen? Was brauchst du eigentlich?*« Diese Fragen helfen, die Selbstbehauptungsseite zu aktivieren und die nötige Ärgerkraft zu spüren. Sollten sich Kritikerstimmen wie »*Was ich mir wünsche, ist doch egal, das interessiert eh keinen …*« melden, werden diese sorgfältig als solche etikettiert und aussortiert. »*Ah, hier melden sich direkt die Kritikerstimmen im Kopf. Nimm sie wahr, aber folge ihnen nicht, sondern bleib im Gefühl und bei deinen Wünschen. Ich bin da und ich will sie hören.*« Die Gefühle und Wünsche des ÄK werden validiert: »*Ja, genau, das ist nicht schön. Du musst dich immer verstecken und dabei wünschst du dir eigentlich so sehr …*«
3. Die Patientin wird nun zunächst aus der stehenden Position (Metaperspektive) gebeten, die Situation zu bewerten: »*Wie sehen Sie die Situation? Wenn Sie hören, was die kleine … sagt und wie es ihr geht hinter dem Modus – würden Sie sagen, der UO-Modus ist nur hilfreich? Wie schätzen Sie die Nachteile des Modus ein? Was wäre stattdessen eine balancierte Haltung?*«

An dieser Stelle ist es oft hilfreich, aufzuzeigen, dass der UO-Modus die Patientin in der »alten« (bedrohlichen) Erfahrung hält. Menschen, die einen ausgeprägten UO-Modus entwickelt haben, haben dies aus Situationen heraus getan, in denen sie (als Kind) tatsächlich wenig/keine Chancen hatten, gehört und gesehen zu werden. Im Hier und Heute verhindert der UO-Modus, dass andere, neue Erfahrungen im Kontakt mit Menschen gemacht werden können und Entwicklung stattfinden kann.

4. Nachdem eine balancierte erwachsene Haltung gefunden wurde, die sich gut anfühlt, wird der UO-Stuhl gegen den Erwachsenenstuhl ausgetauscht und dieser wird vor den beiden Kindstühlen platziert. Der UO-Stuhl wird gegenüber positioniert. Die Patientin wird gebeten, nun (im Kontakt mit beiden Kindstühlen) dem UO-Modus gegenüber noch einmal zu formulieren, worin sie die Vor- und Nachteile des UO-Modus sieht, z. B.: »Du hast mir oft geholfen, weil ich mich durch dich sicher fühlen konnte. Du hast mir geholfen, mich so sicher wie möglich zu fühlen und dafür bin ich dir dankbar. Aber ich spüre deutlich, dass ich mich hinter dir nicht entwickeln kann, und das möchte ich nicht mehr. Ich möchte mich zeigen und mir (und den Menschen in meinem Umfeld) die Möglichkeit geben, mich zu sehen, meine Wünsche

zu erfüllen und mich zu entwickeln. Ich kann nun selbst dafür sorgen, dass ich mich im Kontakt mit anderen sicher fühle, denn ich bin nicht mehr hilflos.«

Im Anschluss wird die Patientin gebeten, in sich hinein zu spüren und zu fühlen, wie es sich anfühlt, diese Worte so klar und deutlich zu formulieren.

5. *Hausaufgaben:* Als Hausaufgabe können im Rahmen einer kognitiven Nachbereitung der Übung die Vor- und Nachteile des Bewältigungsmodus noch einmal als eine Pro-Contra-Liste zusammengefasst werden. Weiterhin kann das Modusbewusstsein durch Selbstbeobachtungsprotokolle unterstützt werden. In Rollenspielen oder Verhaltensexperimenten kann nun das gesunde erwachsene Verhalten in sozialen Beziehungen im Sinne eines sozialen Kompetenztrainings erprobt werden.

3.4.4 Förderung der Selbstbehauptungsseite – Übung zur Unterstützung des Ja

In dieser Übung geht es darum, in kleinen Schritten in die Selbstbehauptungskraft »hineinzuwachsen« und sie auf diese Weise immer mehr zu spüren. Voraussetzung dafür ist, dass bereits auf der inneren Bühne gearbeitet wurde, Patientinnen also grundsätzlich in der Lage sind, den Fokus auf der Übung zu halten und nicht von jedem Kritikerausdruck (zu dem die Übung einlädt) »hypnotisiert« zu werden.

1. *Imagination der Erwachsenenseite:* Zum Start der Übung empfiehlt es sich daher, bewusst in den Gesunden Erwachsenenmodus einzutauchen. Dafür kann beispielsweise ein Moment imaginiert werden, in dem die Patientin sehr im Kontakt mit ihrer Erwachsenenseite war und deutlich spüren konnte, dass sie für ihre Wünsche eintreten möchte. Dies kann beispielsweise ein Moment aus einer der letzten Therapiestunden sein, aber natürlich auch eine andere kurz zurückliegende Situation. Die Patientin wird angeleitet, für einen Moment die Augen zu schließen und sich in die Situation zu begeben, in der sie ihre Erwachsenenseite stark gespürt hat. Die Situation wird für einen Moment gespürt, dann wird die Patientin gebeten, wieder die Augen zu öffnen.
2. *Bewusstes Aussprechen von »herausfordernden« Sätzen im Erwachsenenmodus:* Anhand eines konkreten Beispiels spricht die Therapeutin einen »herausfordernden« Satz vor, der zu der (evtl. noch blockierten) SB-Seite der Patientin passen könnte und bittet die Patientin, ihn nachzusprechen und zu prüfen. Wenn der Satz »stimmt«, wird die Patientin gebeten, ihn zu wiederholen und eine Körperhaltung einzunehmen, die dem Satz entspricht und ihn erneut auszusprechen.

Im folgenden Dialog wird die »Übung zur Unterstützung des Ja« am Fallbeispiel Selma (S.) illustriert.

3 Unterwerfungsmodus und Internalisiererinnen

Fallbeispiel Selma

Th.: »Selma, ich werde Ihnen nun mehrere Sätze vorgeben, die sich eventuell noch wie eine halbe Nummer zu groß für Sie anfühlen. Es geht in dieser Übung darum, langsam in die Selbstbehauptungsseite ›hineinzuwachsen‹. Daher möchte ich Sie bitten, den von mir vorgesagten Satz zunächst nur nachzusprechen. Prüfen Sie dabei aus Ihrer Erwachsenenseite, ob er für Sie gut aussprechbar ist und Ihnen prinzipiell passend vorkommt, d. h. in die richtige Richtung geht, auch wenn er vielleicht noch etwas herausfordernd ist. Sind Sie bereit?«

S.: »In Ordnung, ich versuche es.«

Th.: »Alles klar, hier kommt der erste Satz: ›Ich spüre selbst genau, was gut für mich ist und was nicht.‹ Sprechen Sie ihn nach und prüfen Sie, ob er passt.«

S.: »›Ich spüre selbst genau, was gut für mich ist‹. Hmmm, ja, das ist zwar ungewohnt, aber eigentlich glaube ich, das passt. Ich merke aber, jetzt melden sich die Kritiker und sagen Dinge wie ›Von wegen, du weißt doch nie, was du willst, deshalb müssen immer andere für dich entscheiden‹«.

Th.: »Super, dass Sie das merken. Das ist toll, dass Sie dieses Bewusstsein entwickelt haben. Jetzt, wo Sie benennen konnten, dass es die Kritiker sind, richten Sie Ihre Aufmerksamkeit wieder zurück auf den Satz und sprechen ihn erneut aus, ok? Den Kritikern schenken wir einfach keine Aufmerksamkeit, ok? Sagen Sie den Satz noch einmal klar und deutlich. Richten Sie sich dabei auf, heben den Kopf und sprechen den Satz in einer Betonung, die für Sie zu Ihrer Selbstbehauptungsseite passt.«

S.: *(steht auf, hebt den Kopf, legt die Hände übereinander auf ihren Brustkorb)* »Ich spüre selbst genau, was gut für mich ist.«

Th.: »Super. Wie fühlt sich das an für Sie?«

S.: *(grinst)* »Ja, das fühlt sich gut an.«

Th.: »Prima, wollen Sie noch einen weiteren Satz ausprobieren?«

3.4.5 Förderung der Selbstbehauptungsseite: Zugang zum Wollen – Was mag ich lieber?

Für viele Internalisiererinnen ist es sehr ungewohnt, die Aufmerksamkeit auf sich und die eigenen Bedürfnisse und Wünsche zu legen. Da sie es – aufgrund ihrer Biografie – nicht gewohnt sind und wahrscheinlich nicht gelernt haben, die eigenen Wünsche zu spüren und zu benennen, können sie tatsächlich manchmal kaum sagen, was sie sich für sich wünschen, selbst wenn die nötige Distanz zum Kritikermodus besteht.

Manchmal können dann offene Fragen wie »Was wünscht du dir?« überfordern. In diesen Fällen kann es hilfreich sein, zunächst kleinschrittiger und ruhig auch etwas spielerisch (Aktivierung des glücklichen Kindmodus, Grundbedürfnis nach Spiel und Spaß) vorzugehen.

3.4 Techniken zum Umgang mit Internalisiererinnen in der Therapie

In der folgenden Übung wird der Patientin daher die Wahlsituation erleichtert, indem ihr jeweils zwei Optionen angeboten werden und sie sich spontan für eine der beiden Optionen (oder auch keine) entscheiden darf.

Therapeutin: »*Selma, ich möchte mit Ihnen heute gerne eine Übung machen, in der wir Ihren Kontakt zu Ihren ›spontanen Entscheidungsimpulsen‹ und somit zu Ihrer Selbstbehauptungsseite stärken. In Ihrer Kindheit haben Sie zu selten die Fragen ›Wie gefällt dir das? Was möchtest du?‹ gestellt bekommen, aber das wäre wichtig für Sie gewesen. Heute wollen wir das nachholen.*«

---

1. *Bewusstes Verbinden mit dem Gesunden Erwachsenenmodus:* Wie auch in der Übung zur Unterstützung des Ja (▶ Kap. 3.4.4) wird die Patientin zunächst gebeten, sich bewusst mit ihrer Erwachsenenseite zu verbinden. Die Patientin kann dann ein tatsächliches Kinderfoto anschauen oder aber ein Bild von sich als Kind vor dem inneren Auge entstehen lassen. Bitten Sie die Patientin aus dem Erwachsenenmodus heraus im Kontakt mit dem Kind zu sagen: »Du darfst entscheiden. Du darfst dich ausprobieren.«
2. *Selbstentdeckungsübung:* Nun werden der Patientin die unterschiedlichsten Sachen zum Ausprobieren angeboten. Die Patientin darf ausprobieren und spontan sagen, welche der beiden Varianten sie bevorzugt. Selbstverständlich dürfen auch beide Varianten abgelehnt oder für gut befunden werden. Beispiele hierfür können sein:
   - zwei unterschiedliche Düfte (z. B. Lavendel vs. Zitrus),
   - ein Stück weiße, ein Stück dunkle Schokolade,
   - Tee vs. Kaffee,
   - ein Stück Obst, ein Stück Gemüse,
   - ein samtiges Stoffstück, ein Jeansstoff,
   - ein rockiges Musikstück, ein klassisches Stück,
   - eine lustige Kurzgeschichte, ein Liebesgedicht.

   Der Fantasie sind keine Grenzen gesetzt. Die Übung kann auch als Ritual am Anfang oder zum Ende jeder Stunde wiederholt werden. Wie bereits beschrieben, wird hierbei nicht nur der Zugang zum spontanen Empfinden gestärkt, gleichzeitig wird insbesondere auch durch das Überraschungsmoment (»Was bringt mir meine Therapeutin wohl heute mit?«) das Bedürfnis nach Spiel und Spaß angesprochen.

3. *Hausaufgabe:* Gemeinsam mit der Patientin wird vereinbart, bis zur nächsten Stunde täglich mindestens einmal die Entscheidungsübung durchzuführen und auf diese Weise die unterschiedlichsten neuen Erkenntnisse über sich zu machen. In der Stunde werden die neuen Erkenntnisse zusammengetragen und z. B. mit bunten Farben auf ein Flipchartblatt mit der Überschrift »So bin ich!« geschrieben. Auf diese Weise wird das eigene Identitätsempfinden gestärkt.

Insbesondere bezogen auf Sexualität ist es für viele Patientinnen sehr schwer, eigene Wünsche zu benennen bzw. diese überhaupt zu spüren. Aufgrund jahrelanger Fokussierung auf die andere Person fühlen sich viele Patientinnen nahezu ideenlos, wenn es um die eigenen Vorlieben geht. Die Angst vor Ablehnung sitzt zudem sehr tief und macht es gerade in einem so intimen Bereich wie der Sexualität sehr schwierig, sich mit seinen Wünschen zu zeigen. Daher kann diese Übung gerade auch im partnerschaftlich-sexuellen Bereich eine weniger bedrohliche Möglichkeit sein, mehr über sich zu erfahren und der Partnerin mehr von sich zu zeigen. Die Idee hier ist, z. B. zwei Berührungen vorzugeben und zu fragen: »Welche Berührung bevorzugst du, diese oder diese (beispielsweise festere Massage vs. leichteres Streicheln)?« Auch hier sind den Ideen keine Grenzen gesetzt und das Paar kann sich langsam vorantasten.

3.5 Was, wenn alles nichts nutzt?

Wenn sich eine Patientin im Rahmen einer Einzeltherapie heraus aus dem Unterordnungsmodus und hinein in den Erwachsenenmodus entwickelt, kann das bei einer bestehenden Partnerschaft für die andere Partnerin, die nicht in diesen Prozess involviert ist, sehr bedrohlich sein. Gerade wenn, wie hier beschrieben, die Selbstbehauptungsseite sehr in den Blick der Therapie genommen wird, führt das zwangsläufig zu für die andere Partnerin ungewohnten Abgrenzungsmomenten, die auch nicht immer »gut dosiert« erfolgen. Dazu kommt, dass sich häufig Paare zusammenfinden, die auf Schemaebene auch gut zusammenpassen (Schema Chemistry), d. h. sich gegenseitig auch stark aktivieren können. So kann es sein, dass gerade auch die »dominante« Partnerin evtl. selbst ein Verlassenheits- und Instabilitätsschema mitbringt und gerade deshalb eine Partnerin gesucht hat, die maximal anhänglich bzw. dependent ist. Wenn sich die Patientin nun in Richtung Autonomie und Selbstbehauptung entwickelt, kann das zu einer starken Aktivierung des dahinter liegenden Schemas führen.

Wenn die andere Partnerin dann nicht in den Therapieprozess einbezogen wird, arbeitet sie ggf. aufgrund der erlebten Bedrohung gegen die Therapie, wodurch für die Patientin ein Loyalitätsproblem entsteht (»entweder Partnerschaft oder Therapie«). Therapeutinnen, die rein einzeltherapeutisch arbeiten, haben in diesen Situationen oftmals den Eindruck, es mit einer »narzisstischen« Partnerin zu tun zu haben, die nicht an einer gesunden Entwicklung der Patientin interessiert ist. Hier sollte nie vorschnell »diagnostiziert«, einseitig bewertet und selbstverständlich auch nicht »gegen« die Beziehung gearbeitet werden. Stattdessen sollte die Partnerin, gerade wenn die Entwicklungen eine relevante Bedeutung für die Beziehung haben, eingeladen werden, am Therapieprozess teilzuhaben. Es kann dann gemeinsam besprochen und entschieden werden, ob lediglich in einzelnen Sitzungen das Modusmodell und die Idee der Therapie Gegenstand sind. Es können aber auch mehrere Paargespräche stattfinden, in denen die Paardynamik anhand des Modusmodells erklärt und eine gemeinsame Entwicklung als Paar angestoßen wird.

3.6 Zusammenfassung

In diesem Kapitel wurde der Unterordnungsmodus von internalisierenden Patientinnen beleuchtet. Es wurde dargestellt, dass bei diesen Patientinnen die zum Ausdruck des Selbstbehauptungsbedürfnisses nötige Ärgerkraft blockiert ist, um die Sicherheit der Beziehung zur anderen Person nicht zu gefährden. Während die einen Patientinnen sich dem Gegenüber komplett anpassen, bahnt sich bei anderen Patientinnen die Ärgerenergie manchmal für kurze Momente ihren Weg und es kommt zu einem (nicht immer bewussten) Moduswechsel.

Es wurde weiterhin beschrieben, wie sich der Unterordnungsmodus für das Gegenüber (Partnerin oder auch Therapeutin) anfühlt, dabei wurde insbesondere die fehlende Authentizität hervorgehoben.

Aus den theoretischen Überlegungen wurden zwei Implikationen für das therapeutische Vorgehen abgeleitet. Zum einen sollten internalisierende Patientinnen darin unterstützt werden, sich gegen ihre eigenen Kritikerstimmen zu »wehren« bzw. sich von ihnen zu distanzieren und auch, sich anderen Personen gegenüber abgrenzen zu können (Unterstützung des Nein).

Zum anderen sollte in der Therapie der Zugang zum eigenen Wollen und zum freien Entscheiden (Stärkung des Ja) unterstützt werden. Zu beiden Schritten wurden Übungen beschrieben und teilweise anhand von Fallbeispielen dargestellt.

Literatur

Roediger E (2016). *Schematherapie. Grundlagen, Modell und Praxis* (3. Aufl.). Stuttgart: Schattauer.
Schnarch D (2006). *Die Psychologie sexueller Leidenschaft*. Stuttgart: Klett-Cotta.
Valente M (2021). *Schematherapie: Ein Leitfaden für die Praxis*. Stuttgart: Kohlhammer.

4 Distanzierter und Ärgerlicher Beschützer sowie Aktiver Selbstberuhiger: zum Umgang mit emotionsvermeidenden Modi

Claudia Stromberg

4.1 Einleitung

> »Of all the modes we commonly see in patients, the Detached Protector is probably the most difficult to work with overall. Schema Therapy cannot usually succeed if we fail to bypass this mode, because we are unable to access and heal the Vulnerable Child, where the unmet core needs and the most central schemas reside«
> (Jeffrey Young, Workshop »Bypassing the Detached Protector«, ISST Conference, New York, 2012)

In diesem Kapitel beschäftigen wir uns mit der großen und durchaus heterogenen Gruppe der emotionsvermeidenden Modi. Diese umfassen von internalisierender hin zu externalisierender Dynamik den Distanzierten Beschützer (DB), den Aktiven oder Distanzierten Selbstberuhiger (AS) und den Ärgerlichen Beschützer (ÄB). Vermeidung im DB kann durch Erstarren, passive Vermeidung oder aktive Flucht erfolgen, der Aktive Selbstberuhiger beruhigt einen Anspannungszustand durch Dopaminausschüttung und beim ÄB ist bereits viel Wut involviert, die Sympathikusaktivierung geht in Richtung Kampf, überschreitet aber die Grenze des Angriffs nicht. In jedem dieser automatisierten Aktivierungszustände kann auf die im Gesunden Erwachsenenmodus (GE) verortete Fähigkeit zur flexiblen Selbstregulation und zur bewussten Verhaltenssteuerung nicht zugegriffen werden (für eine ausführliche Darstellung der emotionalen Regulation aus dem GE s. Stromberg und Zickenheiner (2021) und ▶ Kap. 6 in diesem Buch). Wie im obigen Zitat von Jeffrey Young ausgeführt, können insbesondere DB und ÄB den Therapieprozess auch *in den Sitzungen* erschweren, da der Zugang zur emotionalen Seite – und damit die Arbeit auf der *hinteren Bühne* – durch die Schutzmodi blockiert wird.

4.2 Die Beschützermodi und der Aktive Selbstberuhiger im Modusmodell

Im dynamisch-dimensionalen Modusmodell (▶ Kap. 1) liegen die emotionsvermeidenden Modi im Kontinuum zwischen Unterwerfung und Überkompensation, also in einer Art Übergangsbereich zwischen reiner Internalisierung (»blaues Bein«) und reiner Externalisierung (»rotes Bein«). Zur Verdeutlichung der Aktivierungszustände im Spektrum von »blauer« zu »roter« Vermeidung lohnt sich ein kurzer Rückgriff auf die Polyvagaltheorie von Stephen Porges (2010, ausführliche Darstellung in ▶ Kap. 2.2). Wir starten am blauen Rand der Vermeidungsmodi mit dem Distanzierten Beschützermodus. Hier ist zunächst der dorsovagale Shutdown (»Totstellreflex«) verortet, die Immobilisierungsreaktion aus dem »alten« dorsalen Vaguszweig, wenn die Situation (vor allem biografisch) so bedrohlich war, dass Flucht oder Kampf nicht möglich waren und der Organismus sich durch Absenkung von Herz- und Atemfrequenz auf den nahen Tod vorbereitet und erstarrt. Psychophysiologisch finden wir hier z. B. Dissoziation im engeren Sinne und dissoziative Phänomene wie Lähmungen und Taubheit, Erstarrung, Lethargie, Gehemmtheit und Hilf- und Hoffnungslosigkeit.

Daneben beginnt der Bereich der Sympathikusaktivierung, der Mobilisierung mit verstärkter Atem- und Herzfrequenz, die das gesamte System in Handlungsbereitschaft für Flucht oder Kampf versetzt. Ebenfalls dem Distanzierten Beschützer werden Bewältigungsreaktionen unter Sympathikusbeteiligung zugeordnet, die mit Angst und Panik assoziiert sind und damit eher zum Fluchtsystem gehören, wie z. B. zu spät zu Therapiesitzungen zu erscheinen oder sich Sorgen zu machen. Wenn wir weiter auf dem Kontinuum der Bewältigungsmodi von blau in Richtung rot wandern, wird die Sympathikusaktivierung zunehmend durch Wut gefärbt, die Bewältigungsreaktion verlässt langsam die Basisemotion Angst und orientiert sich eher in Richtung Ärger, Frustration, Rage und damit tendenziell Kampf. Wir befinden uns nun im Grenzbereich zwischen DB und AS. Unsere dimensionale Betrachtung erlaubt Erscheinungsformen von Vermeidungsmodi, die eher im Grenzbereich liegen, wie z. B. das Grübeln. Klar im Bereich der Selbstberuhigung liegen dann aktive Verhaltensmuster zur Reduktion von Anspannungsgeschehen durch Beruhigung über das dopaminerge System, wie z. B. übermäßiger Medien- oder Substanzkonsum. Bewegen wir uns im Modusmodell noch weiter in roter Richtung, treffen wir auf den ÄB, den direkten Nachbarn der Überkompensation. Hierbei sind Ärger und Wut auch auf der Verhaltensebene oft bereits gut zu erkennen, Aussagen wie »Haut ab und lasst mich alle in Ruhe« sind Aussagen aus dem ÄB. Dieser stößt andere Menschen aktiv weg und warnt sie, auf Abstand zu gehen, wertet sie jedoch nicht ab oder beschimpft sie, greift also nicht an (Übergang zur Überkompensation).

Manchmal ist es jedoch schwer zu erkennen, wo auf dem Kontinuum der Vermeidungsmodus der Patientin etwa liegt. Bei Aktivierung der *hinteren Bühne* (wenn sie dann gelingt) wird für Patientinnen und Therapeutinnen durch die Aktivierung der Basisemotion (Angst oder Wut) deutlich, ob es sich eher um einen blauen (distanzierten) bzw. roten (ärgerlichen) Beschützer bzw. um einen Selbstberuhiger handelt.

4.3 Erscheinungsformen der emotionsvermeidenden Bewältigungsmodi

Widmen wir uns, anschließend an die Verortung auf dem Kontinuum der Bewältigungsmodi im Modusmodell und die Einordnung auf Basis der Polyvagaltheorie von dorsovagaler Aktivierung bis Sympathikusaktivierung im Flucht- oder im Kampfsystem, nun etwas ausführlicher der Frage, welche Erscheinungsformen die drei emotionsvermeidenden Modi – und manche davon sind sicher eher »hard to recognize« (Young, 2012) – annehmen können. Auch hier nochmals der Hinweis, dass es sich weniger um trennscharfe Kategorien als um fließende Übergänge handelt. Für die Arbeit mit Patientinnen reichen oft auch unspezifischere Bezeichnungen wie »Schutzmodus«, »Mauer« oder »Selbstberuhiger«.

Distanzierter Beschützermodus

Beginnen wir mit den *Erscheinungsformen des DB*. Ganz grundsätzlich geht es um das Sich-Distanzieren, das Abspalten von unangenehmem Anspannungserleben und Emotionen im Sinne der Experiential Avoidance (Hayes et al., 1996). Also genaugenommen um einen Mechanismus von innerem oder äußerem Verhalten auf der *vorderen Bühne*, durch den die emotionale Aktivierung im Verletzbaren Kindmodus (VK) oder Wütenden Kindmodus (WK) und möglichst auch die Aktivierung im Modus der Inneren Kritiker (IK), also die gesamte *hintere Bühne*, nicht zu spüren ist. Maßgeblich beteiligt sind das *Grundbedürfnis Kontrolle nach außen*, im Sinne von Sicherheit und Schutz (»Keiner kann mich verletzen«), und *Kontrolle nach innen* im Sinne von Vermeidung unangenehmer Anspannungszustände durch schmerzhafte Emotionen. Das Schema *Misstrauen/Missbrauch* und entsprechende biografische Erfahrungen spielen eine entscheidende Rolle.

Die Erscheinungsformen des DB werden in *passive Vermeidung* und *Vermeidung durch aktive Flucht vor/aus Situationen* (»avoidant protector«) unterschieden. Als *passive Vermeidung im DB* gelten: Leere, Gefühllosigkeit, Erstarrung, Passivität, Schweigen, Verstummen, Resignation und Hoffnungslosigkeit, Dissoziationen (für eine ausführlichere Darstellung und spezifische Interventionen bei Dissoziationen ▶ Kap 7), dissoziative Phänomene – wie z. B. dissoziative Krampfanfälle, Lähmung, Taubheit –, Schweigen, Verstummen, das Blocken von Erinnerungen, z. B. keine Erinnerung an Kindheitserleben oder die Aussage, eine schöne Kindheit gehabt zu haben (was die Therapeutin als diskrepant zum Störungsbild oder zu biografischen Informationen erlebt), übermäßiges Schlafen, sich nicht konzentrieren können, Gähnen, körperliche Symptome sowie Schmerzen.

Zu *passiver Vermeidung im »Grenzbereich« zur Aktiven Selbstberuhigung* gehören: Tagträumen, Sich-Sorgen-machen, Grübeln, Zwangsgedanken bzw. Grübelzwänge, Suizidgedanken, Rationalisieren oder alles ganz genau erklärt bekommen wollen. Meiner Einschätzung nach steht auch bei diesen Mechanismen das Schaffen von Distanz zu schmerzhaften Emotionen (»detachment«) im Vordergrund, weshalb ich sie noch bei der passiven Vermeidung subsummiere. Der folgende Schaukasten illustriert diese Perspektive. Je nachdem, ob man hier den Aspekt der Abspaltung und Vermeidung von Anspannung oder eher den Aspekt der Beruhigung von bereits bestehender Anspannung stärker in den Vordergrund rückt, kann es jedoch auch plausibel sein, diese Vermeidungsmechanismen bereits im Feld der Aktiven/Distanzierten Selbstberuhigung zu verorten. Ohnehin erlaubt aber die Annahme eines Kontinuums der Bewältigungsmodi, wie oben bereits ausgeführt, dass hier nicht zwingend eine kategoriale Zuordnung erfolgen muss.

> In einer Studie zum Modusmodell der generalisierten Angststörung (GAS) (Brockman, 2016) wird die Hypothese aufgestellt und bestätigt, dass pathologisches Sich-Sorgen-Machen als Bewältigungsmodus dazu dient, Distanz zu intensiven, schmerzhaften Emotionen zu schaffen. Brockman und Stravopoulos (2017) schlagen einen »Over-Analysing«-Modus vor, der pathologisches Grübeln (Rumination) und Sich-Sorgen-Machen im Sinne von repetitivem negativen Denken zusammenfasst. Hierzu bauen sie auf dem Modell der GAS von Borkovec et al. (2004) auf, in dem pathologisches Sich-Sorgen-Machen als Experiential-Avoidance-Strategie den direkten Einfluss von angstauslösenden Bildern verhindert. Sich-Sorgen-Machen ist eine verbal-linguistische Strategie, wobei generell die verbale Artikulation von angstauslösendem Material zu geringerer Aktivierung des sympathischen Nervensystems führt als die bildliche Imagination dieses Materials (Shearer & Tucker, 1981). Wird also die Aufmerksamkeit von Angstimaginationen zu Sorgen hin verlagert, können ängstliche Menschen autonome Erregung unterdrücken (Brockman & Stravopoulos, 2017). Hierdurch wird das verbal-linguistische Verhalten negativ verstärkt. Die Experiential Avoidance durch das Sich-Sorgen-Machen erfolgt demnach durch die Konzentration auf die verbalen Inhalte von angstauslösendem Material. Brockman und Stravopoulos (2017) definieren den »Over-Analysing«-Modus als Zustand, in dem der Fokus auf dem verbal-linguistischen Prozessieren von vergangenen oder zukünftigen Ereignissen in Form von Rumination (Grübeln oder Sich-Sorgen-Machen) liegt, während aktivierenden und emotionalen Aspekten des gegenwärtigen Erlebens weniger Aufmerksamkeit zukommt.

Logorrhoe, betont saloppe (joviale) oder deftig-derbe Sprache sowie das Szenen machen (Agieren) sind ebenfalls verbal-linguistische Strategien, die, indem sie sich nach außen richten, einen Schutzschirm um den VK der Patientin bilden und das Gegenüber, auch die Therapeutin, auf Abstand halten.

Zur *Vermeidung von Situationen durch aktive Flucht im DB gehören*: zu Sitzungen nicht erscheinen oder zu spät kommen, Hausaufgaben nicht machen oder »wegen anderer Dinge keine Zeit gefunden zu haben«, nicht zu Partys gehen oder sie verlassen, um einem unangenehmen Gefühlszustand aus dem Weg zu gehen, sozialer Rückzug im Allgemeinen. Dies sind offensichtliche und von außen beobachtbare Vermeidungsstrategien auf der Verhaltensebene, die häufig auch in verhaltenstherapeutischen SORKC-Modellen zu finden sind und negative Verstärkung nach sich ziehen.

Aktiver Selbstberuhiger

Weniger »asketisch« und kognitiv als der DB sind die Erscheinungsformen des *Aktiven Selbstberuhigers*. Sie sind expliziter auf der Verhaltensebene angesiedelt. Synonym zum Begriff des Aktiven Selbstberuhigers wird häufiger auch der Begriff des *Distanzierten Selbstberuhigers* (engl. detached self-soother, z. B. Valente, 2021 und ▶ Kap. 1 in diesem Buch) verwendet. Beim AS geht es um Ablenkung, Selbstberuhigung, unmittelbare Anspannungsreduktion. Üblicherweise wird Sympathikusaktivierung als Anspannung gespürt und über das dopaminerge System beruhigt. Auf der Grundbedürfnisebene spielen Kontrolle (nach innen), Lust bzw. Unlustvermeidung eine Rolle.

Im AS finden sich vor allem die Impulskontrollstörungen. Diese entstehen im Spannungsfeld zwischen den beiden Dimensionen *impulsiver Antrieb* und *Impulskontrolle* (Herpertz & Saß, 1997). Durch eine gesteigerte Antriebsfunktion von Handlungsimpulsen (verstanden als dispositionelle schnelle Reaktionsbereitschaft und Unfähigkeit zur Planung) bei niedrig ausgeprägter Hemmung werden Impulse schneller in Handlungen umgesetzt.

Impulskontrollstörungen werden unterschieden in *Verhaltensstörungen, Verhaltensexzesse* und *Abhängigkeitserkrankungen* (Valente & Reusch, 2017). Zu den Verhaltensstörungen zählen Kleptomanie, Pyromanie, Trichotillomanie und selbstverletzendes Verhalten, zu den Verhaltensexzessen Essattacken und Binge-Eating, weiterhin übermäßiger Konsum bzw. exzessives Verhalten in den Bereichen Alkohol und Drogen, Computerspiele, Internet und soziale Medien, Glücksspiel, Pornos, Sexualität, Sport, Arbeit (»workaholic«), Kaufen sowie Exzesse in Form von Zwangshandlungen (s. hierzu auch Roediger & Neumann, 2021). Bei den Abhängigkeitserkrankungen finden sich Verhaltenssüchte – pathologisches Glücksspiel (ICD-10), Glücksspielstörung und Spielstörung (ICD-11) – sowie stoffgebundene Süchte. Für weitere Verhaltenssüchte wie z. B. Mediennutzungsstörung bestehen hinsichtlich der Diagnosesysteme zwar Vorschläge und fachliche Diskussionen, aber noch keine Festlegungen. Im Falle von Abhängigkeitserkrankungen handelt es sich um Beruhigungsprozesse, die sich über das Suchtgedächtnis verselbstständigt haben und damit auch anspannungsungebunden stattfinden.

»Schematherapeutisch kann die Fähigkeit zur Impulskontrolle und zum Bedürfnisaufschub als Fähigkeit zur Begrenzung einer impulsiven Kindseite durch den gesunden Erwachsenenmodus konzipiert werden« (Valente & Reusch, 2017). Impulsantrieb wird hierbei konzeptualisiert als überwiegend *dispositionelle* Reaktionsbereitschaft, als Impulsivität auf Seiten der Kindmodi (impulsiv-undisziplinierter Kindmodus). Mangelnde Fähigkeit zur funktionalen Impulshemmung wird als defizitäre Regulationsstrategie aus dem GE verstanden. Das Konzept der Willensstärke gegen einen drängenden Impuls und die Fähigkeit zum Belohnungsaufschub spielen hier eine wesentliche Rolle. Valente und Reusch beschreiben appetitive Reaktionen aus dem limbischen System, die auf Bedürfnisbefriedigung und Lustgewinn aus sind, ohne dass langfristige Folgen ausgewogen reflektiert werden. Anstelle nachhaltiger, funktionaler Regulationsstrategien bestehen bei Menschen mit Impulskontrollstörungen häufig harte, restriktive Abwertungen und Begrenzungen aus dem Strafenden Elternmodus bzw. dem Inneren Kritiker heraus. Dessen

Aktivierung führt zu einem Anspannungserleben, das im Sinne einer Wut-Schuld-Wippe zu einem Teufelskreis aus restriktivem Verhalten und Impulsdurchbrüchen führt.

Eine weitere Variante des AS entsteht auch ohne temperaments- oder störungsbedingten gesteigerten impulsiven Antrieb und/oder mangelnde Impulskontrollstrategien aus dem GE durch klassische und operante Konditionierungsprozesse (s. Zwei-Faktoren-Theorie, Mowrer, 1947). Ein Beispiel hierfür wäre die sozial ängstliche Patientin, die lernt, dass Alkohol auf Partys ihre Angst reduziert und sie entspannter in der Situation sein lässt. Die negative Verstärkung führt zu einer immer höheren Auftretenswahrscheinlichkeit für Beruhigung durch Alkohol. Auf der Verhaltensebene lassen sich diese beiden Varianten allerdings nicht unterscheiden.

Ärgerlicher Beschützer

Der ÄB warnt und signalisiert, dass die andere Person auf Abstand bleiben soll, geht aber nicht zum Angriff über. Angriff und Kampf sind die Domäne der Überkompensation (▶ Kap. 5). Das ist auch der Unterschied zwischen diesen beiden externalisierenden Bewältigungsmodi (BM). Das dem ÄB zugrundeliegende Bedürfnis ist Kontrolle und Sicherheit.

Zu den Erscheinungsformen des *Ärgerlichen Beschützers* gehören die andere Person wegstoßende Sätze wie »Lass mich in Ruhe« oder »Ich weiß sowieso nicht, was das alles soll!«. Gereiztheit oder sekundärer Ärger zeigen die starke Sympathikusaktivierung sowie die Aktivierung von Wut und Ärger. Kaum unterbrechbares jammernd-klagendes Verhalten z. B. über Schmerzen, widrige Lebensumstände oder andere Personen sowie passiv-aggressives Verhalten (z. B. etwas Zugesagtes »vergessen«, was dann zu negativen Konsequenzen für eine andere Person führt, der man sich vielleicht nicht mit gesunder Selbstbehauptung aus dem GE zu begegnen traut) gehören ebenfalls zum ÄB.

4.4 Die emotionsvermeidenden Bewältigungsmodi in der Therapiebeziehung

In der Therapiebeziehung sind von den emotionsvermeidenden Modi der DB oder der ÄB am stärksten zu spüren. Den DB erkennen Sie durch das Erleben, bei Ihrer Patientin wie vor eine Mauer zu stoßen. So antwortet sie etwa auf Ihre Frage, wie sie sich fühlt, dass sie gar kein Gefühl habe oder nicht wisse, was Sie mit der Frage meinen. Der ÄB zeigt sich in der Therapiebeziehung eher, wie gerade oben ausgeführt, durch eine aktiv abwehrende oder warnende Haltung an der Grenze zur Überkompensation z. B. »Was Sie immer mit Ihrem Gefühl haben!«, »Lassen Sie mich doch in Ruhe!«. Der Unterschied zur Überkompensation ist, dass die Patientin Sie noch nicht aktiv abwertet. Der DB oder ÄB in der Therapiesitzung erschweren oder verunmöglichen den Einstieg in emotionsaktivierende Techniken und dennoch bleiben Sie zunächst lange bei der validierenden Haltung, denn dieser Modus hat sich ausgeprägt, um die Patientin gegen Bedrohungen durch andere Menschen zu schützen.

Auch wenn der DB/ÄB den Therapieverlauf erschwert, ist die grundsätzliche Haltung, einen Schulterschluss mit dem DB/ÄB einzugehen, mit ihm zu kooperieren und Experimente auszumachen, dass er für einen Teil der Sitzung zur Seite tritt.

Erst im späteren Verlauf der Therapie würden Sie Ihren Ärger über den DB/ÄB mitteilen: »*Ein Teil von mir kann weiterhin gut nachvollziehen, warum Sie sich schützen, aber in einem anderen Teil spüre ich auch Ärger aufsteigen, dass wir so gar nicht an ihm vorbeikommen. Er macht mich hilflos.*«

Anders als der DB oder ÄB ist der AS ein emotionsvermeidender Modus, der eher außerhalb und weniger in der Therapiesitzung aktiviert ist. Auch ist die *Therapiebeziehung* durch den AS nicht direkt betroffen, da er nicht auf die Weise in der *Interaktion* wirkt, wie dies bei DB oder ÄB der Fall ist. Patientinnen konsumieren in der Sitzung keine Substanzen, ritzen sich nicht und haben auch keine Essanfälle. Allenfalls kann man selbstberuhigende Verhaltensweisen wie das Kneten der Hände, Kaugummikauen oder das im Skillstraining gelernte Schnalzen eines Gummibandes am Handgelenk beobachten. Diese lassen sich aber auf der Basis einer vertrauensvollen Therapiebeziehung i. d. R. gut benennen, validieren und reduzieren.

4.5 Den Distanzierten und Ärgerlichen Beschützer umgehen: Techniken I

Unterkapitel 4.5 führt verschiedene Techniken zum Umgang mit den Beschützermodi aus. Innerhalb der Darstellung gibt es eine Steigerung von zunächst eher niedrigschwelligen psychoedukativen und kognitiven Interventionen hin zu emotionsaktivierenden Techniken mit wachsendem Intensivierungsgrad.

Zu Beginn der Behandlung ist bei vielen persönlichkeitsgestörten Patientinnen der Modus des Distanzierten oder Ärgerlichen Beschützers aktiviert. Sie schützen sich nachvollziehbarerweise vor negativen Emotionen, wie z. B. der Angst vor dem Verletztwerden, erschweren damit aber auch den Aufbau einer vertrauensvollen therapeutischen Beziehung und Veränderungen im Therapieprozess. Mit dem Ziel der Reduktion des Sich-bedroht-Fühlens und des Aufbaus von Vertrauen ist die erste der Interventionen, um die Beschützermodi zu umgehen, das Benennen und Validieren des Beschützermodus.

4.5 Den Distanzierten und Ärgerlichen Beschützer umgehen: Techniken I

Benennen und Validieren

Aktualisiert sich der Modus des Distanzierten oder Ärgerlichen Beschützers in der Therapiesituation, benennt die Therapeutin zunächst das Vorhandensein des Schutzmodus und validiert ihn anschließend vor dem Hintergrund der biografischen Entstehungsbedingungen. In manchen Fällen reicht das Benennen und Validieren der Schutzmechanismen, eventuell gefolgt durch ein »*Ich kann das gut nachvollziehen. Denken Sie, wir könnten dennoch den Schutzmechanismus für unsere Therapiesitzung zur Seite schieben?*«, aus. Hierdurch wird der DB externalisiert und der Aufmerksamkeitsfokus wieder auf die emotionale Aktivierung zurückgeführt. Sie können dann mit der Patientin in eine emotionsaktivierende Technik wie das Imagery Rescripting einsteigen. Das folgende Fallbeispiel zeigt mögliche Formulierungen beim Prozess des Benennens und Validierens:

Therapeutin: »*Frau S., ich möchte Ihnen mal rückmelden, wie es mir gerade mit unserer Sitzung geht. Ich habe den Eindruck, dass ich gar nicht richtig zu Ihnen durchdringen kann, wie vor eine Mauer stoße. Ich denke, dass wir es mit Ihrem Schutzmechanismus zu tun haben. Sie haben verständlicherweise ein starkes Bedürfnis, sich zu schützen, weil Sie so viele Verletzungen als Kind erleben mussten.*«

Bei den meisten Patientinnen mit Beschützermodi wird das jedoch nicht ausreichend sein und Sie werden in Ihre Prozessplanung zusätzliche Interventionen einbeziehen. Hierfür schauen wir uns zunächst hilfreiche kognitive Techniken an.

4.5.1 Kognitive Techniken

Die hier vorgestellten kognitiven Techniken zur motivationalen Arbeit mit dem Ziel der Reduktion von dysfunktionalen Bewältigungsmodi sind die *Entwicklungsbedingungen des emotionsvermeidenden Bewältigungsmodus herausarbeiten*, *Pro- und Contra-Listen* sowie die *Grundbedürfnisbilanz des dysfunktionalen Bewältigungsmodus*. Obwohl die schematherapeutische Königsdisziplin eher die ab ▶ Kap. 4.5.2 beschriebenen emotionsaktivierenden Techniken sind, widmen wir uns dennoch auch einigen ausgesuchten kognitiven Techniken, denn sie können bei leicht ausgeprägten Beschützermodi durchaus zielführend sein und bei stärker ausgeprägten Schutzmodi einen kognitiven Rahmen aufspannen für die dann folgenden emotionsaktivierenden Techniken. So kann z. B. das Herausarbeiten der Entwicklungsbedingungen eine Vorarbeit für das *Interview mit dem Schutzmodus* (▶ Kap. 4.5.4) sein, während die Pro- und Contra-Liste Argumente für eine Zwei-Stühle-Arbeit liefern kann (▶ Kap. 4.5.3).

Entwicklungsbedingungen des emotionsvermeidenden Bewältigungsmodus herausarbeiten

Bei dieser Technik geht es darum, ein Verständnis für die Entstehungsbedingungen des BM zu entwickeln. Welche biografischen Situationen waren so schmerzhaft, dass frühkindlich maladaptive Schemata entstanden? Und wie führt die *Schemabewältigung* der *Vermeidung* (▶ Kap. 1) durch kurzfristig negative Verstärkermechanismen seitdem zu dysfunktionalen emotionsvermeidenden Bewältigungsmodi? Welcher Schmerz muss durch den BM nicht gespürt werden, wovor schützt er also? Die kognitive Technik besteht im Wesentlichen darin, diese Informationen z. B. aus der Fallkonzeptionsarbeit und diagnostischen Imaginationen mit der Patientin zusammenzutragen und hierfür ein Entwicklungsmodell des BM zu erarbeiten.

Pro- und Contra-Listen

Die Arbeit mit Pro- und Contra-Listen wird in der Verhaltenstherapie häufig angewendet, um an Ambivalenzen und Entscheidungsschwierigkeiten zu arbeiten. Es werden die Vor-, aber auch die Nachteile eines Verhaltens, in diesem Fall eines Beschützermodus, herausgearbeitet.

Beginnen Sie mit den Pro-Argumenten. Wenn Sie diese Technik anwenden, befindet sich Ihre Patientin im DB- oder ÄB-Modus und dieser wird als völlig ich-synton erlebt. Stellen Sie gemeinsam mit Ihrer Patientin möglichst viele Pro-Argumente zusammen und notieren Sie sie in der entsprechenden Spalte eines (Flipchart-)Blattes. Typische Beispiele für die Pro-Seite sind »Ich bin dann nicht mehr so verletzbar, niemand kann mir wehtun« und »Ich habe die Kontrolle über die Situation«. Im Allgemeinen kann man die Pro-Argumente für den DB oder ÄB dem Kontrollbedürfnis oder dem Bedürfnis nach Selbstwert*schutz* (aus meiner Sicht im übergeordneten Sinn auch Kontrolle) zuordnen. In der Logik intrapsychischer Ambivalenzen aktiviert sich durch diese bewusst einseitige Arbeit an den Pro-Argumenten die währenddessen vernachlässigte Contra-Seite. Diese Dynamik von ambivalenten Motivlagen ausnutzend, wenden Sie sich, wenn die Pro-Seite umfassend erarbeitet worden ist, der Contra-Seite zu (»*Wir haben gesehen, dass es eine Menge guter Gründe für Ihre Schutzmauer gibt, gibt es vielleicht auch irgendwelche Nachteile?*«). Auf der Contra-Seite für den DB oder ÄB werden typischerweise Frustrationen im Bindungs- oder Selbstwertentwicklungsbedürfnis genannt wie z. B. »Ich bin einsam«, »Ich wünsche mir, mehr mit anderen in Beziehung zu sein« oder »Andere sagen, dass ich kalt bin, und wenden sich ab«.

Grundbedürfnisbilanz des dysfunktionalen Bewältigungsmodus

Noch direkter werden die Kosten des emotionalen Schutzes durch den Beschützermodus mit der Erarbeitung der Grundbedürfnisbilanz des BM im Vergleich zur Grundbedürfnisbilanz des GE verdeutlicht (»Sehen Sie, welch hohen Preis Sie in allen anderen Grundbedürfnissen außer dem Kontrollbedürfnis bezahlen?«). Abbildung 4.1 zeigt das Vorgehen bei der Technik der Grundbedürfnisbilanz des dysfunktionalen Bewältigungsmodus im Rahmen einer kurzen schematherapeutischen Fallkonzeption (▶ Abb. 4.1).

Zunächst werden (1.) aus einer Auslösesituation die (ambivalenten) Gefühle herausgearbeitet, z. B. Angst auf der einen, aber Neugier und/oder Freude auf der anderen Seite. Es kann an dieser Stelle der Technik jedoch auch durchaus sein, dass nur das negative bzw. schmerzhafte Gefühl und keine Ambivalenz erlebt wird. Bitte arbeiten Sie dann (2.) mit Ihrer Patientin heraus, welche Kind- und welche Inneren

Kurze Fallkonzeption und Grundbedürfnisbilanz

1. **Auslösesituation und (ambivalente) Gefühle**

2. **Aktivierte Modi und Schemata**
   Kindmodi: Kritiker/Antreibermodi:

3. **Dysfunktionale Bewältigungsversuche (zur Spannungsreduktion)**
   1.)
   2.)
   3.)

4. **Grundbedürfnisbilanz der Bewältigungsversuche (kurzfristig)**
   1.) _____ 2.) _____ 3.) _____

   Bindung:

   Kontrolle:

   Selbstwert:

   Lust/Unlust-
   Vermeidung:

5. **Bessere Grundbedürfnisbefriedigung durch eine „erwachsene" Lösung**

   Bindung:

   Kontrolle:

   Selbstwert:

   Lust/Unlust-
   Vermeidung:

Abb. 4.1: Kurze Fallkonzeption und Grundbedürfnisbilanz des dysfunktionalen BM

Kritiker- oder Antreibermodi in der spezifischen Auslösesituation aktiviert werden. Wie in ▶ Kap.1 dargestellt, führt die Aktivierung auf der »hinteren Bühne« zur Reduktion dieser Anspannung durch den Bewältigungsmodus auf der »vorderen

Bühne«. Unter (3.) werden dann ein bis drei dieser Bewältigungsmodi aufgeschrieben. Häufig ist in einer konkreten Auslösesituation nur ein Bewältigungsmodus relevant. Für diesen BM, nehmen wir an den DB, der in die erste Spalte eingetragen wird, erstellen Sie nun gemeinsam unter (4.) die Bilanz für die Grundbedürfnisse Bindung, Kontrolle, Selbstwert und Lust. Für den DB entsteht das Muster Bindung (-), Kontrolle (+), Selbstwert(-entwicklung) (-), Lust (-). Zuletzt schließen Sie unter (5.) die Bilanz für die Grundbedürfnisbefriedigung durch die Lösung aus dem GE an und kommen hier idealerweise zu der Lösung Bindung (+), Kontrolle – kurzfristig – (-), Selbstwert (+) und Lust (+).

Durch die Erkenntnisse aus diesen kognitiven Techniken kann Motivation zur Reduktion des emotionsvermeidenden BM geschaffen werden.

4.5.2 Emotionsaktivierende Techniken: empathische Konfrontation

»Emotion-focussed techniques are frequently the most successful in overcoming the Detached Protector«
(Jeffrey Young, Workshop »Bypassing the Detached Protector«, ISST Conference, New York, 2012)

Die Königsdisziplin zur Arbeit mit Beschützermodi sind jedoch grundsätzlich emotionsaktivierende Techniken. Wie Jeffrey Young ausführt, versprechen sie auch die größeren Erfolge. Sie können gern mit ihnen direkt einsteigen, die kognitiven Techniken sind keine Voraussetzung zur Durchführung von emotionsaktivierenden Techniken. Allerdings geht den emotionsaktivierenden Techniken zur Arbeit mit Beschützermodi zumeist deren »Markierung« in der Therapiesituation mittels empathischer Konfrontation voraus.

Wenn Ihnen ein DB oder ÄB bei Ihrer Patientin auffällt und dieser Ihre Sitzungsplanung oder auch längerfristig Ihre Therapieprozessplanung erschwert oder gar aushebelt, benennen und validieren Sie den BM analog zu dem oben beschriebenen Beispiel, arbeiten aber gleichzeitig auch den dysfunktionalen Charakter heraus.

Therapeutin: »*Frau S., ich möchte Ihnen mal rückmelden, wie es mir gerade mit unserer Sitzung geht. Ich habe den Eindruck, dass ich gar nicht richtig zu Ihnen durchdringen kann, wie vor eine Mauer stoße. Ich denke, dass wir es mit Ihrem Schutzmechanismus zu tun haben. Sie haben verständlicherweise ein starkes Bedürfnis, sich zu schützen, weil Sie so viele Verletzungen als Kind erleben mussten. Dennoch ist es so, dass es mir die Schutzmauer in unserer Sitzung unmöglich macht, zu dem verletzten, traurigen Anteil in Ihnen durchzudringen und ich Ihnen so nicht helfen kann.*«

Ist der Schutzmodus so oder so ähnlich markiert, können emotionsaktivierende Techniken zum Einsatz kommen. Im Folgenden werden insgesamt drei Stühletechniken beschrieben, die helfen, einen DB oder ÄB zu reduzieren oder zu umgehen. Zunächst wird der *Zwei-Stühle-Dialog zwischen BM und GE* beschrieben, im Anschluss das *Interview mit dem DB/ÄB* und abschließend eine komplexere *Stühletechnik mit WK und GE als Regulationsinstanz* (»Wächter«-Metapher).

4.5.3 Emotionsaktivierende Techniken: Zwei-Stühle-Dialog Beschützermodus und Gesunder Erwachsenenmodus

Bei dieser Zwei-Stühle-Technik werden zwei zusätzliche Stühle aufgestellt, alternativ bleibt die Patientin, deren aktivierter Erlebenszustand in diesem Moment ja ein BM ist, auf ihrem Stuhl sitzen und Sie stellen einen zweiten Stuhl davor. Die Patientin wird gebeten, auf dem einen Stuhl die Perspektive des Schutzmechanismus darzustellen und auf dem anderen Stuhl die Perspektive des Gesunden Erwachsenenmodus oder auch die Perspektive der Therapeutin (Jacob & Arntz, 2014). Es handelt sich um eine klassische Zwei-Stühle-Technik, wie sie auch zur Ambivalenzklärung zwischen zwei motivationalen Anteilen eingesetzt wird. Die Stühle werden sich gegenüberstehend aufgestellt. Abbildung 4.2 verdeutlicht die Anordnung der Stühle und den Ablauf der Technik (▶ Abb. 4.2).

Die Übung kann im Anschluss an die empathische Konfrontation von der Therapeutin bspw. folgendermaßen eingeleitet werden: »*Ich möchte gern besser verstehen, was Ihr Schutzmechanismus für Beweggründe hat, und möchte ihm die Gelegenheit geben, das darzustellen. Im Anschluss würde ich gern mit Ihnen anschauen, wie Sie das von außen betrachtet sehen.*«

> Beginnen Sie die Übung (Phase 1), indem die Patientin auf dem BM-Stuhl sitzt. Analog der Logik bei den Vorteils- und Nachteilslisten in ▶ Kap. 4.5.1 ist es auch hier sinnvoll, zunächst der dysfunktionalen Seite viel Raum und Gewicht zu geben. Fördern Sie dies ruhig, indem Sie Verständnis für die Position des BM ausdrücken (»*Das kann ich gut verstehen, es ist viel sicherer, gar nicht erst zu der Party zu gehen.*«). Zwei-Stühle-Techniken dieser Art dienen dazu, die Dynamik innerer Ambivalenzen zu aktivieren. Wird der einen Seite viel Raum gegeben, regt sich auf der anderen Seite i. d. R. Widerstand. Nachdem die Patientin die Position des BM erschöpfend dargestellt hat, beginnt Phase 2 und Sie bitten sie, auf dem gegenüberliegenden, bisher leeren Stuhl Platz zu nehmen. Der jetzt folgende Teil der Technik kann eingeleitet werden mit einer Formulierung wie »*Wenn wir jetzt von hier gegenübersitzend auf Ihren Beschützermodus schauen, was sehen Sie? Was fühlen und denken Sie dabei?*« Wie ▶ Abb. 4.2 zeigt, rücken Sie zur Stärkung der GE-Position dabei Ihren Stuhl näher an den Stuhl der Patientin. Der gewünschte Effekt dieser Zwei-Stühle-Übung bringt nun i. d. R. eine Aktivierung der anderen Seite der Ambivalenz hervor. Die Distanzierung vom BM und damit der *Moduswechsel* wird zusätzlich durch die Formulierung »*Wenn wir von außen draufschauen*« gefördert, wodurch der BM zum Objekt wird, also in jedem Fall etwas anderes ist als der jetzige Erlebenszustand. Die auch emotional erlebbaren Nachteile des BM (»*Ich bin vielleicht sicher, aber sehr einsam*«) und die damit verknüpfte basale Emotion Traurigkeit können so auf dem GE-Stuhl aktiviert werden.
>
> Ggf. können Phase 1 und 2 erneut durchlaufen werden. Das intensivere Einsteigen in den Dialog zwischen den beiden Modi kann im zweiten Durchgang zu neuen oder vertieften Erkenntnissen führen.

4 Zum Umgang mit emotionsvermeidenden Modi

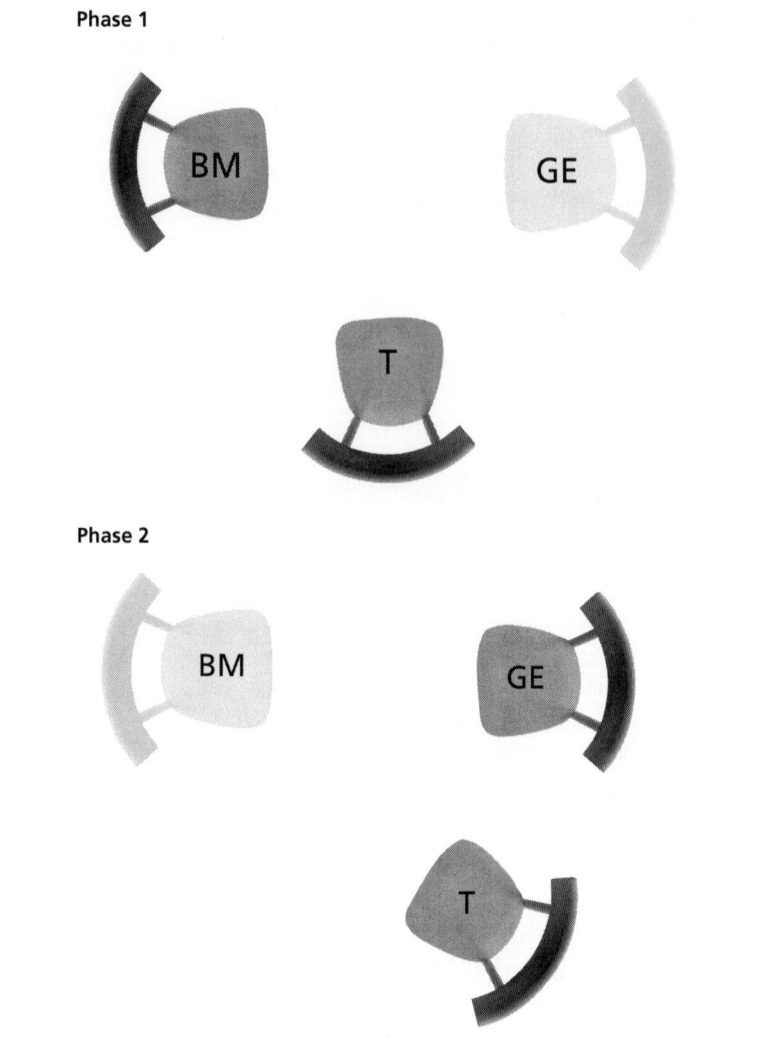

Abb. 4.2: Zwei-Stühle-Technik DB/ÄB und GE

Beendet wird der Stühledialog durch eine Zusammenfassung der Vor- und Nachteile des BM und die Ableitung der Veränderungsmotivation mit dem Ziel, zugunsten des Bindungs-, Selbstwertentwicklungs- und Lustbedürfnisses den BM zumindest situativ zu reduzieren und sich auf soziale und andere emotionale Experimente, z. B. in der Therapiesitzung, einzulassen.

4.5.4 Emotionsaktivierende Techniken: Interview mit dem Schutzmodus und Vereinbaren eines Experiments

Beim Interview mit dem DB/ÄB werden ebenfalls zwei Stühle aufgestellt, die Patientin wird gebeten, auf einem Stuhl die Perspektive des Schutzmechanismus darzustellen. Auf dem anderen Stuhl nimmt die Therapeutin Platz und führt einen Dialog mit dem Bewältigungsmodus. Ebenso ist es möglich, auf den Stühlen sitzen zu bleiben, auf denen Patientin und Therapeutin in der Therapiesituation üblicherweise sitzen, da die Patientin, wenn Sie ihr die Interviewtechnik vorschlagen, im aktivierten BM ist und auch direkt aus dieser Position heraus gestartet werden kann. Der wesentliche Mechanismus dieser Technik ist die Aktivierung des Verletzbaren Kindmodus hinter dem Schutzmodus (vordere vs. hintere Bühne, ▶ Kap.1). Wie in Abbildung 4.3 dargestellt, kann es zur Verstärkung dieser Aktivierung hilfreich sein, *hinter* den Stuhl des Schutzmodus einen Stuhl für den VK zu stellen (▶ Abb. 4.3). Darüber hinaus kann es ebenso zielführend sein, die Inneren Kritiker oder Antreiber, die aktivierten »Stimmen im Kopf«, die das Anspannungsgeschehen auf der hinteren Bühne wesentlich mitbestimmen, durch einen hinter dem BM stehenden Stuhl zu betonen. Dieser verstärkende Effekt kann ggf. auch erreicht werden, indem die Therapeutin in der Übung den VK- oder den IK-Modus hinter dem BM durch Handbewegungen, die auf den Raum rechts und links hinter dem BM deuten, betont.

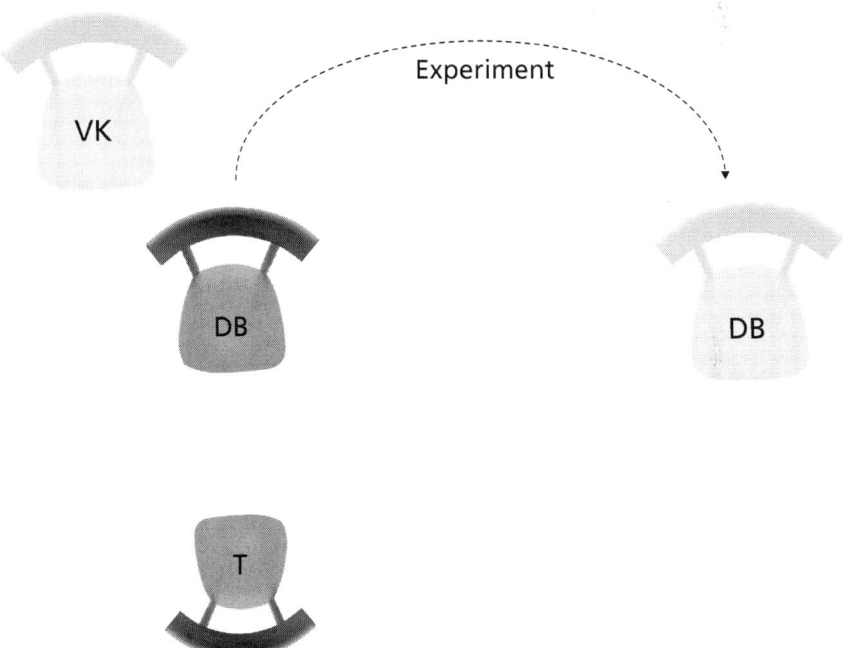

Abb. 4.3: Interview mit dem Distanzierten oder Ärgerlichen Beschützer

Der konkrete Einstieg in die Technik erfolgt analog dem Vorgehen beim Zwei-Stühle-Dialog mit dem BM nach empathischer Konfrontation des in der Sitzung aktivierten BM.

> Einleitende Fragen zum Einstieg in das Interview mit dem BM können sein: »*Seit wann gibt es dich schon?*«, »*Was ist deine Funktion?*«, »*Was würde passieren, wenn du nicht da wärst?*«. Um Distanz zu verringern und Vertrauen aufzubauen im Sinne eines *kooperierenden Schulterschlusses* mit dem BM ist es sehr hilfreich, den DB oder ÄB zu duzen, genauer gesagt, die Patientin zu duzen, wenn sie sich im BM befindet. Im Verlauf des Interviews wird durch die weiteren Fragen und validierenden Anmerkungen versucht, den VK der Patientin hinter dem BM zu aktivieren (»*Du beschützt die Mia also schon ihr ganzes Leben lang und machst das 24 Stunden am Tag, sieben Tage die Woche. Was für einen Riesenjob du machst! Das stelle ich mir aber auch sehr anstrengend vor.*«). Hierdurch wird Erschöpfungs-, Kraftlosigkeits- oder Überforderungserleben aktiviert, das durch die energieintensiven Strategien des emotionsvermeidenden BM im VK entsteht. Oder Sie probieren, das Erleben des Abgetrennt- und Einsamseins im VK an zu triggern (»*Du beschützt die Mia also schon ihr ganzes Leben lang und machst das 24 Stunden am Tag, sieben Tage die Woche. Was für einen Riesenjob du machst! Wenn du sie immer so gut beschützt, kann ich mir aber auch vorstellen, dass sie sich manchmal einsam fühlt, weil niemand näher an sie herankommt, kann das sein?*«) Während dieser Fragen sitzen Sie möglichst nah vor der Patientin, um eine gewisse »atmosphärische Dichte« aufkommen zu lassen. Allerdings sollten Sie auf der anderen Seite aber auch nicht zu invasiv oder übergriffig erscheinen, denn sonst werden sich die Aktivierung im Schema *Misstrauen/Missbrauch* und entsprechende BM-Mechanismen eher verstärken.
>
> Während Sie sich auf diese Weise zum VK durchfragen, können Sie in Gesicht und Körperhaltung der Patientin Anzeichen für die Aktivierung des VK erkennen. Feuchte Augen oder Röte im Gesicht oder am Hals können dies bspw. signalisieren. Die Patientin ist vom Modus des DB oder ÄB in den VK »gekippt«. Sie können dies sanft markieren, z. B. mit Aussagen wie »*Jetzt habe ich den Eindruck, der kleinen Mia näher zu sein.*«
>
> Je nachdem, was an dieser Stelle des Therapieprozesses Ihre Intention ist, können Sie sagen »*Es freut mich, dich kennenzulernen*« und würden dies als korrigierende Beziehungserfahrung so stehen lassen. Dies kann das Vertrauen der Patientin in die therapeutische Beziehung dadurch steigern, dass Sie die (für die Patientin zunächst unangenehme emotionale) Exposition von sich aus begrenzen und das Erreichte als großen und wichtigen Schritt labeln, an den Sie im weiteren Therapieverlauf anknüpfen wollen. Denn ein großer Schritt war es bestimmt für Ihre Patientin! Wenn Sie bereits weiter im Therapieprozess sind und es sich nicht um das eventuell erstmalige Zulassen des VK handelt, können Sie dem BM das *Experiment* vorschlagen, für einen Teil der Sitzung zur Seite zu treten und die Therapeutin mit der »kleinen Mia« weiterarbeiten zu lassen. Es empfiehlt sich, dem Kontrollbedürfnis der Patientin Rechnung zu tragen und diesen Zeitraum zu begrenzen (z. B. »*nur für 30 Sekunden*«, »*für ein paar Minuten*« oder »*für den Rest*

der Sitzung«), je nachdem, wie stark die Aktivierung im Schema *Misstrauen/ Missbrauch* noch ist. Zusätzlich wird dem Schutzmodus die Option angeboten, jederzeit eingreifen und sich wieder schützend vor die »kleine Mia« stellen zu können. Willigt der Schutzmodus in das so vorgeschlagene Experiment ein, bitten Sie ihn, zur Seite zu treten. Sie bitten die Patientin daraufhin, aufzustehen und auf dem Stuhl des *Verletzbaren Kindes* Platz zu nehmen und stellen den Stuhl des BM zur Seite. Sie können nun in ein ursprünglich für diese Stunde geplantes Imagery Rescripting oder Modusdialoge auf Stühlen übergehen.

4.5.5 Emotionsaktivierende Techniken: Aktivierung des Wütenden Kindmodus und Gesunder Erwachsenenmodus als Regulationsinstanz

Eine weitere Technik, die insbesondere bei weiterhin bestehenden, hartnäckigen DB- oder ÄB-Modi zur Reduktion der Bewältigungsmodi führen kann, ist die Verdeutlichung von Nachteilen des BM durch Aktivierung des *Wütenden Kindmodus*. Hierzu werden Elemente der bisher beschriebenen Techniken ergänzt um den Fokus auf die Grundbedürfnisse Autonomie, Selbstwertentwicklung und Lust. Es wird herausgearbeitet, dass DB/ÄB mit ihrem Schwerpunkt auf Kontrolle, Selbstwertschutz und Unlustvermeidung nicht nur schützend, sondern auch freiheits- und entwicklungsbegrenzend wirken und die korrespondierenden Grundbedürfnisse unterdrücken.

Die Übung startet mit bereits bekannten Schritten: Zunächst wird der in der Therapiesitzung aktivierte Beschützermodus situationsbezogen benannt und seine Funktion validiert, wie dies unter *empathische Konfrontation* in ▶ Kap 4.5.2 beschrieben ist. Im zweiten Schritt wird ein Stuhl für den VK hinter den Stuhl des DB/ÄB, auf dem die Patientin in ihrem aktivierten BM sitzt, gestellt und es folgt das *Interview mit dem Schutzmodus* durch die Therapeutin.

Um das Anspannungsgeschehen, das automatisiert auf der vorderen Bühne durch den DB reguliert wird, zu aktivieren, werden die Kritiker- bzw. Antreiberbotschaften aus den DB-Antworten herausgearbeitet (z. B. »Es nutzt ja alles nichts, *ich muss funktionieren*«). Für diese »Stimmen im Kopf« wird ein weiterer Stuhl für den Kritiker- bzw. Antreibermodus hinter dem DB aufgestellt. Abbildung 4.4 zeigt Ablauf und Stuhlpositionen der Übung *Aktivierung des Wütenden Kindmodus und Gesunder Erwachsenenmodus als Regulationsinstanz* in zwei Phasen (▶ Abb. 4.4).

4 Zum Umgang mit emotionsvermeidenden Modi

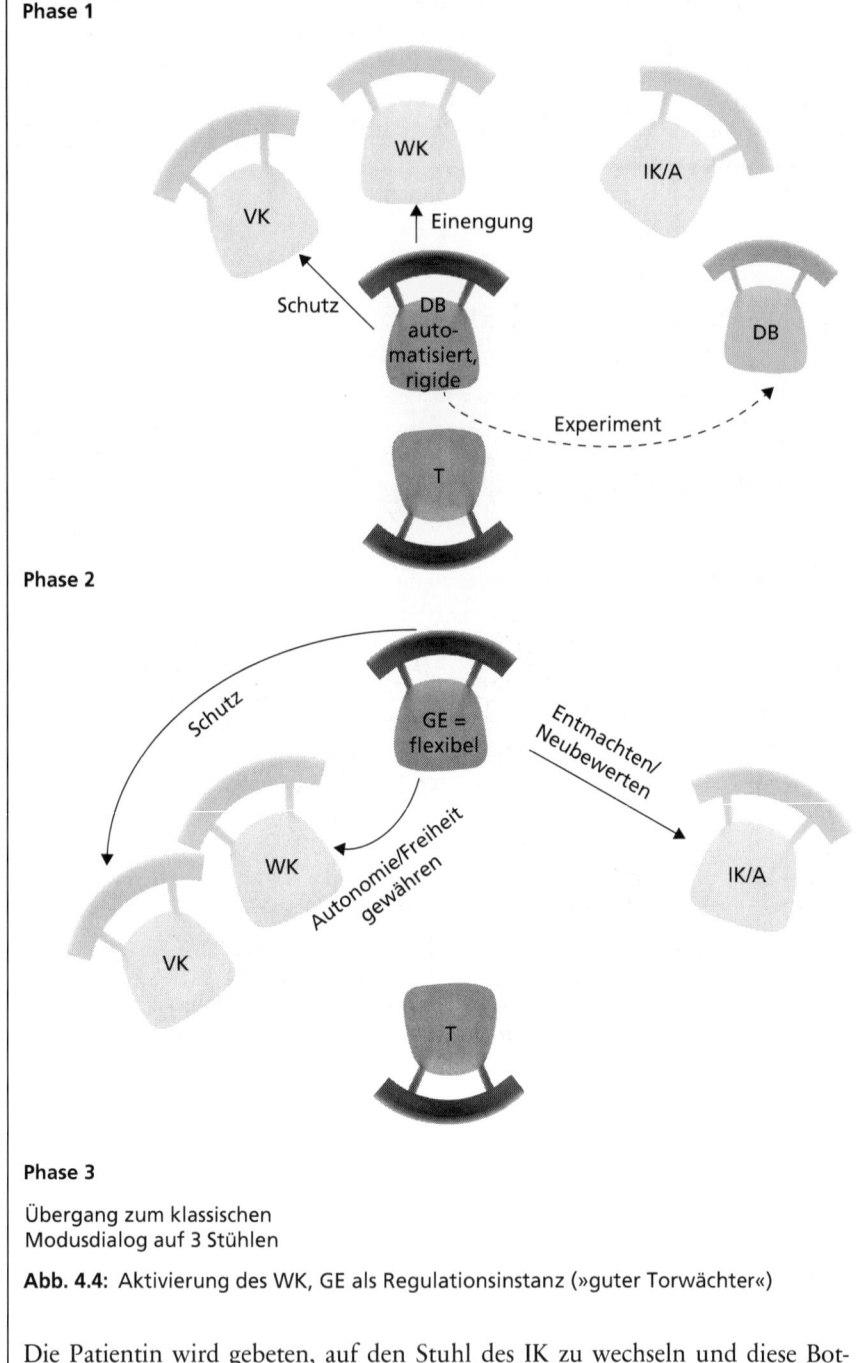

Abb. 4.4: Aktivierung des WK, GE als Regulationsinstanz (»guter Torwächter«)

Die Patientin wird gebeten, auf den Stuhl des IK zu wechseln und diese Botschaften in Du-Form Richtung VK-Stuhl sprechen zu lassen (»Du musst funktionieren«). Wie in *Phase 1* der ▶ Abb. 4.4 dargestellt, bitten Sie dann Ihre Patientin auf den Kindstuhl zu wechseln und den unangenehmen Effekt der IK-Botschaften zu spüren (»Fühle mich erschöpft, habe Angst«). Sind VK- und IK-Modus auf diese Weise aktiviert, ist also das Anspannungsgeschehen auf der »hinteren Bühne« verdeutlicht, wird nun der Stuhl des DB/ÄB wiederum vor den VK-Modus geschoben. Nun folgt der wichtige Schritt des *Erlebens* der Funktion des BM: Die Patientin, weiterhin auf dem VK-Stuhl sitzend, spürt einen Anspannungsabfall, wenn der BM seine Funktion wieder aufnimmt. Sie erfragen diesen Effekt direkt: »*Wie ist das Gefühl hinter dem DB/ÄB?*«. Die Patientin wird sich i. d. R. wieder beschützter und weniger angespannt fühlen.

Im nächsten Schritt wird nun ein weiterer Stuhl für den Wütenden Kindmodus aufgestellt (»*Dann stellen wir mal einen Stuhl für den lebendigeren Anteil in Ihnen daneben*«) und die Patientin wird gebeten, auf den WK-Stuhl zu wechseln. Nun wird der DB-Stuhl absichtlich übertrieben dicht an die Knie der Patientin herangeschoben, hierbei wird der Druck auf die Knie der Patientin langsam gesteigert, sodass dieser als *körperlich* unangenehm erlebt wird. Über das körperliche *Einengen* und *Druckausüben* kann Selbstbehauptungskraft aktiviert werden, die Patientin wehrt sich gegen den als unangenehm erlebten Druck. Nun werden das Erleben und die Wünsche exploriert (»*Was fühlen Sie, wenn der Stuhl gegen Ihre Knie drückt?*«, »*Was möchten Sie mit dem Stuhl am liebsten tun?*«). Die Reaktionen der Patientinnen gehen von »zu eng«, »Ich brauch' mehr Freiheit«, »wie im Gefängnis« über »Das nervt!«, »Der soll weg!« bis hin zu einem wütenden Wegschieben des Stuhls. Die Aktivierung der Wut wird validiert (»*Ja, genau, der nervt!*«) und darum geworben, dass eine Alternative zum DB/ÄB vorgestellt werden kann. Stimmt die Patientin zu, bitten Sie den BM sich auf ein *Experiment* einzulassen und für den Rest der Sitzung zur Seite zu treten (s. Interview mit dem Schutzmodus und Vereinbaren eines Experiments). Der Stuhl für den BM wird daraufhin zur Seite gestellt. Dies ist das Ende der *Phase 1*.

Phase 2 der ▶ Abb. 4.4 zeigt die Anordnung der Stühle, wenn Sie nun im nächsten Schritt den Gesunden Erwachsenenmodus als Regulationsinstanz ins Spiel bringen. Diese wird als Alternative zu dem unflexiblen, sich automatisiert aktualisierenden BM durch die Wächter-Metapher eingeführt (»*Im Sinne einer guten Torwächterin/eines guten Torwächters*«). Der entscheidende Unterschied ist, dass der GE je nach Situation flexibel wechseln kann zwischen dem Schutz des VK, wenn es nötig ist, und dem Gewähren von Autonomie und Freiheit für den nach Selbstbehauptung und Selbstwirksamkeitserleben strebenden WK-Modus, wenn es die Situation erlaubt. Die Patientin wird gebeten, auf dem nun zwischen den Kindmodistühlen und dem Stuhl der IK stehenden GE Platz zu nehmen und zu spüren, wie es ihr auf diesem Stuhl geht. Häufig wird von dem als unangenehm erlebten hohen Verantwortungserleben berichtet (»*Das ist aber ganz schön viel Verantwortung hier*«). An dieser Stelle ist die schematherapeutische Haltung der Nachbeelterung wichtig: Sie signalisieren der Patientin, dass sie diese Verantwortung nicht allein tragen muss, sondern Sie sie dabei unterstützen, solange es nötig ist.

In *Phase 3* erfolgt dann der Übergang zu einer emotionsaktivierenden Technik ohne BM. Da bereits die vollständige »hintere Bühne« ausgearbeitet ist, bietet sich an dieser Stelle insbesondere der Übergang zu einer klassischen schematherapeutischen Drei-Stühle-Technik mit VK und WK, IK und GE an.

Damit schließen wir die Techniken für den Umgang mit den Schutzmodi ab und wenden uns dem Aktiven Selbstberuhiger als weiterem emotionsvermeidenden Modus zu.

4.6 Den Aktiven Selbstberuhiger begrenzen: Techniken II

Wie unter ▶ Kap. 4.4 dargestellt, beeinflusst der AS weniger das direkte Interaktionsgeschehen in der Therapiebeziehung, sondern zeigt sich eher in Form von Verhaltensexzessen zwischen den Sitzungen. Deshalb geht es weniger um das *Umgehen in der Sitzung* als um das *Begrenzen zwischen den Sitzungen*. Das Unterkapitel 4.6 führt verschiedene Techniken zur Begrenzung des AS aus.

Benennen, Validieren und Reduzieren

Das folgende Beispiel zeigt mögliche Formulierungen beim Benennen, Validieren und Reduzieren eines in der Sitzung beobachteten AS, auch wenn dies, wie gerade erwähnt, nicht die zentrale Auftretenssituation ist.

Therapeutin: »*Frau S., mir fällt auf, dass Sie während unserer Sitzungen, gerade wenn wir zu emotional belastenden Themen kommen, Ihre Hände kneten. Ich vermute, dass das eine automatisierte Strategie ist, Ihr Unruhe- und Anspannungserleben zu regulieren. Das kann ich gut verstehen. Nun ist es aber so, dass wir für unsere Übungen eine hohe emotionale Aktivierung brauchen, die durch die Selbstberuhigung reduziert wird. Meinen Sie, wir können vereinbaren, dass Sie während der Sitzung Ihre Hände nicht kneten?*«

4.6.1 Kognitive und behaviorale Techniken

Zur Begrenzung der Verhaltensstörungen und -exzesse dienen in erster Linie behaviorale verhaltenstherapeutische Techniken zur Erhöhung der Selbstkontrolle (Valente & Reusch, 2017). Die hier vorgestellten behavioralen Techniken zur Impulskontrolle und Reduktion von problematischen Verhaltensweisen sind *Selbstbeobachtung*, die dem achtsamen Wahrnehmen von dysfunktional impulsiven Reaktionen auf situative Auslöser dient, *operante Techniken der Selbstbelohnung und -bestrafung*, *Stimuluskontrolle* und *Reizkonfrontation (Exposition)*.

Die *Selbstbeobachtung* dient in der schematherapeutischen Behandlung der achtsamen Wahrnehmung von Modiaktivierungen. Im Falle des AS wären dies z. B. entsprechende Impulse, zu trinken, zu spielen oder sich selbst zu verletzen. Die einfachste Aufgabenstellung ist, diese Aktivierungen anhand einer Strichliste über den Tag festzuhalten.

Die *operanten Techniken der Selbstbelohnung und Selbstbestrafung* führen zu einem Aufbau von erwünschtem oder dem Abbau von unerwünschtem Verhalten. Im ersten Fall dient die Auswahl wirksamer positiver Verstärker dazu, erwünschtes Verhalten z. B. in kleinen Schritten aufzubauen (Shaping) und jeden Verhaltenserfolg entsprechend zu belohnen. Im zweiten Fall – dem Abbau unerwünschten Verhaltens – wird über Selbstbestrafung gearbeitet. I. d. R. kommt indirekte Bestrafung zum Einsatz: Entweder man bezahlt für das unerwünschte Verhalten (»response-cost«), oder es findet ein Verstärkerentzug durch den Rückzug aus der Situation statt (»time-out«).

Mit *Stimuluskontrolle* wird vor allem gearbeitet, wenn Impulskontrolle durch die bisherigen Techniken nicht herzustellen ist. Diese Technik zeichnet sich dadurch aus, dass die den AS stimulierenden Reize (hochkalorisches Essen, Smartphone, Rasierklingen, Alkohol etc.) nicht mehr leicht zugänglich sind, so z. B. aus dem Haushalt verbannt oder Tabus für Nutzungszeiten besprochen werden.

Reizkonfrontation hingegen arbeitet nicht mit Vermeidung der stimulierenden Reize, sondern mit der bewussten Exposition, dem Aktivieren der Giergefühle, des Cravings oder des Schneidedrucks. Durch Habituation kommt es zu kognitiver Neubewertung (»Ich bin in der Lage, den Schneidedruck auszuhalten und irgendwann geht er vorüber«). Zudem kann, bspw. bei der Exposition mit »verbotenen« Nahrungsmitteln bei einer Patientin mit Bulimie, die Kontrollüberzeugung trainiert werden, das Problemverhalten, in diesem Fall die Essattacke, stoppen zu können (»Ich kann aufhören, die Schokolade zu essen«).

Des Weiteren dienen Techniken der *Aufmerksamkeitslenkung* und *gezielte Achtsamkeitsübungen* dazu, die im GE verortete Fähigkeit zur Selbstregulation und zur bewussten Verhaltenssteuerung als Gegenpol zu dysfunktionaler Emotionsregulation durch den AS zu stärken (▶ auch Kap. 6).

Zur weiterführenden und ausführlicheren Darstellung über kognitiv-behaviorale Techniken zur Steigerung der Selbstkontrolle wird auf Valente und Reusch (2017) verwiesen.

4.6.2 Emotionsaktivierende Techniken

Auch bei der Arbeit mit dem AS sind emotionsaktivierende Techniken indiziert und besonders gewinnbringend, wenn motivationale Ambivalenzen der Patientin die Reduktion des dysfunktionalen Selbstberuhigers erschweren oder gar blockieren. Die im Folgenden dargestellten Zwei-Stühle-Dialoge bieten verschiedene Ansatzpunkte.

Zwei-Stühle-Dialog zur Arbeit mit Inneren Kritikern, die während der behavioralen Techniken auftreten: Wird während der behavioralen Techniken, bspw. der Exposition, ein Innerer Kritiker aktiviert (z. B. »Du wirst es niemals schaffen, du bist zu schwach!«), kann dies gelabelt und markiert werden und in der aktuellen oder in einer der folgenden Sitzungen in einem Zwei-Stühle-Dialog zwischen IK und GE bearbeitet werden. Auch hierbei kann es günstig sein, mit der Patientin aufzustehen und gemeinsam auf den IK-Stuhl zu schauen. Fragen wie »Welches Gefühl steigt denn in Ihnen auf, wenn Sie auf diesen Stuhl mit seinen vernichtenden Botschaften schauen?« können helfen, die Wutkraft im GE zu aktivieren, aus dem heraus die Patientin nun vielleicht antworten kann »Ich höre nicht mehr auf dich, du bist nicht hilfreich für mich«. Die Entmachtung des IK kann dazu führen, dass die Selbstwirksamkeitserwartung in Bezug auf die Reduktion des AS steigt und die in den Expositionen gewonnenen Lernerfahrungen sich nachhaltig verankern können.

Zwei-Stühle-Dialog Aktiver Selbstberuhiger und Gesunder Erwachsenenmodus: Analog zum Umgang mit dem DB oder ÄB können Zwei-Stühle-Dialoge mit dem AS durchgeführt werden mit dem Ziel, die Nachteile des BM erlebbar zu machen. Es werden zwei Stühle aufgestellt, die Patientin wird gebeten, auf dem einen Stuhl die Perspektive des AS (z. B. des Essanfalls) darzustellen und auf dem anderen Stuhl die Perspektive des Gesunden Erwachsenenmodus. Verfahren Sie dann weiter analog des in ▶ Kap. 4.5.3 unter Zwei-Stühle-Dialog Beschützermodus und Gesunder Erwachsenenmodus dargestellten Vorgehens.

Interview mit dem Aktiven Selbstberuhiger: Es werden zwei Stühle aufgestellt, die Patientin wird gebeten, auf einem Stuhl die Perspektive des AS darzustellen. Auf dem anderen Stuhl nimmt die Therapeutin Platz und führt einen Dialog mit dem BM. Genau wie bei dem *Interview mit den Schutzmodi* können einleitende Fragen sein: »Seit wann gibt es dich schon?« oder »Was ist deine Funktion?«. Genauere Beschreibungen zum weiteren Vorgehen entnehmen Sie bitte ▶ Kap. 4.5.4. Darüber hinaus seien Interessierte auch an Valente und Reusch (2017) verwiesen. Sie schildern ein Interview mit einem AS zur Erarbeitung der Funktion des pathologischen Spielens.

4.7 Was, wenn alles nichts nutzt?

Es gibt Therapieverläufe, in denen all unsere schematherapeutischen Techniken, um die vermeidenden BM zu umgehen, nichts nutzen. Sie haben dann nicht mehr viele Möglichkeiten und die Chancen, »das Ruder noch rumzureißen«, stehen nicht besonders gut. Dennoch, ein paar Varianten lohnt es sich auszuprobieren.

Am aussichtsreichsten sind sicherlich die in ▶ Kap. 2 von Yvonne Reusch beschriebenen Techniken zum Einbezug des Körpers, ein, wie ich finde, äußerst vielversprechender Ansatz. Durch die kleinschrittige Körperfokussierung können Blockaden der Beschützermodi gelöst werden, die anders nicht zu umgehen waren. Hier ergeben sich ganz neue Zugänge und Möglichkeiten. Also empfehle ich Ihnen als erstes, wenn die emotionsaktivierenden Techniken nicht den gewünschten Erfolg bringen, die nochmalige Lektüre von ▶ Kap. 2 und dann ein beherztes Ausprobieren.

Sie können auch eine evtl. vorhandene spezifische Symptomatik, wie bspw. eine depressive Episode oder eine spezifische Phobie, klassisch verhaltenstherapeutisch behandeln, um über Therapieerfolge in diesen Bereichen Vertrauen in die Therapiebeziehung zu fördern.

Sie können darüber hinaus als vielleicht letzten »Joker« Ihr Mitgefühl mit dem VK-Modus gepaart mit einer Selbstoffenbarung ausdrücken, wofür das nachfolgende Beispiel aufgeführt ist.

Therapeutin: »*Es tut mir weh, zu sehen, dass wir momentan nichts für diesen vernachlässigten und einsamen Anteil in Ihnen tun können. Die Kleine tut mir wirklich sehr leid und ich wünschte, wir könnten etwas tun, um den Distanzierten Beschützer zu überzeugen, seine Schutzfunktion zumindest für diese Therapiesitzung zu reduzieren.*«

Außerdem können Sie verdeutlichen, dass es in der Therapie nicht weitergeht, wenn kein Kontakt zum Kindmodus hergestellt werden kann. In diesem Fall geht es auch darum, gemeinsam eine Akzeptanzhaltung zu entwickeln, dass dies momentan nicht geht.

Schließlich können Sie längere Intervalle zwischen den Sitzungen oder auch eine Therapiepause anbieten, um eventuell durch den Entzug der Therapiebeziehung doch noch Veränderungen in der Modusdynamik, so z. B. durch eine verstärkte Aktivierung im VK, der sich alleingelassen fühlt, anstoßen zu können. Eine besonders große Chance gibt es dafür an diesem Punkt des Therapieprozesses jedoch erfahrungsgemäß nicht mehr.

4.8 Zusammenfassung

In diesem vierten Kapitel ging es um den Umgang mit den emotionsvermeidenden Modi, dem Distanzierten und Ärgerlichen Beschützer sowie dem Aktiven Selbstberuhiger. Nach einer Verortung auf dem Kontinuum der Bewältigungsmodi auf Basis der Polyvagaltheorie von Stephen Porges (2010) wurden die drei BM detailliert mit ihren unterschiedlichen Erscheinungsformen dargestellt. Insbesondere der DB und der ÄB machen sich auch in Therapiesitzungen bemerkbar, wenn bspw. die Therapeutin merkt, dass sie nicht in Kontakt treten kann, »wie gegen eine Mauer läuft«. Die drei emotionsvermeidenden Modi können den Therapieprozess massiv beeinträchtigen, weil der Zugang zum VK-Modus und damit die schematherapeutische Arbeit auf der »hinteren Bühne« nicht möglich sind. Herzstück des Kapitels sind mehrere Stühleübungen, um die dysfunktionalen BM zu umgehen. Zusätzlich wurden auch einige kognitive Techniken dargestellt, die für die Motivierungsarbeit genutzt werden können. Manchmal wird es nicht gelingen, unmittelbar in die emotionsaktivierende Arbeit auf Stühlen einzusteigen und Sie werden mit Ihren Patientinnen erst einmal erarbeiten müssen, warum eine Reduktion des unflexiblen, dysfunktionalen BM zugunsten einer situationsangepassten flexiblen Anspannungs- und Emotionsregulation sinnvoll ist und welche Vorteile daraus erwachsen. Schließlich beleuchtet das Kapitel auch die Grenzen des emotionsaktivierenden

Arbeitens zum Umgang mit emotionsvermeidenden BM mittels Stühletechnik. In diesem Fall möchte ich Sie auch an dieser Stelle noch einmal einladen, sich in ▶ Kap. 2 Anregungen zur Körperarbeit bei emotionsvermeidenden Bewältigungsmodi zu holen.

Literatur

Borkovec TC, Alcaine O, Behar ES (2004). Avoidance theory of worry and generalized anxiety disorder. In R Heimberg, D Mennin, C Turk (Hrsg.), *Generalized anxiety disorder: Advances in research and practice* (pp 77–108). New York: Guilford Press.

Brockman R (2016). *Schema therapy as a third wave therapy: how does a meta cognitive perspective influence mode dialogues with difficult patients?* Vortrag ISST Conference, Wien.

Brockman R, Stavropoulos A (2017). Dealing with pathological worry and rumination: Proposing a new ›Over-Analyzer‹ coping mode. *Schema Therapy Bulletin*; 6: 8–19.

Hayes SC, Wilson KG, Gifford EV, Folette VM, Strohsal K (1996). Experiential avoidance and behavioral disorders: a functional dimensional approach to diagnosis and treatment. *J Consult Clin Psychol*; 64 (6): 1152–1168. https://doi.org/10.1037//0022-006x.64.6.1152.

Herpertz SC, Saß H (1997). Impulsivität und Impulskontrolle – Zur psychologischen und psychopathologischen Konzeptualisierung. *Nervenarzt*; 68:171–183.

Jacob G, Arntz A (2014). *Schematherapie*. Hogrefe eLibrary: Band 53. Göttingen: Hogrefe.

Mowrer OH (1947). On the dual nature of learning – a reinterpretation of »conditioning« and »problem solving«. *Harv Educ Rev*; 17: 102–148.

Porges SW (2010). *Die Polyvagal-Theorie. Neurophysiologische Grundlagen der Therapie*. Paderborn: Junfermann.

Roediger E, Neumann A (2021). Was kann eine schematherapeutische Komponente zur Behandlung von komplexen Zwangsstörungen beitragen? *Verhaltenstherapie und Verhaltensmedizin*; 42(1): 20–36.

Shearer SL, Tucker D (1981). Differential cognitive contributions of the cerebral hemispheres in the modulation of emotional arousal. *Cogn Ther Res*; 5 (1): 85–93. https://doi.org/10.1007/BF01172328.

Stromberg C, Zickenheiner K (2021). *Emotionale Regulation bei psychischen Störungen: Praxis der Verhaltenstherapie schematherapeutisch erweitert*. Berlin: Springer.

Valente M (2021). *Schematherapie: Ein Leitfaden für die Praxis*. Stuttgart: Kohlhammer.

Valente M, Reusch Y (2017). *Selbstregulation und Impulskontrolle durch Schematherapie aufbauen*. Weinheim: Beltz.

Young J (2012). *Bypassing the Detached Protector*. Workshop ISST Conference, New York.

5 Überkompensation

Matias Valente

5.1 Externalisierende Dynamiken im kontextuellen Verständnis

Mit dem Begriff der »Externalisierung« meinen wir die Tendenz, bei Frustrationen und Konfliktsituationen trotz natürlichem Bindungsbedürfnis auf der Ebene des sichtbaren Verhaltens (Bewältigungsmodi) selbstbehauptungsorientiert-kämpferisch zu reagieren. Metaphorisch gesehen findet während eines interpersonellen Konflikts keine »Implosion« des eigenen Ärgers wie bei der passiven Vermeidung und der prosozialen Unterwerfung statt, sondern eine nach außen gerichtete und im Verhalten gut sichtbare »Explosion«. Energie wird symbolisch nach außen gerichtet und kanalisiert, also externalisiert. Diese Tendenz wird nach der inzwischen veralteten, aber Ihnen möglicherweise gut vertrauten Nomenklatur im DSM-IV überwiegend bei Cluster-B-Persönlichkeiten beobachtet (histrionische, narzisstische, emotional instabile, impulsive und antisoziale Persönlichkeiten) und mit Ausnahme der anankastischen Persönlichkeit seltener bei Cluster-C-Persönlichkeiten. Analog zur internalisierenden Dynamik, spielen bei »externalisierenden Patienten« die automatischen Kognitionen und Bewertungen (Antreiber- bzw. Kritikermodus) häufig eine entscheidende Rolle: *Während bei internalisierenden Reaktionen die Basisemotion Ärger und die natürliche Selbstbehauptungstendenz vorübergehend neutralisiert werden, werden bei externalisierenden Dynamiken das natürliche Bindungsbedürfnis und prosoziale Emotionen in den Hintergrund gedrängt* (Trauer, Bindungsangst, Scham, Schuld).

Heißt das etwa, dass bei »externalisierenden Patienten« die »weicheren« und prosozialen Emotionen (Verletzbarer Kindmodus) keine Rolle spielen? Natürlich nicht! Aber bevor ich das vertiefe, möchte ich Sie an dieser Stelle an das mikroanalytische Verständnis der Verhaltenssteuerung und eine grundsätzlich kontextuelle Betrachtung erinnern.

> Eine bestimmte Handlung (ob problematisch oder nicht, spielt zunächst keine Rolle) kann nur im Kontext der Situation verstanden werden, in der diese auftritt. Jetzt kommt es aber auf die Definition von »Situation« an: Mikroanalytisch betrachtet sind nur die Bedingungen von Relevanz, die unmittelbar vor und während der Handlung wirksam sind.

Verletzliche Emotionen wie Trauer und Angst (und somit der Verletzbare Kindmodus) sind in der Fallkonzeption eines Patienten mit problematischen externalisierenden Verhaltensweisen in aller Regel von hoher Relevanz. Zum einen finden wir in der Lebensgeschichte häufig sehr belastende/schmerzhafte oder gar traumatische Erfahrungen mit Verlassenheit/Vernachlässigung, Demütigungen, Misshandlungen und Missbrauch. Zum anderen gehen die häufigen Selbstabwertungen des Inneren Kritikers sowie die emotionalen Hemmungstendenzen oder auch die Leistungsorientierung des Inneren Antreibers im Normalfall mit einer Intensivierung und Aufrechterhaltung dieser verletzlichen Emotionen einher. Und diese Emotionen sowie bindungsorientiertere Verhaltenstendenzen können bei diesen Patienten ebenfalls gut beobachtet werden, möglicherweise in der gleichen Interaktion oder Situation, in der das dominant-kämpferische Verhalten auftritt. In der Mikroanalyse dieses Verhaltens zeigt sich jedoch eine vorübergehende Hemmung dieser bindungsorientierten Emotionen. Einerseits aktivieren sich dabei nach innen gerichtete selbstkritische oder selbstantreibende Bewertungsmuster, welche diese »weichen« Emotionen neutralisieren. Schemainhalte und Bewertungsmuster richten sich aber auch nach außen und werden auf die Situation oder Person(en) »projiziert«. Das ist bei offen aggressiven Bewältigungsmodi fast auf den ersten Blick erkennbar: Der narzisstische Selbstüberhöher entwertet oder demütigt sein Gegenüber (bspw. als nach außen gewendete Umkehrung des Schemas *Unzulänglichkeit/Scham*), der Schikanierer/Angreifer sucht dessen Schwächen und verletzt ihn gezielt (bspw. als Umkehrung des Schemas *Missbrauch*). Aber auch hinter einem zwanghaften Kontrollmodus findet sich i.d.R. die Entwertung anderer, die etwas nicht so gut können wie der Kontrolleur selbst (z.B. als Umkehrung des Schemas *Versagen* oder auch *Überhöhte Standards*).

Während der externalisierenden Handlung (Überkompensation) treten bindungsorientierte Emotionen im Bewusstsein des Patienten *vorübergehend* in den Hintergrund. Das führt symbolisch zu einem »Überschuss« an Kraft und Selbstbehauptungstendenzen, der sich in den aktiven Bewältigungsmodi sehr deutlich zeigt. Lassen Sie es mich mit einem Fallbeispiel verdeutlichen.

Fallbeispiel

Peter ist 58 Jahre alt, Bauingenieur, und lebt zusammen mit seiner Ehefrau Susanne, 59 und ebenfalls Ingenieurin. Das Paar kommt in Therapie aufgrund der immer häufiger werdenden Diskussionen, bei denen insbesondere Peter verbal-aggressiv und abwertend gegenüber Susanne auftritt, während Susanne ihn und potenzielle Streitgespräche eher meidet. Das Paar arbeitet in der gleichen Firma, wobei Susanne, auch wenn sie nicht seine direkte Vorgesetzte ist, eine deutlich höhere Position im Unternehmen hat. Während sie sich an einem Abend in einer Vorstandssitzung befindet, ist Peter allein zuhause. Jetzt kommen wir zu einer Reihe ineinandergreifender Mikroanalysen.

Mikroanalyse 1: Peter bereitet das Abendessen für Susanne vor (Gesunder Erwachsenenmodus).

Peter kommt deutlich früher als Susanne zuhause an. Er denkt immer wieder über die Vorstandssitzung nach und beneidet Susanne um ihre Position, ist aber gleichzeitig froh, nicht so lange wie sie in der Firma bleiben zu müssen. Insbesondere Peters Vater war sehr streng und leistungsorientiert (Schemata: *Unzulänglichkeit, Versagen, Streben nach Zustimmung, Überhöhte Standards*). Vor dem Hintergrund dieser »alten Bilder« und Schemata (O-Variable) denkt Peter immer wieder, er sei ein Versager und hätte es zu nichts gebracht (Ri kogn: Kritiker), fühlt dabei primär Angst und Trauer (Ri emot: Verletzbares Kind), sekundär aber auch Scham und Schuld. Diese sekundären Emotionen sind fast die Brücke zur Aktivierung eines Bewältigungsmodus. Peter beginnt, sich fürs Joggen umzuziehen (Re: Distanzierter Selbstberuhiger), etwas, was er häufig macht, wenn er Schwierigkeiten im Umgang mit Emotionen erlebt. Während er sich umzieht, gelingt es ihm jedoch, seine »erwachsene Seite« zu aktivieren, sodass er sich von den Versagensgedanken distanzieren und beim Gedanken an den anstehenden Abend mit Susanne (Ri kogn) auch Freude erleben kann (Ri emot). Peter entscheidet sich dann für eine bindungsorientierte Handlung und geht in die Küche, um Abendessen vorzubereiten (Re).

Mikroanalyse 2: Peter verlässt das Haus und geht joggen (Distanzierter Selbstberuhiger).

Peter steht inzwischen über eine Stunde in der Küche und kocht. Er weiß, dass Susannes Sitzung bis ca. 19 Uhr angesetzt ist und rechnet mit ihr um ca. 19:30 Uhr. Ab 19:30 Uhr wird er zunehmend ungeduldig. Um 20:30 Uhr ist Susanne noch nicht da, er steht vor dem verkochten Essen und schaut sich den gedeckten Tisch an (S), fühlt sich traurig und enttäuscht (Ri emot: Verletzbares Kind), wertet sich gedanklich ab mit Worten wie »*Wie blöd bin ich eigentlich? Für was gebe ich mir so eine Mühe? Ich bin einfach nur bescheuert und lächerlich*« (Ri kogn: Kritiker). Er ärgert sich aber auch massiv (Ri emot: Ärgerliches Kind) und denkt »*Ist aber wieder typisch, nicht mal eine SMS schickt sie mir, die große »Frau Wichtig«* (Ri kogn: Kritiker nach außen gerichtet). Er lässt dann alles stehen, zieht sich schnell um und geht joggen bei lauter Musik (Re: Selbstberuhiger). Er rennt, als würde er gerade für eine Teilnahme an den olympischen Spielen trainieren und versucht, seine Gefühle »hinter sich zu lassen«. Dies funktioniert auch gut, denn er lenkt sich dadurch gut von seiner Traurigkeit und seinem Ärger ab (C-/-) und kommt auf andere Gedanken.

Mikroanalyse 3: Entwertende Überkompensation im Streit mit Susanne

Nach eineinhalb Stunden kommt Peter zurück, Susanne ist bereits da und macht sich Sorgen. Nach einer angespannten Anfangsphase, in der keiner der beiden viel erzählt und beide überwiegend versuchen, sich emotional herunterzuregulieren, beginnt der Streit. Während des Streits diskutieren beide zunächst auf »Augenhöhe«, bis Susanne zu Peter sagt: »*Eine Vorstandssitzung ist kein normales Meeting, weißt du? Da geht es manchmal länger und ich habe nicht auf die Uhr geschaut.*« Während er das hört, erlebt Peter »hinter den Kulissen« für einen kurzen Moment einen starken Ärger mit hoher Körperanspannung (Ri emot: Ärgerliches Kind) und denkt »*Du blöde Kuh, jetzt hältst du dich noch für was Besseres?!*« (Ri kogn). Seine Körperhaltung ändert sich, mit einer hochgezogenen Augenbraue schaut er Susanne an, atmet langsam und deutlich aus und sagt: »*Wow... Aschenputtel hat es weit gebracht ... aber pass bloß auf, bald ist wieder Mitternacht und du wachst in der Gosse auf, aus der du kommst.*«

5.1.1 Dimensional-kontextuelle vs. kategoriale Perspektiven

Das Moduskonzept wie von Jeffrey Young beschrieben ist kategorial und beschreibt gewissermaßen verschiedene pathologische »Ego-States« (▶ Kap. 1). Welche Vorteile hat aber ein dimensional-kontextuelles Verständnis im Vergleich zu einem kategorialen Modusverständnis?

Zum einen wird mit ICD-11 das kategoriale Paradigma in der Diagnostik von Persönlichkeitsstörungen durch ein dimensionales System ersetzt. Nicht nur die rigiden Kategorien, sondern die Annahme der früh entstandenen und nicht veränderbaren »Charakterstörung« wird revidiert: Persönlichkeitsstörungen haben unterschiedliche Schweregrade, können auch später im Erwachsenenleben auftreten und remittieren häufig nach zwei Jahren – auch ohne psychotherapeutische Behandlung (Gunderson et al., 2000). Ein dimensional-kontextuelles Modusverständnis ist fast die logische Konsequenz.

Zum anderen wird man Patienten wie Peter nicht gerecht, wenn man nur das Etikett einer »narzisstischen Persönlichkeit« verwendet und ihn auf seine Überkompensation reduziert. »*Der Narzisst hat zu wenig Empathie, ist in Beziehungen ausbeuterisch, neidisch, arrogant und manipulativ*« – trifft das wirklich zu in Peters Fall? Der Abend begann damit, dass Peter für Susanne kochen und ihr nach dem langen Arbeitstag etwas Gutes tun wollte. Natürlich kommt es in der dritten Mikroanalyse zu einer sehr entwertenden und arroganten Aussage im Streitgespräch. Dieses Verhalten ist aber situativ zu verstehen, steht in Verbindung mit einer langen Lerngeschichte (O-Variable) und ist veränderbar, bspw. durch Psychotherapie. Wenn wir jedoch darin einen stabilen und schwer veränderbaren Charakterzug sehen, entgehen uns möglicherweise verborgene Ressourcen (die gleichen externalisierenden Tendenzen können möglicherweise in einem anderen Kontext sehr effektiv und »sinnvoll« sein) und bereits vorhandene alternative Verhaltensweisen, welche aber nur in anderen Kontexten beobachtet werden.

5.2 Die therapeutische Beziehung

5.2.1 Betrachten Sie den Sonnenaufgang

Ich möchte Sie für einen Moment zu einem kleinen Experiment einladen. Es ist sehr wahrscheinlich, dass sich unter Ihren Patienten auch welche befinden, die solche »externalisierenden Tendenzen« auch in der Beziehung zu Ihnen zeigen. Möglicherweise fühlen Sie sich während solchen Interaktionen auch »getriggert« und erleben sowohl emotionale als auch kognitive Reaktionsmuster, die Sie während anderer Interaktionen mit Ihren Patienten nicht erleben.

> Jetzt kommt die versprochene Übung: Stellen Sie sich vor, Sie haben in diesem Moment eine Sitzung mit jenem Patienten. *Wie fühlen Sie sich? Wie reagiert Ihr Körper, wenn Sie sich in diese Situation hineinversetzen? Was denken Sie?* (Bitte machen Sie eine kleine Pause, geben Sie sich ein bisschen Zeit und widmen Sie sich wirklich Ihren Gefühlen und Gedanken!). Stellen Sie sich jetzt bitte für einen Moment vor, Sie sind nicht Sie selbst in dieser Interaktion, sondern Ihr Patient. Vielleicht spulen Sie etwas zurück: Wie lange fährt Ihr Patient zu Ihnen in die Praxis? Stellen Sie sich vor, Sie befinden sich auf dem Weg zur Praxis, um dort eine Therapiestunde zu haben. Sie kennen die Alltagsprobleme und das Leiden Ihres Patienten. Stellen Sie sich jetzt bitte vor, das sind in diesem Augenblick Ihre Probleme und Ihr Leiden. Und Sie fahren zur Therapiesitzung, in der diese Probleme thematisiert werden. *Wie fühlen Sie sich? Wie reagiert Ihr Körper, wenn Sie sich in diese Situation hineinversetzen? Was denken Sie?*

An dieser Stelle würde ich gerne eine Metapher zitieren, die ich bei Dr. Rainer Sonntag, bei dem ich das Glück hatte, mich in ACT fortzubilden, lernte.

> Jeder Kontakt mit einem Patienten (oder einem Menschen im Allgemeinen) ist wie ein Sonnenaufgang: Man mag die Sonne möglicherweise bereits 100 oder 1000 Mal aufgehen gesehen haben, doch jeder Sonnenaufgang ist einzigartig.

Egal wie »getriggert« Sie sind und wie sehr Sie sich in dieser Situation als das »Opfer« der dysfunktionalen Bewältigung Ihres Patienten vorkommen: Ihr Patient kommt mit hoher Wahrscheinlichkeit nicht in Ihre Sitzung, um Sie zu quälen. Irgendwas geschieht jedoch auf dem Weg zu Ihnen oder sogar in Ihrer Anwesenheit, sodass ihm zunächst nichts anderes übrigbleibt, als dieses Verhalten zu zeigen. Und dieses »irgendwas« hat möglicherweise nichts mit Ihnen persönlich zu tun (falls Sie sich an dem Wort »möglicherweise« stören, bitte ich Sie um Geduld, ich komme später nochmal darauf zurück).

5.2.2 Verbalität und kontextuelles Verständnis

Ich möchte Sie zu einem weiteren Experiment einladen. Stellen Sie sich vor, Sie befinden sich in einem Intervisionstreffen und erzählen Ihren Kollegen über die schwierige Interaktion mit Ihrem Patienten. Während Sie darüber berichten, reagieren Sie sichtbar emotional, werden bspw. ärgerlich-angespannt, sodass einer Ihrer Kollegen Sie anspricht, vielleicht mit einem »*Matias, atme kurz durch!*«. Was sagen Sie dann? Ich möchte Sie gerne bitten, die folgenden zwei Passagen zu lesen und jeweils zu schauen, wie sich die jeweiligen Formulierungen auf Sie und Ihre Haltung gegenüber dem Patienten auswirken:

Peter Mayer ist ein übler Narzisst. Er schafft es so gut, meine wunden Punkte zu treffen und sagt immer das Richtige, um mich zu triggern. Er kann einem das Leben echt schwer machen, wenn man nicht aufpasst. Ich muss so aufpassen, dass ich nicht doof reagiere! Professionell zu bleiben ist so eine Herausforderung ...

Bitte achten Sie darauf, wie Ihre Haltung gegenüber Ihrem Patienten, seiner Behandlung und Ihren Schwierigkeiten mit ihm gerade ist. Was fühlen Sie? Was denken Sie? Wie sehr mögen Sie gerade Ihren Patienten? Wie hoch ist Ihr Mitgefühl mit ihm und auch mit sich selbst?

Während Peter Mayer mich mit hochgezogener Augenbraue anschaut und etwas Sarkastisches sagt, werden meine eigenen Schemata und meine »alten Bilder« aktiv, ohne dass ich es bewusst merke. Ich ärgere mich einerseits über ihn und zweifle aber auch an mir selbst. Meine (Antreiber-)Gedanken sind dann gut hörbar und ich denke sofort, ich muss mich unbedingt wehren, um nicht unterzugehen. Und häufig gehe ich selbst auch in die Überkompensation und sage etwas Abweisendes oder sogar Abwertendes, so wie ich es schon in der Jugend gelernt habe. Und während ich das mache, erlebt Peter Mayer vermutlich auch eine weitere Schemaaktivierung und leidet, genauso wie ich.

Wie fühlen Sie sich jetzt? Was denken Sie? Was passiert mit Ihrer Sympathie und Ihrem Mitgefühl für Ihren Patienten und sich selbst?

> Die Art und Weise, wie wir diese Zusammenhänge formulieren, kann einen großen Unterschied machen. Ganz im Sinne des funktionalen Kontextualismus können wir uns die Frage stellen: Welche Formulierung hilft uns eher, die Therapeuten zu sein, die wir sein möchten? Uns so zu verhalten, wie wir es uns von einem Kollegen wünschen würden, der uns behandeln würde, wenn wir psychotherapeutische Hilfe bräuchten? Oder anders gesagt: Welche Formulierung hilft uns eher, den Sonnenaufgang hinter den Wolken zu sehen?

5.2.3 Wenn die Wolken zu dicht sind

Es ist nicht immer leicht, die Sonne zu sehen. Insbesondere dann, wenn unsere eigenen Schemata aktiviert werden und wir selbst – meistens ohne es zu merken – in einen Bewältigungsmodus »wechseln«. Auch für uns als Therapeuten gelten die gleichen Spielregeln: Je intensiver unsere emotionale Aktivierung in einer Situation, desto stärker und automatisierter unsere Reaktion auf der Handlungsebene. Wie könnten dann unsere automatisierten Reaktionen aussehen, wenn sich Peter Mayer nicht Susanne, sondern uns gegenüber in der Sitzung überheblich/entwertend/selbsterhöhend verhalten würde?

Stellen Sie sich dafür vor, Peter kommt in Ihre Sitzung, setzt sich hin, schlägt ein Bein über das andere, lehnt sich zurück und schaut Sie an, zunächst ohne etwas zu sagen. Anschließend lächelt er und sagt zu Ihnen in ruhigem, aber »provokantem« Ton diesen Satz: »*Wissen Sie, Herr Valente? Ich habe mir in den letzten Tagen Gedanken über Sie gemacht. Und ich weiß wirklich nicht, ob Sie der Richtige sind. Ich dachte, einer der Bücher schreibt, müsste es irgendwie draufhaben. Aber bisher waren Sie wirklich eine ziemliche Enttäuschung. Ein paar Vorstellungsspielchen ... mehr haben Sie nicht drauf?*«

Wie würden Sie darauf reagieren? Dieses Mal meine ich nicht (nur) Ihre internal-verdeckte, sondern vielmehr Ihre sichtbare Reaktion. Hier drei prototypische Möglichkeiten:

- *Sie könnten prosozial-unterwürfig reagieren.* Sie könnten Peter in etwas verlegenem Ton erklären, dass Sie wirklich gut und ausreichend qualifiziert sind und ihn konkret fragen, was er genau vermisst. Sich möglicherweise dafür entschuldigen, ihn in den letzten Sitzungen nicht gut genug behandelt zu haben und versprechen, sich zu bemühen, es in dieser Sitzung viel besser zu machen.
- *Sie könnten allerdings auch eine eher passive Vermeidungsreaktion wählen.* Bspw. könnten Sie Peters Aussage weitgehend ignorieren und direkt Hausaufgaben erfragen oder auch vorschlagen, mit dem Therapieplan weiterzumachen. Oder einfach das Gespräch in eine andere Richtung lenken, wie etwa die Frage nach einem möglichen Muster, das sich auch bei anderen Menschen in seinem Leben zeige. *Eine aktive Vermeidungsreaktion* würde möglicherweise mehr Genervtheit und Ablehnung in Ihrer Haltung beinhalten. Sie könnten sich dabei mehr zurücklehnen und die Arme verschränken, dabei sehr ernst-angespannt schauen.
- *Sie könnten aber auch in einen Kampf um die Dominanz in der Sitzung* einsteigen, z. B. mit aggressiv-entwertenden »Gegenangriffen«, Überheblichkeit und provokativen Kommentaren. Sie könnten Peter zeigen, dass Sie der Boss in Ihrer Praxis sind und ihm klare Grenzen zeigen.

Haben Sie sich entschieden? Das ist wahrscheinlich keine so leichte Entscheidung, denn ich habe Ihnen »nur« tendenziell dysfunktionale Bewältigungsreaktionen angeboten, mit deren Hilfe Sie sich unbegrenzt in einen »Tanz der Bewältigungsmodi« (Valente, 2021) begeben würden. Es gibt aber natürlich eine weitere Option! Die schauen wir uns gleich an, aber zuerst eine wichtige Unterscheidung:

> **Inhalts- vs. Prozessebene**
>
> Während der Inhalt des Gesagten in aller Regel sehr relevant ist, wenn sich Patient und Therapeut im Gesunden Erwachsenenmodus befinden und über ein bestimmtes Thema nachdenken, ist er bei starken Modusaktivierungen meistens zweitrangig. Viel wichtiger als das »*Was*« (Inhalt) ist das »*Wie*« (nonverbale Kommunikation) und insbesondere im Falle von Bewältigungsmodi das »*Wozu*« (interaktionelle Funktionalität).

Wieso ist diese Unterscheidung wichtig? Weil wir in solchen Situationen grundsätzlich die Inhaltsebene verlassen und den Weg auf die Metaebene wählen, von der aus wir die Modusaktivierung unseres Patienten ansprechen. Wir reagieren also nicht auf den Inhalt, sondern auf die »interaktionelle Figur« und versuchen, dem Patienten zu helfen, ebenfalls die symbolische Tanzfläche zu verlassen. Dadurch reduziert sich (im Idealfall jedenfalls) die Gefahr, dass wir selbst unseren Erwachsenen- bzw. Therapeutenmodus verlassen und in einen Bewältigungsmodus gehen.

Umgang mit Überkompensation gegenüber dem Therapeuten

1. Unterbrechen Sie ihn freundlich und verlassen Sie die Inhaltsebene: »*Darf ich Sie unterbrechen?*«
2. Leiten Sie den Reflexionsprozess ein: »*Peter ... was machen Sie gerade? In welchen Modus gehen Sie?*« Falls der Patient sich nicht darauf einlässt, bieten Sie den eigenen Eindruck an: »*Ich glaube, Sie gehen gerade in Ihren Selbsterhöher.*«
3. Reflektieren Sie sich kurz selbst: Wie aktiviert/getriggert sind Sie im Augenblick?
4. Wählen Sie (wenn möglich gemeinsam mit Ihrem Patienten) eine passende Intervention/Übung.

Wahrscheinlich werden Sie jetzt mit Recht fragen: »*Aber welche Intervention soll ich dann wählen?!*« An der Stelle möchte ich gerne etwas wieder aufgreifen, was Eckhard Roediger und ich bereits im ersten Kapitel (▶ Kap. 1) dargestellt haben: das Konzept der vier Positionen.

5.2.4 Die vier Positionen der Beziehungsgestaltung als Interventionskompass

Im Sinne eines »Interventionskompasses« formulieren wir zwei Dimensionen: Die erste ergibt sich zwischen den Polaritäten der kognitiven Klärung und der achtsamen Beobachterperspektive einerseits und dem vertieften emotionalen Erleben andererseits. Die zweite bewegt sich zwischen einer bindungsorientierten und verständnisvollen Unterstützung und einer eher selbstbehauptungsfördernden-konfrontativen Veränderungsorientierung. Diese Dimensionen werden als »Laufwippen« verstanden, auf welchen wir uns als Therapeuten (mehr oder weniger) bewusst und häufig innerhalb der gleichen Intervention bewegen. Diese Art Flexibilität in den Bewegungen entspricht im Wesentlichen der Erwachsenenfunktion, die der Patient internalisieren soll, gibt uns aber als Therapeuten auch eine Orientierungsmöglichkeit.

Wenn wir diese Dimensionen als X/Y-Achsen in einer Grafik anschauen, ergeben sich vier Quadranten oder Positionen. Sowohl spezifische Interventionen während der Durchführung von Übungen als auch die bewusste und ausgewogene Gestaltung der therapeutischen Interaktion lassen sich mithilfe dieser vier Positionen sehr gut darstellen. Schauen wir uns jetzt diese vier Positionen im Detail an.

Position 1: bindungsorientiert/verständnisvoll – klärend

Vor allem zu Beginn einer Behandlung tendieren wir dazu, verständnisvoller sowie bindungsorientierter zu reagieren und unterstützen den Patienten mit einer gewissen »Geduld« dabei, sich selbst besser zu reflektieren. Was bedeutet das konkret im Umgang mit Peters Überkompensation? Sie könnten ihn bspw. nach den o. g. Anfangsschritten dazu einladen, mit Ihnen aufzustehen und von oben herunter die Interaktion zu beschreiben. Sie bekommen noch mehr Distanzierung hin, wenn Sie nicht die echten, sondern alternative Namen verwenden, wie etwa Herr Müller und Frau Mayer:

»Würden Sie bitte mit mir aufstehen? Schauen wir uns das Gespräch zwischen uns beiden von außen an, okay? Peter (bzw. Herr Müller) kommt in die Therapiesitzung und beginnt das Gespräch mit den Sätzen: »Ich dachte, Sie hätten mehr drauf, als nur ein paar Vorstellungsspielchen. Ich weiß nicht, ob Sie der Richtige sind.« Wir haben gerade darüber gesprochen, das könnte eher die kämpferisch-dominante Seite von Peter sein. Lassen Sie uns an der Stelle uns vorstellen, hinter dem Kämpfer sitzt eine andere Seite von Peter. Was ist hinter den Kulissen? Wozu braucht Peter den Kämpfer gerade hier im Therapiegespräch? Worum geht es dem Kämpfer? Was will er erreichen? Was möchte er verhindern?«

Position 2: bindungsorientiert/verständnisvoll – erlebnisorientiert

Sowohl im Anschluss an die klärende Intervention im Stehen als auch als direkte Übung nach dem Unterbrechen und Benennen der Modusaktivierung könnten Sie eine erlebnisorientierte Technik anwenden, bei der nicht die Konfrontation mit den Konsequenzen der Überkompensation und die Aufforderung zur Veränderung, sondern v. a. die verständnisvollere Suche nach Hintergründen und Motiven »hinter den Kulissen« bzw. in der Biografie des Patienten im Vordergrund stehen. Hier einige Beispiele:

Gespräch mit dem Kämpfer auf einem zusätzlichen Stuhl: Dafür holen Sie einen zusätzlichen Stuhl und bitten den Patienten, sich dort hinzusetzen und als Kämpfer zu sprechen. Befragen Sie ihn zum Grund seiner Aktivierung im Gespräch (*»Wozu machst du das? Was möchtest du beim Therapeuten erreichen?«*) und bringen Sie die dominant-entwertende Handlungstendenz auf der vorderen Bühne in Verbindung mit Emotionen und Kognitionen hinter den Kulissen (*»Was willst du dadurch für (den kleinen) Peter hinter den Kulissen erreichen? Was könnte passieren, wenn du dich nicht aktivierst und für ihn einsetzt?«*), sowie in Verbindung mit historischen Hintergründen (*»Seit wann machst du das? Seit wann bist du ein Teil von Peter?«*). Im Idealfall können Sie anschließend ein Gespräch mit dem »kleinen Peter« auf einem anderen Stuhl fortsetzen und aktiv in die Nachbeelterung gehen (»Interview mit dem Bewältigungsmodus«, ausführliche Beschreibungen und Anleitung in Valente und Roediger, 2020 bzw. Valente, 2021).

Klärendes Gespräch mit dem Gesunden Erwachsenenmodus auf einem zusätzlichen Stuhl: Der Patient spielt seinen besten Freund oder einfach den Gesunden Erwachsenenmodus, der mit Ihnen gemeinsam auf den leeren Stuhl schaut, auf dem der Patient normalerweise sitzt, und sich mit Ihnen Gedanken über die Gründe der

Aktivierung und die Verbindung mit der hinteren Bühne macht (»*Sie sind also Uwe, Peters bester Freund. Sie sehen, wie er sich gerade gegenüber dem Therapeuten verhält. Was meinen Sie, Uwe, wozu er in den Kämpfermodus gerade geht? Was will er damit erreichen?*« etc.)

Imaginative Suche nach biografischen Hintergründen: Mithilfe der »Float-back«-Technik und mittels der sog. Affektbrücke können Sie die biografischen Hintergründe der Handlungsstrategie erforschen und ein Bild aus der Kindheit/Jugend explorieren. Dadurch werden Sie nicht nur die subjektive Notwendigkeit des Patienten für die Aktivierung des Bewältigungsmodus verstehen, sondern auch Kontakt zur Verletzbarkeit des kleinen Peters hinter den Kulissen aufnehmen. Auch wenn Sie keine Imaginative Überschreibung machen, werden Sie dem Patienten eine korrektive Beziehungserfahrung ermöglicht haben.

Position 3: selbstbehauptungsorientiert/konfrontativ – klärend

Analog zur verständnisvollen Klärung im Stehen, können wir eine selbstbehauptungsorientiertere Haltung einnehmen und den Patienten im Stehen mit den Konsequenzen seines Verhaltens stärker konfrontieren. Nach der Unterbrechung des Gespräches und der Benennung der Modusaktivierung könnten Sie im Stehen Folgendes sagen:

»*Schauen wir uns das Gespräch zwischen uns beiden von außen an, okay? Peter sagte gerade zu seinem Therapeuten, er zweifle daran, dass der Therapeut der Richtige sei. Was denken Sie, wie es dem Therapeuten geht? Wenn Peter weiterhin so mit ihm spricht, wie lange denken Sie, dass er sich das hier antun wird? Was hat der Peter davon, wenn er in seinem Kämpfermodus den Therapeuten so angeht, dass er nicht mehr mit ihm arbeiten will? Was wird danach passieren, wenn der Therapeut die Behandlung beendet hat?*«

Position 4: selbstbehauptungsorientiert/konfrontativ – erlebnisorientiert

Die Konfrontation mit den Konsequenzen seines Verhaltens könnte aber auch im Rahmen einer erlebnisorientierten Übung stattfinden. Sie könnten bspw. mit Stühlen arbeiten und den Patienten bitten, auf dem Therapeutenstuhl Platz zu nehmen, während Sie seinen Kämpfermodus kurz personifizieren und die Sätze zu ihm sagen, die er vorhin zu Ihnen sagte. Anschließend könnten Sie sich neben ihn setzen und seine Reaktionen explorieren, während sich der Patient vorstellt, wirklich die Person zu sein, der gerade diese Sätze gesagt wurden. »*Wie fühlen Sie sich, wenn Peters Kämpfer so mit Ihnen spricht? Wie reagiert Ihr Körper? Was denken Sie? Was würden Sie am liebsten tun? Wie lange würden Sie sich solche Sprüche anhören?*«

Die Bewegung zwischen Positionen

Sie haben es sicherlich bereits bemerkt: Die verschiedenen Strategien lassen sich kombinieren! Die beiden Dimensionen sind wie Wippen und wir können uns entlang der Wippen bewegen, abhängig von der Situation, der Reaktion des Patienten auf die vorherige Intervention und natürlich unserer Absicht.

5.2.5 Empathische Konfrontation bei Entwertungen und Aggressivität

Empathische Konfrontation beinhaltet im Prinzip eine Mischung aus allen Positionen, denn wir bewegen uns entlang der Dimensionen ganz im Sinne der Metapher von Wippen während der Intervention. Insbesondere, wenn wir selbst das Ziel der Überkompensation und emotional aktiviert sind, empfiehlt sich diese Übung. Denn dadurch ist die Selbstöffnung wirklich authentisch und der Patient wird mit den Konsequenzen seines Verhaltens in einer Art und Weise konfrontiert, die zugleich eine Aufforderung zur Veränderung (Selbstbehauptung auf Seite des Therapeuten) als auch die eher verständnisvollere Einladung zurück in die Beziehung (Bindungsorientierung) beinhaltet.

> **Empathische Konfrontation mit narzisstischer Entwertung**
>
> (Unterbrechen, Verlassen der Inhaltsebene und Benennen des Modus wie in der Grundübung *Umgang mit Überkompensation gegenüber dem Therapeuten* in ▶ Kap. 5.2.3 beschrieben)
>
> 5. Verdeutlichen Sie die Konsequenzen der Überkompensation: »Wenn Sie so mit mir sprechen, dann kann ich Sie und ggf. den kleinen Peter nicht wirklich sehen. Ich sehe nur Ihren Selbsterhöher. Wir kennen uns inzwischen etwas länger und ich arbeite sehr gerne mit Ihnen. Umso mehr verletzen mich aber solche Aussagen. Und ich muss Ihnen wirklich ganz ehrlich und deutlich sagen: Wenn Sie mich so behandeln, dann habe ich irgendwann keine Lust mehr, mir das »anzutun« und werde diese Behandlung beenden.«
> 6. Verdeutlichen Sie die Verantwortung des Patienten für seine Handlungen: »Es ist Ihre Verantwortung, Ihren Selbsterhöher draußen zu lassen. Sie sind nicht mehr am Anfang Ihrer Behandlung. Sie müssen Verantwortung für sich übernehmen und auch aktiv unsere Beziehung schützen, wenn Sie möchten, dass ich Sie weiterbehandle«.

Der Umgang mit einer *aggressiveren* Überkompensation erfordert *eine viel klarere Grenze*, insbesondere, wenn sich der Patient bspw. vor Ihnen »aufbaut« und bedrohlich wirkt. Falls Sie bereits ein Deeskalationstraining gemacht haben, dann kennen Sie sicherlich manche dieser Techniken.

Die Begrenzung erfordert nach dem Prinzip »Spiegeln und führen«, dass Sie ggf. auch Ihre Stimme erhöhen und aufstehen, wenn der Patient aufsteht. Bitten Sie den Patienten vehement, aber nicht aggressiv, sich wieder zu setzen und Sie sprechen zu lassen. Bringen Sie Ihre Hände zusammen wie in Gebetsposition und verwenden Sie häufig das Wort »Bitte«.

Erst nach der Deeskalation können Sie eine ähnliche Selbstöffnung machen, wobei Sie nicht über Traurigkeit, sondern über Angst berichten: »*Wenn Sie so mit mir sprechen und mich anschauen, dann bekomme ich Angst ... der kleine Matias in mir bekommt Angst, und ich kann nicht arbeiten, wenn ich Angst vor Ihnen habe. Ich muss mich hier sicher fühlen, genauso wie Sie, verstehen Sie mich? Das ist wirklich wichtig.*«

5.3 Imaginationsarbeit

5.3.1 Vergangenheitsbewältigung und imaginatives Überschreiben

Während des imaginativen Überschreibens (Imagery Rescripting, ImRs) können wir mit zwei verschiedenen Perspektiven arbeiten, was zu unterschiedlichen emotionalen Erfahrungen führt: Wir können mit dem Patienten entweder als Kind oder als Erwachsenem sprechen, und zwar in allen Phasen des ImRs (Exposition, Konfrontation und Tröstung). Dadurch können wir differenziert den Fokus auf das Bindungs- oder Selbstbehauptungsbedürfnis unseres Patienten richten. Beide Perspektiven sind wichtig und es ist grundsätzlich das Ziel unserer Arbeit, dass Patienten in der Lage sind, im Erwachsenenmodus die Verantwortung für sich, ihre Emotionen und Bedürfnisse sowie ihre Handlungen, insbesondere hinsichtlich ihrer Konsequenzen, zu übernehmen. Und das wird beim ImRs teilweise implizit, teilweise explizit trainiert.

> Externalisierende Patienten profitieren am Anfang häufig am meisten von der Arbeit in der Kindheitsperspektive, denn dabei müssen sie sich von der Aktivierung maladaptiver Bewältigungsmodi distanzieren, uns als Therapeuten vertrauen und sich verletzlich zeigen. Und genau das fällt ihnen häufig sehr schwer.

Wenn der Patient während der Interventions- und Tröstungsphase in der Kindheitsperspektive bleibt, steht v. a. sein Bindungsbedürfnis im Vordergrund. Wir übernehmen dabei als Therapeuten die Erwachsenenrolle, sodass der Patient die Versorgung, den Halt und den Schutz erleben kann, die ihm in der Ursprungssituation fehlten. Wir sprechen mit dem Patienten als Kind und unterstützen dabei die Aktivierung verletzlicher Emotionen. Der Patient bekommt dadurch im Grunde genommen die Möglichkeit, sich an das Gefühl von Traurigkeit und Einsamkeit zu gewöhnen. Analog zum Habituationsmechanismus bei einer Angstexpositionsübung, während der unser Patient lernt, die dysfunktionale Bewältigung durch Flucht zu unterdrücken, lernt hier der externalisierende Patient, seine Vulnerabilität zu zeigen und die dysfunktionale Bewältigung durch Kampf durch eine prosozialere und offenere Haltung zu ersetzen.

5.3.2 Imaginative Modusarbeit

Um neues Verhalten zu modellieren und im Rahmen der Vorbereitung von Verhaltensexperimenten einzuüben, bieten sich Imaginationsübungen sehr gut an.

Imaginative Erprobung neuer Strategien bei problematischer Bewältigung

Dauer: 25–30 Min.

Situation: In einer schwierigen Situation aktivieren sich automatisiert Bewältigungsmodi (z.B. *kämpferische Selbsterhöhung bei einer Diskussion im beruflichen Kontext*), die das Einsetzen funktionalerer Handlungen erschweren.

Durchgang 1: unveränderte spontane Reaktionen

1. Zunächst soll die übliche Handlungstendenz in der Imagination aktiviert werden. Hier haben Sie zwei Möglichkeiten:
   a. Im Falle eines bereits gescheiterten Versuchs in den letzten Tagen: Lassen Sie den Patienten die Situation möglichst lebhaft imaginativ rekonstruieren und wieder erleben. Erarbeiten Sie dabei wie gewohnt Emotionen/Wünsche/Bedürfnisse, kritische Gedanken und Handlungstendenzen, anschließend realitätsgetreu tatsächliche Handlungen und situative Konsequenzen. Vor dem nächsten Schritt spulen Sie dann den Film zurück bis zur problematischen Stelle.
   b. Falls die Übung als ein rein mentales Einüben des neuen funktionalen Verhaltens durchgeführt wird, dann konstruieren Sie die zu erwartende Situation bis zu der problematischen Stelle, an der sich die dysfunktionale Bewältigung zeigen könnte.

Imaginative Modusarbeit

2. Führen Sie an der problematischen Stelle die Außenperspektive ein: »Okay, an dieser Stelle unterbrechen wir jetzt die Handlung und Sie sehen das Gespräch zwischen Ihnen und Ihrem Chef von außen, als wären Sie ein unsichtbarer Beobachter. Sehen Sie genau hin: Nicht Sie führen gerade das Gespräch, sondern Ihr guter Freund der »Kämpfer«, der in diesem Moment dabei ist, alles eskalieren zu lassen.«
3. Erarbeiten Sie die Funktionalität der Reaktion. In dieser Phase der Therapie wird es dem Patienten nicht schwerfallen, denn Sie werden bereits während der Diagnostik und der ersten Therapiephase genug mit diesem Modus gearbeitet haben.
4. Leiten Sie den Patienten an, analog zum »Interview mit einem Bewältigungsmodus« (Valente, 2021), die guten Absichten des BM anzuerkennen und sich bei ihm zu bedanken.

5. In vielen Fällen ist die Funktionalität als Schutz des VK sehr klar. Insbesondere bei impulsiven Tendenzen und narzisstischer Selbsterhöhung können Sie hier einen sehr wichtigen Zwischenschritt einbauen: Der Patient soll sich vorstellen, dass er sich selbst als Kind in der Situation sieht und dieses Kind bewusst an einen anderen Ort bringt, an dem es ihm gut geht und jemand auf es aufpassen kann.

Durchgang 2: Erprobung einer neuen Strategie

6. Nachdem sich der Patient beim BM bedankte und ggf. das VK in Sicherheit gebracht hat, kann eine neue Strategie in der Situation eingeübt werden. Auch hier gelten die gleichen Prinzipien wie bei einem Rollenspiel: Es dürfen mehrere Durchgänge sein und in vielen Fällen werden Sie als Modell oder als »soufflierender Coach« assistieren (müssen). Das soll wirklich ein praktisches Einüben und Einbrennen des neuen erwachsenen »ausbalancierten« Verhaltens sein.

5.4 Arbeit mit Stühlen

Bei einer »externalisierenden Dynamik« zeigt der Patient in einer interpersonellen Konfliktsituation übertrieben selbstbehauptungsorientiert-kämpferische Reaktionen (aggressiv-gespannter Rückzug, passiv-aggressives Verhalten, narzisstische Selbsterhöhung, aggressiv-bedrohliche Einschüchterung). Die verdeckte Aktivierung kritischer Modi (Antreiber/Kritiker) hemmt dabei die Bindungsorientierung und das VK wird blockiert oder »versteckt«. Das ÄK ist dagegen sehr aktiv und Selbstbehauptung dominiert das Verhalten auf der äußeren Bühne. Das Ziel dieser Übung besteht vor allem darin, den Patienten erneut in Kontakt mit seiner bindungsorientierten Verletzbarkeit und den Basisemotionen Angst und Trauer zu bringen. Dabei arbeiten wir in aller Regel weniger mit dem Kritikerstuhl, sondern vor allem mit dem ÄK und VK hinter den Kulissen. Das Ausbalancieren von Bindung und Selbstbehauptung ermöglicht eine andere, ausgewogenere Haltung auf dem vorderen Stuhl. Auch hier findet dann ein aktives Training des Patienten hinsichtlich seiner Haltung »nach außen« und seiner konkreten Handlung statt.

Stühleübung bei externalisierender Modusdynamik (Valente, 2021)

Dauer: 30–45 Min

Situation: Ganz im Sinne des mikroanalytischen Denkens wird bei der Übung mit einer konkreten Alltagssituation gearbeitet, bei der der Patient eine externalisierende Bewältigung gezeigt und Schwierigkeiten erlebt hat, in Kontakt mit seinem Bindungsbedürfnis zu kommen.

Phase 1: Inszenierung der Konfliktsituation (»vordere Bühne«)

Stellen Sie die Stühle entsprechend Abbildung 5.1 auf (▶ Abb. 5.1). Falls Sie mit Moduskarten oder Symbolen arbeiten, können Sie diese bereits auf den Stühlen platzieren. Ein leerer Stuhl vor der Moduslandschaft symbolisiert die »Stimulus-Variable« (meistens eine andere Person). Der Patient sitzt zunächst auf dem vorderen Stuhl, der an dieser Stelle die Aktivierung eines Bewältigungsmodus darstellt. Es findet ein kurzes Gespräch mit dem Bewältigungsmodus zur Erarbeitung der Handlungstendenz gegenüber der anderen Person statt.

1. Der Patient sitzt auf dem vorderen Stuhl, Sie sitzen neben ihm. Lassen Sie ihn zunächst kurz den leeren Stuhl anschauen und sich vorstellen, dass dort die Person sitzt, mit der der Konflikt passierte: »*Stellen Sie sich vor, dass dort Susanne sitzt und dass Sie sich gerade mit ihr unterhalten, so wie gestern zuhause. Lassen Sie das kurz auf sich wirken ...*«
2. Führen Sie ein kurzes Gespräch mit dem Bewältigungsmodus und explorieren Sie die Handlungstendenz. Am Beispiel von Peter und Susanne könnten Sie sagen: »*Okay, ich möchte jetzt mit Peters Kämpfermodus reden, der gestern gegen Ende des Gesprächs mit Susanne die Kontrolle übernahm. Kämpfer von Peter, kannst du bitte den Satz wiederholen, den du gesagt hast?* (Motivieren Sie ihn, die passende Körperhaltung und Stimmlage anzuwenden) *Was möchtest du bei Susanne bewirken, wenn du das sagst? Was könnte passieren, wenn nicht du, sondern der erwachsene Peter hier wäre und anders mit Susanne reden würde?*« Hier wird der Fokus vor allem nach außen gerichtet werden, denn das ist bei automatisierten Bewältigungsmodi i. d. R. zentral.

Phase 2: Wechsel auf die »hintere Bühne« und Gespräch mit dem Ärgerlichen Kind

Nach der Klärung der Funktionalität gehen wir mit dem Patienten hinter den Stuhl der Überkompensation zum Stuhl des aktivierten ÄK und erfragen die Emotion hinter der Aggressivität des Kämpfermodus. *Denken Sie dran: Aggression und Ärger sind zwei verschiedene Sachen!* Aggression beinhaltet nämlich den Bewältigungsversuch des Kampfes, Ärger nicht. Ein ärgerliches Kind möchte gehört und ernstgenommen werden.

3. Ermutigen Sie den Patienten, seinen Ärger und seine Wut zuzulassen und zu erzählen, was ihn gerade ärgerlich macht: »*Was stört dich an Susannes Verhalten? Was »stinkt« dir? Was macht dich so wütend? Erzähle es mir ruhig, ich möchte es wirklich wissen! Ich möchte nicht, dass wir irgendwas vergessen oder übersehen, was*

macht dich noch alles wütend?« Denken Sie daran: Ihre Haltung muss unbedingt den Prozess unterstützen. Sie wollen dem ÄK Raum geben!
4. Erarbeiten Sie das Körpergefühl und unterstützen Sie ggf. den Patienten, Worte dafür zu finden: *»Wie geht es dir dabei? Wie fühlt es sich im Körper an, wenn Susanne sich so verhält?«*
5. Erfragen Sie konkrete Wünsche: *»Wie willst du es stattdessen haben? Wie soll sie sich verhalten? Was soll sie sagen?«*
6. Gehen Sie von den konkreten Wünschen zum Grundbedürfnis. Das Bedürfnis hinter dem Ärger ist primär die Selbstbehauptung, der Patient möchte gesehen und gehört werden. Bleiben Sie weiterhin in der aktivierenden Haltung, bis der Patient dieses Bedürfnis formulieren kann: *»Ich möchte auch gehört werden«*, *»Ich will auch wichtig sein«*, *»Ich will auch gesehen werden«*.
7. Jetzt kommt ein »Schlüsselmoment«: Wenn der Patient das Selbstbehauptungsbedürfnis hinter dem Ärger erkennt, dann fragen Sie etwas wärmer und langsamer: *»Und wie fühlt es sich an, wenn das nicht passiert ... wenn Susanne wegschaut und dich nicht sieht?«* Dies leitet den Wechsel zum Bindungsbedürfnis und zum Verletzbaren Kind ein.

Phase 3: Wechsel zum Verletzbaren Kind

Erfahrungsgemäß führt die Validierung des ÄK zur Aktivierung des VK. Denn ein ärgerliches Kind will v. a. gesehen und ernstgenommen werden, und wenn dies passiert ist, dann lässt i. d. R. der Ärger nach. Der Patient setzt sich dann auf den VK-Stuhl, wir unterstützen ihn bei der Benennung seiner Emotionen und seines Bindungsbedürfnisses sowie konkreter Wünsche bzgl. der Situation.

8. Reden Sie warm, langsam, ruhiger, bestätigend/ernstnehmend. Im Gespräch mit dem VK-Modus gehen Sie jetzt die gleichen Schritte durch: Erarbeiten Sie zuerst das Körpergefühl und unterstützen Sie ggf. den Patienten, Worte zu finden: *»Wie fühlt sich das gerade an? Wo fühlst du das im Körper?«* Suchen Sie die Basisemotionen Angst (vor Bindungsverlust) und Trauer.
9. Anschließend erfragen Sie konkrete Wünsche: *»Wie hättest du es eigentlich gerne? Wie möchtest du, dass Susanne mit dir spricht? Wie sollte sie sich verhalten, sodass deine Angst/Traurigkeit nachlassen könnte?«*
10. Bringen Sie diese Wünsche mit dem Bindungsbedürfnis in Verbindung: *»Was fehlt dir wirklich? Was brauchst du? Wonach sehnst du dich?«*

Phase 4: Validierung beider Kindmodi und Emotionsregulation

Der Patient validiert die Emotionen der Kindmodi und spricht direkt zu ihnen. Das VK wird getröstet, das ÄK ernstgenommen (so wie während der Zwei-Stühle-Übungen). Er setzt sich dann auf den jeweiligen Kindstuhl, um zu spüren, wie sich die Intervention oder die Worte des Erwachsenen anfühlen. Auch das dauert mehrere Minuten.

11. Lassen Sie Ihren Patienten sich auf den jetzt nach innen gedrehten vorderen Stuhl setzen, sodass er die Perspektive einnehmen kann, die ihm bisher fehlte: Beide Kindstühle stehen nebeneinander als »zwei Seiten der gleichen Medaille«. Lassen Sie den Patienten beide Stühle für das VK und das ÄK vor sich sehen, ggf. mit den Moduskarten, Fotos oder Symbolen darauf. Erarbeiten Sie, wie bereits beschrieben Mitgefühl, und den Wunsch, dem Kind hinter den Kulissen zu helfen.
12. Um Selbstregulation auch im inneren Dialog zu üben, können Sie ihn jetzt anleiten, mit beiden Stühlen nacheinander zu reden: »*Was sagen Sie jetzt zum kleinen verletzbaren/ärgerlichen Peter?*«. Anschließend erfragen Sie die Reaktionen auf den Kindstühlen: »*Wie fühlt sich das für dich an? Wie ist es, wenn der große Peter so mit dir spricht? Gibt es noch etwas, was er für dich tun kann?*«

Phase 5: Erarbeitung und Einübung einer neuen Strategie in der Konfliktsituation (»von der hinteren zurück auf die vordere Bühne«)

Im letzten Schritt dreht der Patient den Erwachsenenstuhl nach außen und versucht, eine funktionale Strategie zu erarbeiten und auszuprobieren.

13. Unterstützen Sie den Patienten darin, jetzt symbolisch »auf beiden Beinen zu stehen« bzw. die Wünsche und Bedürfnisse beider Kindstühle zu »vertreten« und lassen Sie ihn noch einmal mit dem leeren Stuhl vorne interagieren, dieses Mal jedoch nicht als Bewältigungsmodus, sondern als GE: »*Okay, Peter, jetzt schauen Sie als Gesunder Erwachsener wieder zu Susanne hin und spüren Sie beide Seiten in Ihnen: nicht nur Selbstbehauptung und Kraft, sondern auch die »weichere« Seite, die vorhin gefehlt hatte, Ihre Bindungsseite. Sie stehen jetzt »auf beiden Beinen«. Wie gehen Sie jetzt mit Susanne in der Situation um?*«

Auch hier wird Ihr Patient zunächst reflexartig zur gewohnten Selbstbehauptung neigen. Seien Sie geduldig und geben Sie Ihrem Patienten Zeit. Modellieren Sie aktiv und führen Sie das Rollenspiel, wenn nötig, mehrmals durch. Sie können ihn dabei immer wieder im Sinne des ständigen Rückkoppelungskreises »nach innen« zu den Kindstühlen schauen und prüfen lassen, ob beide Seiten mit der neuen Strategie zufrieden sind.

Phase 6: Vorbereitung der Übertragung in den Alltag

Vereinbaren Sie mit dem Patienten die konkrete Umsetzung im Alltag, z. B. im Rahmen eines klärenden Gesprächs mit der Person in der Auslösesituation, bis zur nächsten Sitzung.

5 Überkompensation

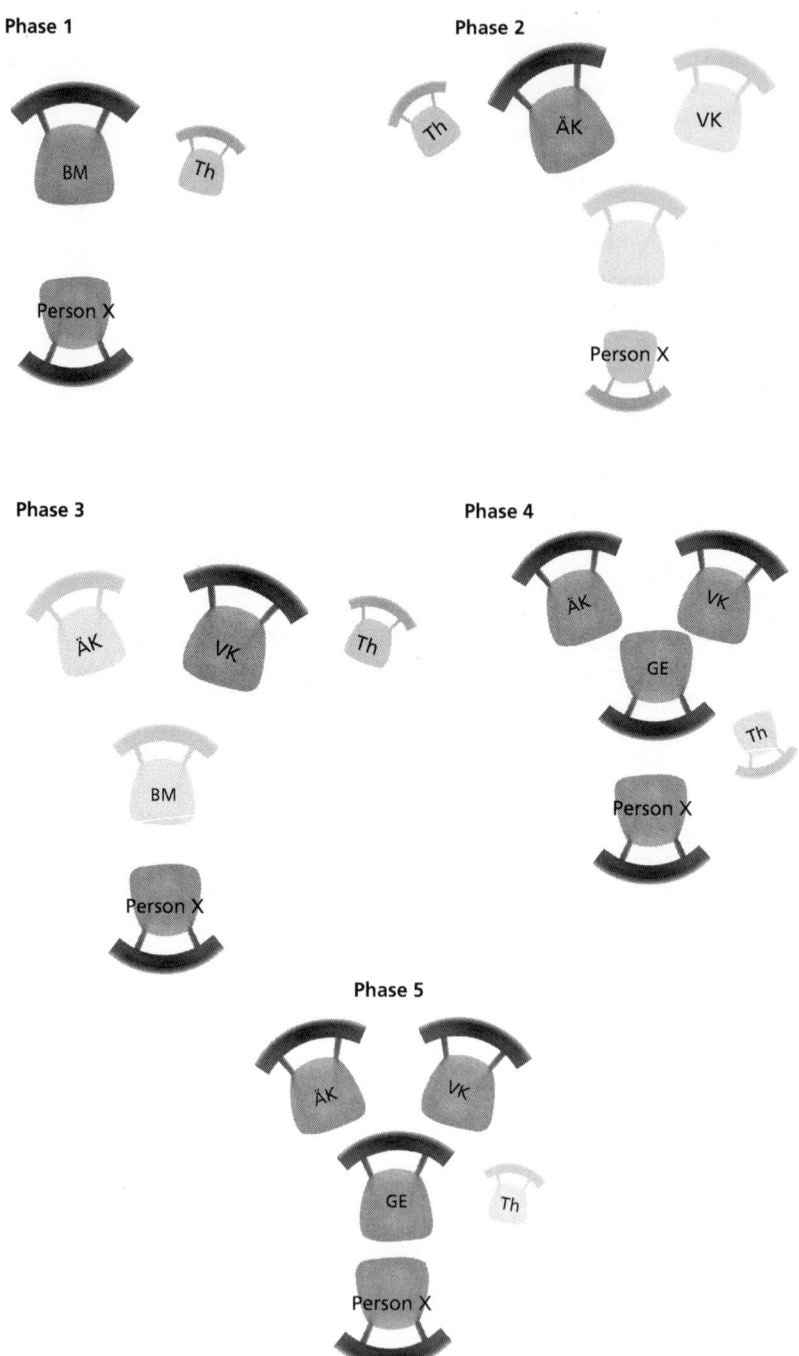

Abb. 5.1: Stühleübung mit externalisierender Dynamik (Th: Therapeut)

5.5 Gesunder Erwachsenenmodus und Klarheit über Werte

Was motiviert uns, an uns zu arbeiten und uns zu verändern? Anders gefragt: Wozu soll man sich die Mühe machen, Strategien abzulegen, mit denen wir ein Leben lang zurechtgekommen sind? Veränderungen sind mühsam und kosten Kraft.

In der ACT-Sprache reden wir über »wertschätzende Entscheidungen«. Damit meinen wir eben diejenigen Entscheidungen, die wir als freie und bewusste Wahl treffen, wenn wir mit unserer begrenzten Lebenszeit wertschätzend umgehen und dem augenblicklichen Moment Bedeutung zuschreiben. So spricht man in diesem Kontext über eigene »Werte« (▶ Kap. 1).

Um eigene Werte zu ermitteln, können verschiedene erlebnisorientierte Übungen durchgeführt werden, wie spezifische Imaginationsübungen (z. B. die Vorstellung des eigenen 80. Geburtstags oder der eigenen Trauerfeier), Rollenspiele (z. B. der Patient spielt seinen eigenen besten Freund und erarbeitet im Gespräch mit dem Therapeuten, was aus der Sicht des imaginierten Freundes derzeit dem Patienten wirklich wichtig im Leben ist), Übungen mit Fotos (z. B. mit typischen Lebensbereichen wie Beruf, Familie, Freizeit, Gesundheit etc.) oder auch das Erstellen persönlicher Wertekärtchen, die im Raum oder auf Stühle (ab)gelegt werden, und bzgl. ihrer Priorität im Raum geordnet werden.

Die leitende Frage, die wir uns selbst genauso wie unseren Patienten in schwierigen Situationen stellen können, lautet: »*Würden Sie das auch genauso machen, wenn Sie wüssten, dass heute Ihr letzter Lebenstag wäre? Würden Sie Ihre Frau in der gleichen Art und Weise behandeln?*«

5.6 Abschließende Bemerkungen

Die Arbeit mit externalisierenden Patienten bringt Chancen und Herausforderungen mit sich. Schauen wir uns erstmal die »Chancen« an: Externalisierende Dynamiken und Verhaltensweisen sind sehr gut sichtbar und beinhalten eine aktive Beteiligung unseres Patienten an der Therapie. Mit anderen Worten: Sie laden einen gerade dazu ein, eine Intervention einzuleiten und geben einem sehr viel »Material« für die erlebnisorientierte Arbeit mit unserem Patienten. Das macht die Behandlung gewissermaßen leichter, denn man muss dem Patienten nichts »aus der Nase ziehen«. Der Umgang mit externalisierenden Bewältigungsmodi ist zugleich immer wieder eine Herausforderung, denn bei histrionischen, narzisstisch-selbsterhöhenden, kontrollierenden und aggressiven Verhaltensweisen erleben wir als Therapeuten häufig(er) eigene Schemaaktivierungen, sodass es u. U. schwer(er) fällt, im Erwachsenenmodus zu bleiben und therapeutisch zu handeln.

Wovon »lebt« die Schematherapie? Etwas reduktionistisch beantwortet: von der besonderen Form der Beziehungsgestaltung und der hohen Erlebnisorientierung unserer Techniken. Im Umgang mit externalisierenden Patienten konvergieren diese zwei Wirkfaktoren allerdings sehr häufig. Denn fast per Definition zeigen sich externalisierende Dynamiken und dominante Tendenzen spontan in der therapeutischen Beziehung. Als Therapeuten profitieren wir von der Visualisierung der »vier Positionen« an dieser Stelle sehr, denn dort werden unsere möglichen Interventionen im Umgang mit externalisierenden Bewältigungsmodi übersichtlich systematisiert. Das Konzept der vier Positionen funktioniert darüber hinaus wie ein Kompass und ermöglicht uns ein flexibles und zugleich zielgerichtetes Handeln in der Therapie, ebenfalls aber eine gezielte Selbstreflexion. Selbstreflexion bedeutet, dass wir einen Blick hinter unsere eigenen »Kulissen« werfen und unsere Schemaaktivierungen, Erinnerungen, Emotionen und Gedanken wahrnehmen. Wenn wir als Therapeuten im Hier und Jetzt zentriert sind und »auf beiden Beinen« stehen, dann können wir i. d. R. »die Sonne hinter den Wolken« des Bewältigungsmodus unseres Patienten viel besser sehen. Und dadurch werden unsere Interventionen authentischer und wirkungsvoller.

Literatur

Gunderson JG, Shea MT, Skodol AE, McGlashan TH, Morey LC, Stout RL, Zanarini MC, Grilo CM, Oldham JM, Keller MB (2000). The Collaborative Longitudinal Personality Disorders Study: Development, aims, design, and sample characteristics. *Journal of Personality Disorders;* 2000–14: 300–315.
Valente M (2021). *Schematherapie: Ein Leitfaden für die Praxis.* Stuttgart: Kohlhammer.
Valente M, Roediger E (2020). *Schematherapie.* Stuttgart: Kohlhammer.

6 Der Aufbau des Gesunden Erwachsenenmodus

Julia Hinrichs und Julia Schuchardt

6.1 Was ist der Gesunde Erwachsenenmodus?

Das Ziel jeder Schematherapie ist es, den Patienten darin zu unterstützen, aus alten, maladaptiven Schemamodi auszusteigen und sein Verhalten an seine Grundbedürfnisse und Werte anzupassen. Der Modus, der dies bewerkstelligen kann, wird in der Schematherapie der Gesunde Erwachsenenmodus (GE) genannt. In der schematherapeutischen Modussprache definieren wir den GE als den Teil des Patienten, der die Fähigkeit hat, sich selbst und anderen gegenüber wie eine gute Mutter oder ein guter Vater zu sein und zu handeln. Dies bedeutet, sich werte- und grundbedürfnisorientiert auszurichten, also Bindung und Selbstbehauptung parallel zu berücksichtigen und flexibel auszubalancieren (▶ Kap. 1).

Menschen mit einem starken GE stehen also auf den zwei gut genug ausgebildeten Standbeinen »Bindung« und »Selbstbehauptung« und haben damit eine ausgeprägte Fähigkeit zur Resilienz, ein starkes Gefühl von Selbstwirksamkeit und Selbstbewusstheit, die Fähigkeit zur Stress- und Emotionsregulation sowie sozial angemessene und gesundheitsfördernde Bewältigungsstrategien für innere und äußere Konflikte. Der GE zeichnet sich aus durch Selbstmitgefühl und einen fürsorglichen Umgang mit Emotionen und Bedürfnissen, gesunde Selbstdisziplin und flexibles Handeln zwischen Kooperation, Selbstabgrenzung/Selbstfürsorge und Selbstbehauptung.

Er repräsentiert also vernunftgeleitetes Denken und Selbstreflexion, er ermöglicht erfolgreiches Problemlösen, die Reduktion maladaptiven Bewältigungsverhaltens, die emotional distanzierte Neubewertung internalisierter Bewertungsmuster (Kritiker- und Antreibermodi) sowie die Entmachtung von Kritiker- und Antreibermodi. Der GE generiert unterstützende Selbstinstruktionen, die *funktionales Bewältigungsverhalten* initiieren und aufrechterhalten (Roediger, 2016).

Der Zusammenhang zwischen der Ausprägung des Erwachsenenmodus einerseits und dem Funktionsniveau der Persönlichkeit (nach DSM-5 und ICD-11) sowie der emotionalen Regulationsfähigkeit andererseits wird von Bach und Bernstein (2019) ausführlich hergeleitet. Auch konnte in randomisierten Kontrolluntersuchungen an Menschen mit Persönlichkeitsstörungen gezeigt werden, dass Veränderungen im GE (und im Verletzbaren Kindmodus) die psychopathologische Belastung und das Funktionsniveau der Persönlichkeit zu einem späteren Zeitpunkt vorhersagen (Yakin et al., 2020). Die Stärkung des GE ist aus schematherapeutischer Sicht das zentrale Konzept zur Verbesserung des Funktionsniveaus der Persönlichkeit und zur Reduktion von Psychopathologie. Diese empirischen Befunde unterstützen unser Plädoyer, der Ausbildung und Stärkung des GE besondere Aufmerksamkeit zukommen zu lassen, denn es braucht die emotionale Regulationsfähigkeit des GE, um Psychopathologie entgegenzuwirken (Yakin et al., 2020). Die schematherapeutische Emotionsregulation ist dabei gekennzeichnet durch die Reduktion von Selbstkritik und das wohlwollend-tröstende Versorgen der emotionalen Seite (Stromberg & Zickenheiner, 2021).

Wir gehen davon aus, dass jeder Mensch einen Gesunden Erwachsenenmodus hat, der partiell schon gut für ihn sorgt. Sei es die Mutter, die sich selbst zwar oft unter großen Druck setzt, ihren Kindern gegenüber aber liebevoll auftreten kann; sei es der Patient, der wenig Zugang zu seinen Gefühlen hat und unter Druck zu Alkohol greift und das verändern will; sei es ein harter Arbeitgeber, der spürt, dass das »Schöne« im Leben verloren gegangen ist: Sie alle haben einerseits maladaptive Muster, die es ihnen erschweren, sich wert- und grundbedürfnisorientiert zu verhalten, haben aber gleichzeitig die Fähigkeit, zu erkennen, dass ihnen etwas fehlt. Wenn sie damit in Therapie kommen, nehmen sie sich wichtig genug, um daran arbeiten zu wollen und diese Entscheidung treffen sie aus ihrem GE. In der Therapie geht es nun darum, diesen gesunden Teil weiter auszubauen.

Einerseits im Sinne einer maximalen Komplexitätsreduktion, andererseits aber auch aufgrund der klinischen Erfahrung in der Umsetzung schematherapeutischer Konzepte wird in diesem Buch mit den beiden grundlegenden Bedürfnisorientierungen Bindung (d.h. liebevoll-entspannte Hinwendung zu anderen im Sinne prosozialen Verhaltens) und Selbstbehauptung (d.h. angespannt selbstbezogen-kontrollorientiertes Verhalten im Sinne von Autonomie) gearbeitet. Diese beiden Bedürfnisorientierungen bilden die zwei Standbeine, auf denen Patienten stehen und deren beidseitige Entwicklung zentral ist für psychische Stabilität und damit den GE (▶ auch Kap. 1).

Das »Bindungsbein«

Die sichere Bindung zu anderen Menschen ist nicht nur aus emotionaler Sicht von hoher Bedeutung, sondern stellt auch eine Bedingung für das Überleben eines Neugeborenen dar: Im Vergleich zu anderen Tierarten werden wir Menschen sehr unreif geboren und benötigen mehrere Jahre bis zur Erreichung der notwendigen Reife, um selbstständig zu überleben. In fMRT-Studien konnte gezeigt werden, dass bei Menschen das Erleben von Isolation und Ausgrenzung zu fast den gleichen Aktivierungen in der Inselregion des Kortex führt wie das Erleben von körperlichem Schmerz (Eisenberger et al., 2003). Das Bindungsbedürfnis ist als universelles menschliches Grundbedürfnis angeboren. Es sorgt dafür, dass Menschen Gruppen bilden und sozial interagieren und kooperieren.

Das »Selbstbehauptungsbein«

Das Grundbedürfnis nach Autonomie und Selbstbehauptung ist ebenfalls angeboren. Selbstbehauptung stellt die andere Seite dieser Polarität dar und beinhaltet externalisierende Tendenzen des Organismus, die auch im physiologischen Sinne zur Aktivierung führen und einerseits selbstwirksames und zielgerichtetes, andererseits in sozialen Situationen dominantes Verhalten ermöglichen.

6.2 Wie werde ich gesund erwachsen?

6.2.1 Entstehung des GE in der Biografie

Der Grundstein für den GE eines Menschen im Erwachsenenalter wird durch die feinfühlige und konsequente Erfüllung der wichtigsten Grundbedürfnisse durch die Bezugspersonen in der Kindheit und Jugend gelegt. Bekommt ein Kind von seinen Bezugspersonen vermittelt, dass es grundsätzlich liebenswert ist und ein Recht auf seine eigenen, psychischen Bedürfnisse hat, dass es ihm gestattet ist, seine Gefühle zu äußern und in deren Regulation Unterstützung erhält, dass es autonom sein darf, aber auch adäquate Grenzen von den Bezugspersonen erfährt, an denen es sich orientieren kann, so kann dies als ein gutes Fundament für die Ausbildung eines starken GE im Erwachsenenalter angesehen werden. Vermutlich beeinflussen auch die Art und Weise, wie Eltern/Bezugspersonen mit sich selbst umgehen, also welche Modelle sie ihren Kindern anbieten, maßgeblich die Entwicklung des GE eines Menschen über die Kindheit und Jugend hinweg. Erlebt ein Mensch in seiner Kindheit, dass die Eltern ihre eigenen emotionalen Bedürfnisse genügend gut und angemessen befriedigen, und ist deren Befriedigung Teil des Familienalltages, so wird dieses Kind in der Entwicklung eines eigenen GE durch Modelllernen positiv gestärkt. Dieses Wissen darf und sollte für alle Eltern eine wunderbare Motivation sein, im anstrengenden Familienalltag auch die eigenen Bedürfnisse nicht zu sehr zu vernachlässigen.

Der GE entwickelt sich demnach durch denselben Prozess, durch den auch maladaptive Bewältigungsmodi entstehen, also durch Internalisierung. Vormals »Äußeres« (d. h. das Verhalten der Bezugspersonen) gelangt nach »innen« und steuert von nun an die Wahrnehmung und Bewertung des Selbst und der Umwelt. Patienten, die in der Kindheit keine günstigen Repräsentationen erwerben konnten, können wir in der Therapie helfen, punktuell nachzulernen. Wir wollen also einen positiven Internalisierungsprozess nachholen. Doch wie gehen wir hier vor?

6.2.2 GE-Aufbau durch die therapeutische Beziehung

In der Therapiebeziehung mit dem Prinzip der »begrenzten Nachbeelterung« (Young et al., 2005) lautet das Motto *Beziehen und Erziehen,* d. h. Beziehung zu dem Patienten herzustellen, aber auch für pädagogische Prinzipien einzustehen und das kann bedeuten, Grenzen zu setzen. Der Therapeut ist in jedem Moment der Schematherapie Modell und Beziehungspartner zugleich genauso wie in einer Eltern-Kind-Beziehung auch. Wichtige Grundsteine sind dabei die positive Wertschätzung und eine wohlwollende Verbundenheit mit dem Patienten. Patienten haben die Möglichkeit, dies in persönliches Selbstwertgefühl zu transformieren und die neue Qualität einer gesunden Beziehungsgestaltung kennenzulernen. Die emotionale Vertrautheit und Nähe mit dem Therapeuten können dem Patienten als innerer Bezugspunkt dienen. In der Therapiebeziehung können Patienten die Fähigkeit entwickeln, eine Beziehung aufbauen und gestalten zu können und dabei gleichzeitig das Vertrauen und möglicherweise die Bereitschaft zu entwickeln, ähnlich gute Beziehungsmuster in der Zukunft außerhalb der Therapie anzustreben. Der Schematherapeut handelt dabei unbedingt in guter Absicht zum Wohle des Patienten und sollte diesem dabei möglichst authentisch begegnen, d. h. als »Mensch mit Ecken und Kante«, was bedeutet, z. B. kein Wissen vorzuspielen, das er nicht hat; die eigene Menschlichkeit und Verwundbarkeit nicht zu verbergen.

Die therapeutische Haltung während des ersten Therapieabschnittes

Die therapeutische Haltung während des ersten Behandlungsabschnittes ist offenzugewandt und aktiv fürsorglich. Dies bedeutet, dass der Therapeut eher auf dem Bindungsbein steht, den Beschwerden und Problemen des Patienten verständnisvoll begegnet und vorübergehend Aufgaben des Gesunden Erwachsenen übernimmt, die den Patienten noch überfordern. Der Therapeut fungiert in der ersten Phase also viel als aktives GE-Modell, seine nachbeelternde Fürsorge beinhaltet dabei nicht nur Trost, sondern auch realistische Grenzen, insbesondere hinsichtlich der Begrenzung gefährdender Bewältigungsmodi wie z. B. Selbstverletzungen, Hochrisikoverhalten, gewalttätiges Verhalten gegenüber anderen oder para- und suizidale Handlungen.

Die emotional aktivierende Arbeit in Form der imaginativen Bearbeitung der häufig traumatischen Erinnerungen ist für die Patienten häufig sehr belastend. Die Patienten profitieren daher in dieser Therapiephase von einem sicheren Bindungsgefühl zum Therapeuten, welches z. B. auch durch zusätzliche E-Mail-Kurzkontakte zwischen den Sitzungen oder der Mitgabe von Audiobotschaften des Therapeuten unterstützt werden kann.

Therapeutische Haltung während des zweiten Therapieabschnittes

In der zweiten Hälfte der Therapie steht die Vergangenheitsbewältigung nicht mehr im Zentrum der Behandlung. Der Therapiefokus verschiebt sich zur Gegenwart, was auch eine Veränderung hinsichtlich der Wahl der inhaltlichen Therapiethemen beinhaltet: Der Patient wird angeregt, selbst konkrete Themen und Aktivierungssituationen in die Therapiesitzung einzubringen. Eine »Smalltalk-Phase« zum Warmlaufen sollte daher nicht länger als fünf Minuten dauern, gefolgt von einer kurzen Besprechung der therapeutischen Hausaufgaben. Für die Eröffnung des inhaltlichen Teils der Sitzung eignet sich die Frage: »*Was haben Sie heute in die Sitzung für Aktivierungssituationen mitgebracht?*« oder »*Woran möchten Sie heute arbeiten?*« Die Patienten werden so angeleitet, die Sitzung innerlich vorzubereiten, weil sie lernen, dass das inhaltliche Thema der Sitzung sich nach ihrem eigenen Input richtet.

Mit Fortlaufen der Therapie verändert sich auch die therapeutische Haltung gegenüber dem Patienten: In der Haltung weiterhin verständnisvoll und warmherzig, regt der Therapeut den Patienten zunehmend zur Übernahme von Verantwortung für sein Leben und seine Entscheidungen an und konfrontiert ihn viel deutlicher mit den Konsequenzen seiner Handlungen. Im Konzept des begrenzten Nachbeelterns ist der Patient metaphorisch nicht mehr ein Kind im Grundschulalter oder am Anfang der Pubertät, sondern ein junger Erwachsener, der selbst lernen muss, seinen Weg zu gehen und die Konsequenzen des eigenen Handelns zu tragen. Durch diese konfrontativere Haltung entstehen häufiger Konflikte in der therapeutischen Beziehung, deren Einordnung in das Schema- und Modusmodell essenziell ist. Die therapeutische Beziehung wird dadurch im zweiten Therapieabschnitt zum sicheren Übungsfeld für Konfliktmanagement und Kommunikationsfertigkeiten aus dem GE heraus.

Die wohldosierte Selbstoffenbarung des Therapeuten kann Teil dieser konfrontativeren Haltung sein. Sie dient aber darüber hinaus zur Beziehungspflege und als Modell für gesundes, erwachsenes Verhalten. In der Schematherapie wird sie von dem Therapeuten gezielt eingesetzt und ist ein wesentliches Merkmal der Therapiegestaltung. Dabei ist natürlich nicht gemeint, dass sich der Therapeut wahllos und unreflektiert vor dem Patienten entblößen oder auf Kosten des Patienten selbst entlasten sollte. Selektive Selbstoffenbarung des Therapeuten sollte nur stattfinden, wenn die Enthüllung für den Patienten therapeutisch wertvoll ist und der Therapeut sich damit wohlfühlt und so seine Authentizität behält.

Der amerikanische Psychotherapeut und Psychiater Irvin Yalom betont die Wichtigkeit der Selbstoffenbarung des Therapeuten folgendermaßen:
»Ein Therapeut muss den Patienten vollständig erleben. Aber vollständiges Erleben des anderen erfordert, dass man sich dem anderen selbst öffnet; wenn man sich dem anderen auf eine offene und ehrliche Weise verpflichtet, erfährt man den anderen, wie dieser auf diese Verpflichtung reagiert. (…) Der wirksame Therapeut kann nicht distanziert, passiv und verborgen bleiben. Therapeutische Selbstoffenbarung ist ein integraler Bestandteil des therapeutischen Prozesses. Das übergreifende Ziel ist dabei die authentische Beziehung zu dem Patienten (Yalom, 2010, S. 476).«

Die Einteilung einer therapeutischen Selbstoffenbarung in drei mögliche Varianten, wie sie Yalom (2010) vornimmt, erachten wir auch für die Schematherapie als hilfreich:

- therapeutische Offenbarung im Hier und Jetzt: das Mitteilen der unmittelbaren Hier-und-Jetzt-Gefühle des Therapeuten dem Patienten gegenüber, z. B. Abschweifen, Langweile, Ärger etc. im Kontext der Therapie (»*Das macht eine Seite von mir ganz schön ärgerlich, wenn Sie so abwertend über die Therapie sprechen.*«).
- Offenlegung des Mechanismus der Therapie: den Patienten darüber informieren, wie die Therapie funktioniert (zu Beginn generell und in spezifischen

> Therapiesituationen im Speziellen), z. B. warum ist emotionsaktivierende Arbeit mit Stühlen oder Imaginationen wichtig.
> - Offenbarung des gegenwärtigen oder vergangenen Privatlebens des Therapeuten: Einem Patienten, der in seiner Vaterrolle überfordert und verzweifelt ist, könnte der Therapeut z. B. von eigenen Überforderungssituationen in seinem Leben als Vater berichten.

Zusammenfassend kann festgehalten werden, dass der Aufbau des GE durch die Beziehung zum Therapeuten unterstützt wird, der in diesem Therapieansatz dem Patienten »als Mensch« entgegentritt, was ein wenig distanziertes, sondern persönliches und engagiertes Beziehungsangebot beinhaltet.

Neben der Beziehung nutzen wir spezifische Interventionen zum gezielten Aufbau von GE-Fertigkeiten, mit denen wir uns in den folgenden Abschnitten beschäftigen werden.

6.2.3 Gezielter Aufbau des GE durch Interventionen

Wie in der Schematherapie allgemein üblich, wird das Vorgehen zum Aufbau des GE an das individuelle Erleben des Patienten angepasst. Die im weiteren Kapitel vorgestellten Interventionen sind als Möglichkeiten zu verstehen, die individuell in den Therapieprozess eingebaut werden. Wir prüfen in jedem Einzelfall, welche Aspekte des GE im Patienten bereits vorhanden sind und wo er noch Hilfe beim Nachwachsen benötigt. Dazu müssen wir erst genauer verstehen, welche Kompetenzen der GE mitbringen sollte.

Wenn wir über den GE-Modus nachdenken, können wir zwei Ebenen parallel betrachten: das »Wie« und das »Was« gesund-erwachsener Denk- und Handlungsmuster.

Unter dem »Wie«-Aspekt definieren wir gesund-erwachsene Handlungs- und Denkprozesse als flexibel auf Anforderungen der Situation reagierend, wir sehen in unserem Verständnis der GE-Prozesse deutliche Parallelen zum Konzept der »Psychischen Flexibilität« der Akzeptanz- und Commitment-Therapie (Hayes et al., 2007, 2014, ▶ auch Kap. 1). Günstige innere Prozesse sind demnach gekennzeichnet durch die Akzeptanz von Gefühlen, durch eine achtsame Haltung, durch ein Nicht-Verschmelzen mit Produkten des Geistes, durch eine Orientierung an selbstgewählten Werten und durch engagiertes Handeln. Diese Übereinstimmungen zwischen schematherapeutischen Konzepten und denen aus der ACT werden in ▶ Kap. 1 und bei Valente (2021) ausführlich beschrieben.

Unter dem »Was«-Aspekt fassen wir die Inhalte gesund-erwachsener Ausrichtung zusammen. Hier geht es darum, zunächst nach innen (d. h. sich selbst gegenüber) wie ein guter Vater/eine gute Mutter zu handeln, d. h., alte Schädigungen zu hinterfragen, zu begrenzen, und sich fürsorglich und grundbedürfnisorientiert zu begegnen. In einem zweiten Schritt geht es dann darum, diese Haltung auch in der äußeren Welt umzusetzen.

Das »Wie« und das »Was« der gesund-erwachsenen Haltung kombinieren

Die Patientin Sandra Müller ist unter Umständen aufgewachsen, in denen ihre Bedürfnisse keine Rolle spielten. Sie war das jüngste von sechs Kindern, der Vater musste viel arbeiten, die Mutter war überfordert mit der Erziehung der Kinder. Die Kleine musste deshalb lernen, sich anzupassen (Unterordnungsmodus) und ihre Gefühle und Bedürfnisse zu ignorieren. Heute kommt sie in Therapie, weil sie eine depressive Entwicklung genommen hat. In den ersten Gesprächen stellt sich heraus, dass sie kaum Zugang zu ihren Gefühlen hat und als Ziel der Therapie nur Negativziele benennen kann (»Ich möchte weniger antriebslos sein, mehr hinkriegen, möchte mich nicht dauerhaft so überfordert fühlen« etc.). Es ist deutlich, dass es ihr unter diesen Umständen schwerfallen muss, sich in der Welt werteorientiert auszurichten. In der Therapie wird daher erst einmal das akzeptierende Wahrnehmen der Gefühle geübt, in diesem Zusammenhang spürt sie Einsamkeit und Traurigkeit, sowie das unbefriedigte Bedürfnis, gesehen und gemocht zu werden. Dann wird die Patientin behutsam in Kontakt gebracht mit ihrem »inneren Kompass«, das heißt mit der Frage, welche Richtung sie ihrem Leben geben möchte. Dabei wird ihr deutlich, dass es für sie einen Wert darstellen könnte, sich tiefer mit Menschen zu verbinden, und sie erkennt, dass sie darauf in ihrem Leben bisher nicht gut geachtet hat. Einer Neuausrichtung der Patientin stehen jedoch weiterhin alte Muster entgegen, die sie zwingen, ihre Bedürfnisse hintenan zu stellen. Hier setzt nun in der Therapie die Arbeit an den maladaptiven Schemamodi an. Durch Imaginationsübungen kann die Patientin spüren, dass sie alte Aufträge abarbeitet, da schon früher ihre Bedürfnisse keine Rolle spielen durften und sie sieht, wie falsch das war. Die Kritikersätze werden in Stühledialogen in ihrer toxischen Essenz herausgearbeitet (»Du hast es nicht verdient, dass auf dich geschaut wird«) und die Patientin entwickelt eine gesunde Erwiderung (»Ab jetzt ist Schluss damit. Natürlich bin ich wichtig. Es ist nie zu spät für eine glückliche Kindheit!«). Sie fühlt sich daraufhin erleichtert und motiviert, auch in der äußeren Welt eine andere Richtung einzuschlagen. Mit Unterstützung der Therapeutin gelingt es ihr, sich in ihrer beruflichen Umwelt besser abzugrenzen und die freiwerdende Energie da zu investieren, wo ihre Bedürfnisse liegen: in der Verbindung mit anderen Menschen.

Das Beispiel zeigt, dass in der Therapie mit den Patienten parallel auf mehreren Ebenen gearbeitet wird: Basiskompetenzen (z. B. Gefühlswahrnehmung, Werteorientierung) werden aufgebaut, schädliche Modi werden begrenzt, für den glücklichen Kindmodus werden Erlebnisfreiräume geschaffen. Neues Verhalten wird mithilfe verhaltenstherapeutischer Techniken im Wochenplan der Patienten verankert, um auf diese Weise gute, neue Gewohnheiten entstehen lassen zu können. Der Therapeut unterstützt diesen Prozess durch geeignete schematherapeutische Interventionen zum Aufbau des GE, die wir Ihnen in diesem Kapitel auszugsweise vorstellen möchten. Zur systematischen Verzahnung von schematherapeutischen und verhaltenstherapeutischen Interventionen (dualer Behandlungsfokus) im Rahmen der Therapieprozessplanung verweisen wir Interessierte gern auf Stromberg und Zickenheiner (2021).

6.3 Aufbau und Training des Erwachsenenmodus in seinen Basiskompetenzen

Wie in ▶ Kap. 6.2.3 beschrieben, betrachten wir die durch ACT trainierten Fertigkeiten als Basiskompetenzen des Gesunden Erwachsenenmodus. In den folgenden Abschnitten stellen wir Techniken dar, mit denen diese trainiert werden können.

Um die oben kurz beschriebenen Fertigkeiten zu trainieren, können wir auf Übungen zurückgreifen, die in der ACT beschrieben werden (s. z. B. Hayes et al., 2014). Eine Auswahl davon kann auch bei Valente (2021) nachgelesen werden. Hier möchten wir auszugsweise den Aufbau von *Gefühlsakzeptanz*, *kognitiver Defusion* und *Werteklärung* in der Schematherapie näher beschreiben.

Gefühlsakzeptanz aufzubauen gelingt einerseits am Modell des Therapeuten, der allen Gefühlen des Patienten gegenüber eine offene und empathische Haltung einnimmt. Hier bekommt der Patient einen unmittelbaren Eindruck davon, wie es sich anfühlt, wenn die ganze Palette menschlicher Gefühle zulässig ist und muss im Kontakt zum Therapeuten nicht einen bestimmten Teil seines Gefühlsspektrums unterdrücken. Zusätzlich können gezielt Übungen zum Einsatz kommen, die den Patienten darin unterstützen, seine Gefühlswahrnehmung und -akzeptanz auszubauen, bspw. die Übung »Gefühle fühlen lernen« (Valente, 2021).

Hier wird ein imaginatives Vorgehen vorgeschlagen, wobei der Unterschied zur Imaginationsübung mit Rescripting darin besteht, dass keine aktive Tröstung oder Beruhigung des Kindmodus durchgeführt wird. Stattdessen trainieren wir »Gefühle zu fühlen«. Und genau so erklären wir es unserem Patienten.

> **Gefühlsakzeptanz**
>
> Situation: Die Patientin zeigt sichtbare Emotionen und kann diese nicht gut annehmen oder regulieren.
>
> - Einleitung: »*Ich würde gerne besser verstehen und mit Ihnen zusammen anschauen, wie es Ihnen gerade geht. Als Sie klein waren, konnten Sie nicht lernen, Ihre Gefühle genau zu spüren, deshalb würde ich gerne mit Ihnen eine Übung hierzu machen, ist das okay?*«
> - In einer in der Schematherapie üblichen Imaginationsübung wird das Kind visualisiert und im GE Mitgefühl mit dem Erleben des Kindes aufgebaut.
> - Statt des Rescripting-Teils der Imaginationsübung wird die Patientin nun angeleitet, mit den Gefühlen empathisch im Kontakt zu bleiben, ohne sie

verändern zu wollen: »*Schauen Sie die kleine Sandra an ... bleiben Sie bei ihr. Können Sie spüren, wie es ihr gerade geht? Können Sie ihr helfen, all diese Gefühle zu spüren? Diese Empfindungen sind so nachvollziehbar und gar nicht gefährlich oder falsch. Können Sie das sehen?*«
- Häufig kommt es nach einigen Minuten, in denen die Patientin ihre Gefühle zulässt und beobachtet (also gleichzeitig auf der hinteren Bühne fühlt und im GE das Gefühlte akzeptiert und im Sinne des Selbst-als-Kontext beschreibt), zu einer Veränderung des Gefühls im Sinne einer Beruhigung. Auch wenn dieser Effekt nicht eintritt, ist ein Beenden der Übung möglich, da das Ziel der Übung nicht die schnelle Beruhigung, sondern das Erlernen von Akzeptanz von Gefühlen ist.

Defusion in der Schematherapie bedeutet, nicht mit den Kritikersätzen zu verschmelzen, sondern sie als vorübergehende Produkte des Geistes zu verstehen. In der Schematherapie steht der Therapeut hierfür Modell, indem er den Kritikermodus durch geeignete Formulierungen externalisiert, siehe folgendes Fallbeispiel:

Defusion lernen am Beispiel des Therapeuten

Die Patientin (P.) berichtet von einer belastenden Situation und unterbricht sich mit dem Satz: »Ich stelle mich hier schon wieder so an, das tut mir leid.«

Th.: »Aha, da versuchen Sie gerade, meine ernst gemeinte Frage zu beantworten, und sofort mischt sich wieder diese Stimme ein, die Ihnen das Recht abspricht, sich mitzuteilen und Ihre Gefühle ernst zu nehmen, oder?«
P.: »Wenn ich etwas anders haben will, muss ich halt was ändern, statt bei Ihnen rumzuheulen, das bringt ja nichts.«
Th.: »Und noch mehr aus der gleichen Richtung. Dieser Teil lässt Sie heute aber echt auch überhaupt nicht in Ruhe, stimmt's?«
P.: »Ja, stimmt, heute finde ich mich wirklich armselig.«
Th.: »Das sagt Ihnen diese alte Schallplatte. Wie wäre es, wenn wir die mal beiseitestellen? Ich denke nämlich, dass es sehr wohl wichtig ist, wie es Ihnen geht. Können Sie mir mehr darüber erzählen? Die alte Schallplatte da drüben kann ja ruhig weiterdudeln, aber wir müssen ihr nicht zuhören. Einverstanden?«

Da es manche Patienten trotz der oben skizzierten Gesprächsführung schwer haben, auf Distanz zu ihren Gedanken zu gehen, können spezifische Interventionen zur Anwendung gebracht werden, z. B. das Verfremden der Gedanken. Hierbei werden zunächst zentrale Kritikersätze identifiziert, dann wird vereinbart, dass zu diesen Distanz aufgebaut werden soll, und schließlich werden die Sätze verfremdet. Hierzu kann man die Gedanken bspw. in verschiedenen Stimmen wiederholen, aufmalen oder um die Wette schnell aussprechen (s. ausführlicher bei Valente, 2021, Hayes et al., 2014).

Werte und Grundbedürfnisse dienen dem GE als Kompass. Schließlich ist es das Ziel dieses gesunden Teils des Patienten, in seinen Handlungen Selbstbehauptung und Bindungsbedürfnis so auszubalancieren, dass der Mensch sich in seinem Leben in eine wertebasierte Richtung entwickeln kann. Manche unserer Patienten handeln aus dem Motiv heraus, »weg von« einem als negativ erlebten Zustand zu kommen, was auch den Grund haben kann, dass sie für sich keine positiv besetzten Werte kennen gelernt haben, die auf ihrem Lebensweg ein Annäherungsziel darstellen können. In diesen Fällen können wir die Patienten dabei unterstützen, selbstgewählte Werte für sich zu entwickeln. Dies gelingt wieder einerseits darüber, dass der Therapeut sich empathisch auf die Lebenswelt des Patienten einstellt und eventuell auch im Sinne einer dosierten Selbstöffnung seinen eigenen Kompass zeigt, um darüber mit dem Patienten in ein Gespräch über dessen Werte eintauchen zu können.

Es ist i.d.R. hilfreich, konkrete Werte in Verbindung mit Lebensbereichen zu bringen – insbesondere im Kontext der Arbeit mit Patienten mit Persönlichkeitsstörungen. Denn dies ermöglicht eine direktere Formulierung von Werten. Eine einfache Systematik unterscheidet zwischen den Bereichen *Beziehungen* (Partnerschaft/Familie/Freundschaften), *Freizeit/Hobbys*, *Beruf/Ausbildung* und *Gesundheit*. Hierzu können ACT-spezifische Arbeitsblätter verwendet werden (Hayes, 2007), die zunächst vom Patienten als Hausaufgabe ausgefüllt und anschließend in der Sitzung besprochen werden. Außerdem können verschiedene erlebnisorientierte Übungen durchgeführt werden, bspw. spezifische Imaginationsübungen (der Patient imaginiert seinen eigenen 80. Geburtstag und würdigt aus Sicht eines Gastes den bisherigen Lebensweg) oder Rollenspiele (der Patient schlüpft in die Rolle seines besten Freundes und erarbeitet im Gespräch mit dem Therapeuten, was aus Sicht des besten Freundes im Leben des Patienten derzeit besonders wichtig ist).

6.4 Training der Erwachsenen-Kompetenzen auf Stühlen

Wie oben beschrieben, formulieren wir neben einer grundsätzlichen erwachsenen Ausrichtung (im Sinne der psychischen Flexibilität) auch eine entschiedene Haltung des Gesunden Erwachsenenmodus sowohl den maladaptiven Schemamodi als auch der äußeren Welt gegenüber. Hierbei geht es um Nicht-Schädigung, um emotionale Versorgung und um Bedürfniserfüllung nach innen und nach außen, d.h. in der Welt. In vielen Fällen sind Patienten von dieser umfassenden Neuorientierung überfordert. Sie berichten dann bspw., in der Therapiestunde wohl geahnt zu haben, was mit der erwachsenen Haltung gemeint war, im Alltag bei Schemaaktivierung aber die Orientierung zu verlieren, und sich in alten Mustern wiederzufinden. Für diese Fälle lässt sich die Komplexität mithilfe der Modussprache dekomponieren in umrissene Aufgaben, die der Erwachsenenmodus in Bezug auf die ungünstige biografische Prägung ausführt. Letztlich dienen in der Schematherapie *alle* Übungen dazu, dem Individuum zu erlauben, sich in der inneren Welt flexibel und situationsangemessen zu beruhigen, sich emotional zu versorgen und in der äußeren Welt für diese Grundbedürfnisse und Werte einzutreten.

Grundsätzlich dienen die schematherapeutischen emotionsaktivierenden Basistechniken des Imagery Rescriptings und der Modusdialoge auf Stühlen dem Training der hier beschriebenen Haltung des GE. Zudem wird auch in den anderen Kapiteln dieses Buches beschrieben, wie durch bestimmte Techniken (z. B. unter Einbeziehung des Körpers, ▶ Kap. 2) und in bestimmten Behandlungsfällen (z. B. bei »Externalisierern«, ▶ Kap. 5) der Erwachsenenmodus des Patienten aktiviert werden kann. Wir wollen nun darüberhinausgehend *zusätzliche spezifische* Übungen zeigen, mit denen einige Funktionen des Erwachsenenmodus »unter der Lupe« trainiert werden können.

Drei-Schritte-Übung

Bei dieser Übung wird ein wichtiges Prinzip des GE in drei Schritte aufgeteilt und auf drei unterschiedliche Stühle gesetzt, wobei Sie erkennen werden, dass die Voraussetzung für das erfolgreiche Nachvollziehen der beschriebenen drei Schritte jeweils mit spezifischen ACT-Fertigkeiten assoziiert werden kann, die wir im Text kennzeichnen. Durch die Unterteilung der komplexen GE-Aufgabe in drei Schritte bekommt der Patient die Chance, jede Position einzeln zu üben, was ihm unserer Erfahrung nach das Erlernen und das spätere Abrufen der GE-Aufgaben in Schemaaktivierungssituationen erleichtert. Diese Übung kann immer dann eingesetzt werden, wenn Patienten von der Validierung und Beruhigung ihres Kindmodus in der Therapiesituation profitieren, jedoch Schwierigkeiten haben, diese GE-Haltung in alltäglichen Triggersituationen abzurufen.

Übungsanleitung

Für diese Stühleübung werden insgesamt vier Stühle benötigt. Ein Stuhl für den Kindmodus und dem gegenüber drei Stühle – für die drei Schritte des GE-Modus – in einem Halbkreis aufgestellt. Diese Stühleübung besteht aus zwei Phasen. Während der *ersten Phase* sitzt die Patientin Sandra auf dem Kindstuhl und wird gebeten, mit dem aktuellen Gefühl in Kontakt zu gehen. Dabei ist es auch möglich, eine emotionale Aktivierungssituation aus der Vergangenheit aufzugreifen und den Patienten zu bitten, sich nochmals in dieses Gefühl fallen zu lassen.

- erster Schritt: Der Therapeut setzt sich auf den ersten Stuhl, der die GE-Aufgabe der Achtsamkeitshaltung und Gefühlsakzeptanz (ACT) dem Kindmodus gegenüber repräsentiert: »*Hallo, kleine Sandra, ich nehme Kontakt zu dir auf und schaue, wie es dir geht. Wie fühlst du dich gerade?*« Nachdem die Patientin aus

dem VK dem Therapeuten berichtet hat, was sie gerade bewegt, steht der Therapeut auf und setzt sich auf den zweiten mittleren Stuhl.
- zweiter Schritt: Auf diesem Stuhl geht es darum, das aktuelle Gefühl vertieft zu spüren, konkret zu benennen und auf das Modusmodell zu beziehen: »*Sandra, diesen inneren Zustand, den du mir eben beschrieben hast – um welches Gefühl handelt es sich genau?*« Auf dieser Position ist es die Aufgabe, Gefühle wahrzunehmen, innere Zustände einzuordnen und Gefühle benennen zu lernen (*ACT-Fertigkeiten: Selbst-als-Kontext unter Einbezug der biografischen Erfahrungen der Patientin: Ich fühle mich jetzt wie die kleine, überforderte 8-Jährige von damals, Defusion: Loslösen von toxischen Botschaften der inneren Antreiber/Kritiker*). Hier geht es vor allem darum, der Patientin zu helfen, ihr Erleben zu versprachlichen und in ein Emotionsspektrum einzuordnen. Wir empfehlen, sich dabei an den Basisemotionen zu orientieren, d. h., es gilt zu spüren, ob es sich um eine Emotion des Ärgerspektrums (Frustration, Genervtsein, Ärger, Wut, Zorn, rasende Wut etc.), der Traurigkeit (Verletztsein, Traurigkeit, Niedergeschlagenheit, Enttäuschung etc.) oder des Angstspektrums (Unsicherheit, Ängstlichkeit, Angst, Panik etc.) handelt. Tut sich die Patientin mit der Benennung ihrer Gefühle schwer, kann der Therapeut auch zwischendurch aufstehen und sich neben den Stuhl des Kindmodus hocken, um bei der Versprachlichung der Gefühle zu unterstützen. Danach wechselt der Therapeut auf den dritten GE-Stuhl.
- dritter Schritt: Auf dem dritten Stuhl steht die Versorgung und Regulation des emotionalen Grundbedürfnisses im Vordergrund. Diese Position repräsentiert den Kern der therapeutischen Nachbeelterungshaltung: »*Liebe Sandra, was brauchst du, wenn du dich so fühlst? Wonach sehnst du dich jetzt? Was kann ich für dich tun?*« Hier lernt die Patientin, ihre emotionalen Bedürfnisse wahrzunehmen. Zusätzlich wird die Patientin von dem Therapeuten darin unterstützt, aus ihrem erspürten emotionalen Bedürfnis einen konkreten Handlungsauftrag zu entwickeln, den Patientin und Therapeut dann noch in der Sitzung oder die Patientin selbstständig als Hausaufgabe bis zur nächsten Sitzung erfüllen kann (*ACT-Fertigkeiten: Achtsamkeit, Werteorientierung und engagiertes Handeln spielen hier anteilig bei der Regulation eine Rolle*). Beispiele hierfür können sein, dass die Patientin die Hausaufgabe bekommt, sich noch am selben Tag einen selbstfürsorglichen Moment in den Alltag einzubauen, wie eine Atem- oder Entspannungsübung durchzuführen oder Notizen im Therapietagebuch zu machen und sich damit Raum zum Spüren von Gefühlen zu schaffen.

In der *zweiten Phase* der Übung wird die Patientin gebeten, selbst die drei Positionen des GE durchzuarbeiten. Zu Beginn spürt sie also das Gefühl auf dem Kindstuhl, dann wechselt sie auf den ersten Stuhl der drei GE-Positionen. Anschließend arbeitet sie die drei GE-Schritte durch und übt dabei zuerst, *Kontakt zu ihrem Kindmodus herzustellen* und diesen achtsam wahrzunehmen. Dann praktiziert sie die vertiefte *Gefühlswahrnehmung und -benennung* auf dem zweiten Stuhl und abschließend die eigene *Grundbedürfnisversorgung* auf der dritten Position.

Der Therapeut begleitet und unterstützt die Patientin in diesem Prozess, z. B. indem er sich jeweils neben den GE-Stuhl stellt oder hockt, auf dem die Patientin gerade sitzt, und ihr souffliert oder durch Blicke ermutigt.

Je öfter die Patientin diese Übung praktiziert, desto sicherer wird sie in den GE-Fertigkeiten werden. Der Therapeut sollte darauf achten, sich nach anfänglicher Modellierung des GE-Modus auch wieder aus der aktiven Unterstützungshaltung zurückzuziehen, damit die Patientin genügend Übung in der eigenen emotionalen Regulation bekommt. Mittelfristiges Ziel innerhalb der Therapie ist es, dass die Patientin die Fähigkeit erlangt, diese drei GE-Schritte in den Alltag zu übersetzen und regelmäßig zu integrieren. Mit zunehmender Übung werden die drei Schritte dann in einer durchgängigen inneren Bewegung durchlaufen. Das Abrufen von drei konkreten und in der Sitzung eingeübten Schritten ist bei aktiviertem »Schemaschmerz« (Schuchardt & Roediger, 2016) für die Patientin leichter zugänglich und durchführbar, als ein allgemeines GE-Konzept abzurufen. Abbildung 6.1 verdeutlicht das Vorgehen schematisch (▶ Abb. 6.1), im Leitfaden ist es noch einmal kurz zusammengefasst.

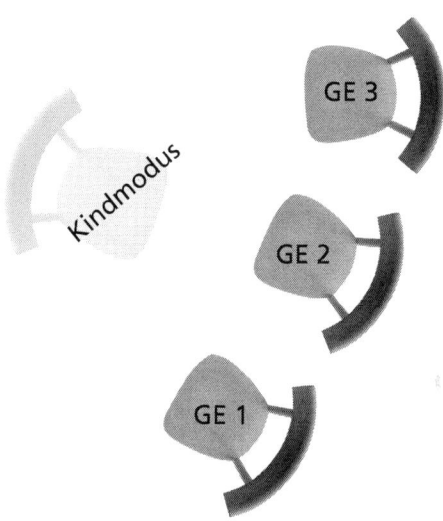

Abb. 6.1: Die drei Positionen des GE auf Stühlen

Leitfaden Drei-Schritte-Übung:

1. Kontakt zum Kindmodus aufnehmen (Achtsamkeit, Gefühlsakzeptanz)
2. Gefühl wahrnehmen und benennen (Achtsamkeit, Gefühlsakzeptanz, Defusion, Selbst-als-Kontext)

3. Gefühlsregulation (Achtsamkeit, Werteorientierung, entschiedenes Handeln)

Phase I: Der Therapeut geht als Modell auf den drei Stühlen die GE-Schritte durch, während der Patient auf dem Stuhl des Kindmodus sitzt.
Phase II: Der Patient geht die drei GE-Schritte auf den Stühlen selbst durch, während er von dem Therapeuten unterstützend begleitet wird.

Transfer in den Alltag

Nachdem die drei Schritte des GE in der Sitzung mit der Stühleübung eingeübt wurden, bekommt die Patientin anschließend die Hausaufgabe, diese drei Schritte täglich zu üben. Als Strukturhilfe können hier drei Kärtchen dienen, auf denen die Schritte einzeln stehen. Die Patientin kann auch im Anschluss an die Stühleübung die Position der drei Stühle als Erinnerungshilfe mit ihrem Smartphone fotografieren. Wir empfehlen den Patienten häufig, neue erlernte Übungen zuhause auch mit Stühlen aufzustellen und die Positionen dann auf den Stühlen durchzugehen, auch dies erleichtert den inneren Zugang zu den neu erlernten Prozessen. Das beste Übungsfenster ist ein niedriges bis moderates Anspannungslevel, denn »die Feuerwehr übt ja auch nicht, wenn es brennt.« Funktionieren die drei Schritte im Alltag der Patientin bei niedrigem bis mittlerem Anspannungslevel schon gut, ist es immer wahrscheinlicher, dass sie auch in Schemaaktivierungssituationen die Schritte abrufen und sich somit aktiv selbst aus dem GE regulieren kann.

6.5 GE-Training anhand von Imaginationsübungen

Die Schematherapie bedient sich mit Vorliebe imaginativer Verfahren, da hier in besonders eindrücklicher Weise emotionale Aktivierung ermöglicht wird. Nachfolgend zeigen wir, wie bei gezieltem Aufbau des GE *spezifische* Imaginationstechniken genutzt werden können und stellen hierzu die *Imaginative Probebühne für den GE* und die *Imaginative Begegnung mit dem Kindmodus* vor.

6.5.1 Imaginative Probebühne für den GE

Anhand dieser Imaginationsübung kann auf einer inneren Bühne neues, gesundes Verhalten des GE ausprobiert und trainiert werden. Hier können sowohl eher bindungs- als auch autonomieverstärkende Handlungen ausprobiert und emotional erfahrbar gemacht werden. Diese Übung eignet sich daher sowohl für Patienten, denen bei Schemaaktivierung das »rote Bein« abhandenkommt, als auch für Patienten, die wenig Zugriff auf ihr »blaues Bein« haben. Bezogen auf die in ▶ Kap. 6.4 dargestellte Drei-Schritte-Übung kann die *Imaginative Probebühne* als visuelle Einübung des dritten GE-Schrittes angesehen werden. Die Voraussetzung für das Durchführen der Übung auf Seiten des Patienten stellt folgerichtig eine Orientierung über die eigenen Werte dar.

Imaginationsübungen sind generell hervorragend geeignet, um den GE der Patienten aufzubauen, zu stärken und zu fördern. Dabei kann sich der Patient auf seiner inneren »Kinoleinwand oder Theaterbühne« ein aktuelles Problem, z. B. eine konflikthafte Interaktion, vorstellen und dann neue Verhaltensweisen proben und dabei beobachten, welches Alternativverhalten, welche innere Haltung oder welche Körperhaltung gut funktioniert. Dabei können die Versprachlichung von GE-Botschaften (hilfreiche Kognitionen) oder Haltungen, das Ausprobieren von verschiedenen Körperhaltungen oder auch konkrete alternative Verhaltensweisen sinnvoll sein. Die funktionalen Ansätze und Ideen des GE können dann anschließend in der Imagination noch weiter verfeinert und eingeübt werden. Diese innere Vorbereitung anhand der Imaginationsübung wird es dem Patienten erleichtern, das neue Verhalten zukünftig auch in realen Situationen anzuwenden.

Der Einsatz der *Imaginativen Probebühne* kann in jeder Therapiephase hilfreich sein, wird innerhalb einer Schematherapie aber besonders in der zweiten Hälfte hohe Relevanz haben, da es in diesem Stadium ja um die Autonomiestärkung und Verantwortungsübernahme des Patienten geht und diese maßgeblich mit der Stärke des GE zusammenhängen. Die entsprechende Übung nimmt etwa zehn bis 20 Minuten in Anspruch.

Übungsanleitung

»Nehmen Sie nun eine bequeme Körperhaltung ein, lehnen Sie Ihren Rücken an die Stuhllehne an und stellen Sie beide Füße auf dem Boden auf, sodass Sie Bodenkontakt haben. Nun schließen Sie die Augen und achten einen Moment auf Ihren Atem. Beobachten Sie Ihr Ein- und Ausatmen, diesen natürlichen Fluss, den Sie einfach geschehen lassen und beobachten können. Spüren Sie, wie Ihr Atem beim Einatmen die Bauchgegend auffüllt und beim Ausatmen sanft durch die Nasenlöcher ausströmt. Atmen Sie sanft und langsam. Nun lassen Sie vor Ihrem inneren Auge das Bild oder die Szene von der Situation entstehen, die Ihnen schwerfällt und an der wir nun arbeiten werden.

Bitte beschreiben Sie mir die Situation jetzt. Was sehen Sie? Was hören Sie? Was geschieht um Sie herum? Wer ist noch beteiligt? Wie fühlen Sie sich jetzt? Jetzt sehen Sie sich selbst im GE-Modus, also in Ihrer gesunden erwachsenen Seite. Wie sehen Sie im GE-Modus aus? Verändern Sie nun Ihre Reaktionen in ein gesundes erwachsenes Verhalten und schauen Sie, wie sich die Situation zum Positiven verändert. Wie reagiert die andere Person auf das, was Sie jetzt machen? Was können Sie noch tun oder sagen, um das Ergebnis in Ihrem Sinne zu verbessern? Welche Körperhaltung nehmen Sie dabei ein (z. B. aufrechter Oberkörper; Stand mit beiden Beinen auf dem Boden). Falls es für Sie noch nicht ganz stimmig ist, können Sie nochmals zurückspulen und neu probieren.

Wie verändert sich das Bild auf Ihrer inneren Probebühne? Wie fühlt sich das emotional und körperlich an? Welches neue, gesunde Verhalten testen Sie gerade?

> Welche Position nimmt Ihr Körper dabei ein? Wie ist Ihr Gesichtsausdruck? Funktioniert etwas gut, dann wiederholen Sie dies bitte ein paar Mal in Ihrem Bild, sodass es Ihnen immer natürlicher vorkommt. Zum Abschluss formulieren Sie jetzt einen Merksatz, was in diesem Bild heute für Sie funktioniert hat.«

Mit einem funktionaleren Verhalten des Patienten in der Imagination wird sich auch sein Gefühl zum Positiven verändern, z. B. tritt etwas Erleichterung, Kontrollgefühl oder Sicherheit ein. Auch die Reduktion von aversiven Gefühlen wie Anspannung, Angst oder Traurigkeit kann ein guter Indikator sein, dass die Übung funktioniert hat. Dass die Patienten diese Veränderung bewusst bemerken, stärkt ihre Selbstwirksamkeitserwartung und wirkt ermutigend. Auch kleine Schritte *in Richtung* des GE sollen therapeutisch verstärkt werden, denn es gelingt nicht immer, in einer Übung einen idealen GE zu visualisieren.

Wir empfehlen, diese Imaginationsübung als Audio aufzunehmen und dem Patienten dann anschließend mitzugeben, sodass er sich die Aufnahme noch mehrmals anhören kann. So schleift sich das neue, funktionale Verhalten des GE ein und fühlt sich mit der Zeit immer vertrauter und natürlicher an. Im zweiten Schritt ist es wichtig, festzulegen, wann der Patient das neue Bewältigungsverhalten in seinem Alltag ausprobieren wird. Es wird eine Hausaufgabe daraus abgeleitet, die den Transfer aus der Therapiesitzung in den Patientenalltag initiiert und begleitet. Wir empfehlen hier z. B. klassische Wochenprotokolle, in denen der Patient dokumentiert, wann er das neue GE-Verhalten oder die alternative innere GE-Haltung ausprobiert hat und welchen Effekt dies hatte.

6.5.2 Imaginative Begegnung zwischen GE und Kindmodus

Diese Imaginationsübung stellt den positiven Kontakt zwischen Gesunden Erwachsenenmodus und Kindmodus des Patienten her, stärkt also das »blaue Bein« (▶ Kap. 1) des Patienten. In ACT-Termini übersetzt wird hier die *achtsame Zuwendung*, *Gefühlsakzeptanz*, *Werteorientierung* und *engagiertes Handeln* trainiert. Es ist die imaginative Umsetzung und Einübung der drei GE-Schritte aus der Drei-Schritte-Übung (▶ Kap. 6.4). Die Begegnung zwischen den beiden Modi dient der emotionalen Regulation und Bedürfnisbefriedigung. Positive Interaktionen zwischen dem Kindmodus und dem GE erleben die Patienten i. d. R. als beruhigend und befriedigend, sie stärken die Ressourcen und den achtsamen Blick auf die eigene Gefühls- und Bedürfniswelt.

Die Übung eignet sich für jede Phase der Schematherapie, sie ist auch am Anfang einer Therapie gut nutzbar, um die eventuelle Hemmschwelle des Patienten gegenüber Imaginationen abzubauen. Manchmal tritt zu Beginn der Therapie das Problem auf, dass die imaginative Begegnung zwischen dem inneren Kind und der Erwachsenenseite des Patienten von dem Patienten als aversiv erlebt wird. Hier kann der Therapeut die imaginative Begegnung mit dem Kind übernehmen und so ein Modell für positive Interaktion stellen. Im Verlauf der Therapie und mit zunehmender Selbstakzeptanz und Abschwächung der Inneren Kritiker wird der Patient dann angeleitet, sich selbst in der regulierenden Erwachsenenseite zu visualisieren. Die nachfolgende Übung nimmt etwa 15 bis 20 Minuten in Anspruch.

> **Übungsanleitung**
>
> »Nehmen Sie nun eine bequeme Körperhaltung ein, lehnen Sie Ihren Rücken an die Stuhllehne und stellen Sie beide Füße auf dem Boden auf, sodass Sie den Boden unter Ihren Füßen spüren. Schließen Sie sanft Ihre Augen und achten einen Moment auf Ihren Atem. Beobachten Sie Ihr Ein- und Ausatmen, diesen natürlichen Fluss, den Sie einfach geschehen lassen und beobachten können. Spüren Sie, wie sich Ihr Bauch und Ihre Flanken sanft mit Atem füllen. Atmen Sie tief in den Bauch ein. Dabei sinken Sie etwas tiefer in den Stuhl hinein und lassen alle Anspannung los. Mit jedem Ausatmen fließt vorhandene Anspannung aus Ihnen heraus über den Stuhl bis hinein in den Boden. Lassen Sie nun vor Ihrem inneren Auge das Bild entstehen, wie Sie als Erwachsener auf einem Weg mitten in der Natur entlanggehen. Schauen Sie, was Sie um sich herum sehen, vielleicht sind Sie in den Dünen am Meer, spazieren am Strand, vielleicht sind Sie auf einer Waldlichtung oder auf einem breiten Pfad in den Bergen. Gestalten Sie die Naturszene so, dass es einem Ort entspricht, an dem Sie gerne sind. Sie gehen gemächlich diesen Weg entlang und spüren die Schritte, die Sie auf dem Boden machen, wie fühlen diese sich an? Wie fühlt sich der Boden unter Ihren Füßen an? Halten Sie einen Moment inne und schauen Sie sich die Natur an. Ihr Atem trägt Entspannung in den ganzen Körper. Atmen Sie so noch zwei Mal bewusst ein und aus.
>
> Der Weg vor Ihnen schlängelt sich nun um eine Kurve und Sie sehen, wie aus der Kurve ein kleines Kind Ihnen langsam entgegengelaufen kommt. Noch ist es in der Ferne, Sie sehen aber schon, dass es noch klein ist, ungefähr fünf oder sechs Jahre alt. Wie der kleine Junge näher gelaufen kommt, sehen Sie, dass es sich um Sie selbst als Kind handelt. Ihr Großer begegnet nun bald dem Kleinen von früher. Was hat der Kleine an? Wie sieht sein Gesicht aus? Wie ist sein Gesichtsausdruck? Sie beide gehen sich nun langsam und freundlich entgegen und bleiben dann voreinander stehen, um sich in Ruhe zu begrüßen. Wie möchten Sie Ihren Kleinen begrüßen? Möchten Sie etwas sagen? Was möchte das Kind mit dem Erwachsenen tun? Was braucht es gerade? Gibt es etwas, das Sie zusammen spielen können? Oder möchten Sie sich zusammen hinsetzen und die Natur betrachten? Was wünscht sich der Junge? Sie sind in der Welt der inneren Vorstellungsbilder ganz frei und können diese Szene nun gestalten, wie es sich gut anfühlt und sie beide eine angenehme Zeit miteinander verbringen können. Was passiert in Ihrer Szene? Lassen Sie alle Anspannung los und genießen die Zeit mit Ihrem Kleinen. Wie fühlt sich das jetzt an? Wie hört sich die Stimme des kleinen Jungen an? Schmücken Sie das innere Bild mit vielen Details. Was sehen Sie um sich herum, was hören Sie, was genau tun der Kleine und der Große zusammen?
>
> Dann wird es langsam wieder Zeit, dieses Bild für heute zu beenden. Wie verabschieden Sie sich? Möchten Sie sich noch für eine nächste Begegnung ver-

abreden? Oder möchten Sie noch einen Moment zusammen an diesem friedlichen Ort verweilen? In der Vorstellungswelt ist alles möglich.

Dieses Bild ist nun ein Teil von Ihnen, Sie können es innerlich wie einen Film speichern oder ein Foto davon machen. Immer, wenn Sie Kontakt zu dem Kleinen möchten, können Sie diese Szene wieder aktivieren. Dann sehen Sie, wie der Kleine sich wieder von Ihnen entfernt, vielleicht winkt er Ihnen noch einmal zu. Wenn Sie beide noch eine Zeit lang zusammenbleiben mögen, ist das natürlich auch in Ordnung. Lassen Sie alle Bilder jetzt sanft verblassen, spüren den Stuhl unter sich und kehren in Ihrem Tempo wieder ins Hier und Jetzt zurück in die Therapiesitzung. Dann öffnen Sie Ihre Augen.«

6.6 Transfer in den Alltag durch Hausaufgaben

Die Vertiefung von Übungen zur GE-Stärkung gelingt durch das Aufnehmen der Übungen auf das Smartphone des Patienten während der Sitzung. Die Hausaufgabe ist dann, bis zur nächsten Sitzung die Audioaufnahme der Übung zwei- bis dreimal anzuhören. So können die in der Übung erzielten Effekte, z. B. der Emotionsregulation oder des Einübens eines erwünschten Alternativverhaltens aus dem GE heraus, weiter vertieft werden. Die Patienten zeigen erfahrungsgemäß unterschiedliche Motivation, die Audioaufnahmen später noch mehrmals anzuhören. Hier ist therapeutische Beharrlichkeit sehr wichtig. Wir empfehlen, dass die Patienten in einem Wochenplan notieren, an welchen Tagen sie die Audioaufnahmen angehört haben und mit welchem Effekt.

Ferner kann mit den Patienten vereinbart werden, wann sie die jeweils in der Sitzung erarbeiteten Inhalte auf der realen Verhaltensebene umzusetzen üben. Übt der Patient z. B. die emotionale Versorgung seines Kindmodus in der imaginativen Begegnung, so muss im Folgeschritt konkretisiert werden, wie die emotionale Fürsorge auf der Verhaltensebene umgesetzt werden kann. Dies könnte bedeuten, dass der Patient die Hausaufgabe erhält, zweimal am Tag einen »Check-In« mit dem Kindmodus zu machen und zu spüren, wie es ihm geht und was ihm in diesem Zustand guttun würde. Es eignen sich feste Zeiten zum »Check-In«, z. B. beim Zähneputzen am Morgen oder beim Zubereiten des Abendessens.

6.7 Abschließende Betrachtung

Die schematherapeutische Arbeit am GE folgt zwar einem gewissen Leitfaden, ist aber auch stark individualisiert, weil sie ja davon abhängt, welche GE-Kompetenzen der Patient bereits in die Therapie mitbringt und inwieweit er diese dann auch im Alltag allgemein und in Stresssituationen im Speziellen abrufen kann. Hier bedarf es zu Beginn der Schematherapie einiger Zeit, um sich als Therapeut einen Überblick über den Grad der GE-Stärke des Patienten zu verschaffen und dann das GE-Training innerhalb der Therapie dementsprechend auszurichten.

Bei dem GE-Modus-Aufbau des Patienten oder der weiteren Ausdifferenzierung, kommt dem Ableiten von Hausaufgaben aus den Sitzungen eine besondere Bedeutung zu. Nur wer zwischen den Sitzungen übt, kann davon ausgehen und auch erwarten, dass die GE-Fertigkeiten stetig zunehmen. Die Verantwortungsübernahme für dieses GE-Wachstum sollten wir als Therapeuten daher beharrlich einfordern und ermutigen, vor allem in der zweiten Therapiehälfte. Zusammenfassend kann man sagen, dass der GE-Auf- oder Ausbau aus zwei Kernkomponenten besteht: erstens der therapeutischen Beziehungsgestaltung (▶ Kap. 6.2.2) und zweitens den spezifischen Techniken, die wir in der Schematherapie anwenden (Stühlearbeit, Imaginationen, Hausaufgaben etc., ▶ Kap. 6.4, 6.5 und 6.6).

Ferner ist es unserer Ansicht nach eine der großen Aufgaben für den Schematherapeuten, die Schematherapie aus dem eigenen GE heraus anzubieten. Dies ist eine hohe Anforderung an die Stabilität des GE des Therapeuten, denn gerade die Therapie von persönlichkeitsstrukturell gestörten Patienten birgt natürlich auch für den Therapeuten viele Möglichkeiten der persönlichen Schemaaktivierung. Im ungünstigen Fall würde dann der Schematherapeut die Therapie aus einem maladaptiven Bewältigungsmodus (z. B. emotional gepanzert-gleichgültig, gelangweilt), dem Kindmodus (z. B. von starkem Ärger geflutet) oder dem Inneren Kritikermodus (z. B. abwertend, überfordernd) heraus durchführen. Hier hat sich in der Fortbildung bewährt, an Selbsterfahrungssitzungen teilzunehmen, um eigene Schemata und Problemmodi kennenzulernen und regulieren zu üben.

Literatur

Bach B, Bernstein DP (2019). Schema therapy conceptualization of personality functioning and traits in ICD-11 and DSM-5. *Curr Opin Psychiatry*; 32(1):38–49. https://doi.org/10.1097/YCO.0000000000000464
Eisenberger NI, Lieberman MD, Williams KD (2003). Does rejection hurt? An fMRI study on social exclusion. *Science*; 302: 1703–14.
Hayes S, Kirk D, Wilson K (2007). *Akzeptanz und Commitment Therapie. Ein erlebnisorientierter Ansatz zur Verhaltensveränderung.* München: CIP Medien.
Hayes S, Strosahl K, Wilson K (2014). *Akzeptanz- und Commitment-Therapie.* Paderborn: Junfermann.
Roediger E (2016). *Schematherapie. Grundlagen, Modell und Praxis.* Stuttgart: Schattauer.
Schuchardt J, Roediger E (2016). *Schematherapie.* Tübingen: DGVT.
Stromberg C, Zickenheiner K (2021). *Emotionale Regulation bei psychischen Störungen. Praxis der Verhaltenstherapie schematherapeutisch erweitert.* Berlin, Heidelberg: Springer.
Valente M (2021). *Schematherapie. Ein Leitfaden für die Praxis.* Stuttgart: Kohlhammer.

Yakin D, Grasmann R, Arntz A (2020). Schema modes as a common mechanism of change in personality pathology and functioning: results from a randomized controlled trial. *Behav Res Ther*; *126:* 103553. https://doi.orgg/10.1016/j.brat.2020.103553

Yalom I (2010). *Existenzielle Psychotherapie.* Grevelsberg: Edition Humanistische Psychologie.

Young J, Klosko J, Weishaar M (2005). *Schematherapie. Ein praxisorientiertes Handbuch.* Paderborn: Junfermann.

7 Schematherapie mit komplex traumatisierten Patientinnen

Eckhard Roediger

In den Grundlagen unterscheidet sich eine Schematherapie mit komplex traumatisierten nicht von der Arbeit mit anderen Patientinnen. Wir beziehen uns auf dasselbe Modell und die Techniken und Prozesse sind die gleichen. Die Beziehungsgestaltung ist allerdings etwas herausfordernder und es gibt einige besondere Themen wie z. B. den Umgang mit Dissoziationen. Auf die entsprechenden Modifikationen wollen wir in diesem Kapitel eingehen. Zumindest kurz und schlaglichtartig, denn es gäbe im Detail noch viel mehr zu den Besonderheiten dieser Klientel zu sagen. Von daher kann nicht alles Gesagte umfassend (auch empirisch belegt) hergeleitet werden. Die Anregungen mögen zumindest die Richtung aufzeigen, in die mit diesen besonders belasteten Menschen, die unsere Hilfe auch besonders brauchen, gearbeitet werden kann. Allen, die tiefer in diese Arbeit einsteigen möchten, sei eine traumaspezifische Fortbildung empfohlen.

7.1 Statt einer Einleitung

Mehr noch als andere emotional-instabile Patientinnen werden komplex Traumatisierte von sehr intensiven Schemaaktivierungen, z. T. in Form von Flashbacks überflutet. Sie erleben sich dann heute noch als Opfer und setzen im »Autopilotenmodus« die alten Bewältigungsstrategien ein. Das stellt die Therapeutinnen vor besondere Herausforderungen. Ohne zu sehr (auch in die neurobiologischen) Details zu gehen (s. dazu z. B. das *Handbuch der Psychotraumatologie* von Seidler et al., 2019) sollen zunächst – sozusagen statt einer Einleitung – die wichtigsten Aspekte kurz zusammengefasst werden, auf die wir dann im Weiteren systematisch eingehen:

- In emotional überflutenden Momenten wird durch die hohe Kortisol-Ausschüttung die Einspeicherung in das autobiografische Gedächtnis unterbrochen. Dadurch wird ein szenisches Erleben ohne zeitlichen Bezug in das episodische Gedächtnis eingespeichert (van der Kolk, 1994). Gewissermaßen Bilder ohne Tonspur. Diese Szenen werden durch z. T. neutrale Trigger aktiviert und dann in Gegenwartsqualität erlebt. Die Patientinnen fühlen sich *jetzt* bedroht und reagieren entsprechend.
- Besonders wenn sich die Betroffenen während der Traumatisierung in einem dissoziativen Zustand befanden (und das ist recht häufig der Fall und führt zu

einer schwereren Symptomatik; Priebe et al., 2013), werden Wahrnehmungen aus einzelnen Modalitäten (Bilder, Geräusche, Gerüche, Körpergefühle) fragmentiert und ohne Kontext eingespeichert und bei einer Aktivierung wiederum *jetzt* erlebt (z. B. als körperliche Schmerzen). Dies führt nicht selten zu Fehldiagnosen.

- Dissoziation wird als Bewältigungsmodus (Distanzierter Beschützermodus, ▶ Kap. 4) erlernt und häufig zur unbewussten Spannungsregulation beibehalten. Das kann bis zur Ausbildung relativ stark abgetrennter, komplexer Erlebensweisen gehen, die dann als unterschiedliche »Teile« erlebt werden (z. B. bei dissoziativen Identitätsstörungen).
- Auch Menschen mit diesem komplexen Bewältigungsmodus greifen auf *EIN* Gedächtnis und einen Körper zurück (Huntjens et al., 2007). Alle »Teile« können also grundsätzlich »alles wissen«. Von daher kann man auch mit diesen Menschen mit dem vereinfachten Modusmodell arbeiten.
- Leichte Dissoziationen erkennt man von außen kaum. Man muss aktiv danach fragen. Umso wichtiger sind Audioaufnahmen der Sitzungen, die die Patientinnen zu Hause in ihrem Tempo anhören können, um dadurch die Stunden gewissermaßen nachzuarbeiten.
- Auch während Schemaaktivierungen ist für diese Menschen ein Wechsel in den Gesunden Erwachsenenmodus grundsätzlich möglich. Aktiv den Bezug zu gegenwärtigen, neutralen Sinnesreizen herzustellen (z. B. durch sog. Skills) ist ein wichtiges erstes Ziel in den Therapien. Das müssen die Patientinnen selbst übernehmen. Kurz gesagt: Sie müssen intensiv üben, von der Opferseite auf die tätige, erwachsene Seite zu wechseln.
- In den traumatisierenden Situationen waren die Betroffenen hilflos. Dieses Erleben hat sich als Schema eingebrannt. Die danach gewählte Schemabewältigung prägt auch die therapeutische Interaktion und muss in den Sitzungen reflektiert, eingeordnet und ggf. modifiziert werden. Die Therapeutinnen werden in der Beziehungsgestaltung dadurch stark gefordert.
- Das Wahrnehmen und Zulassen »konstruktiver Ärgerkraft« ist ein zentraler Prozess für die Ermächtigung der Patientinnen, damit sie aus dem Opfererleben aussteigen können. Das braucht Raum in der Therapie. Dazu gehört auch die Wut auf die vernachlässigenden Bezugspersonen (meist die Mutter). Diese taucht in den Therapien auch als Wut über die Therapeutinnen auf. Darauf, wie man damit umgehen kann, werden wir eingehen.
- Um nicht in einen äußeren oder inneren Konflikt mit der Täterperson zu kommen (und weil sie es als Kind nicht anders konnten), internalisieren Patientinnen häufig Bewertungen der Täterperson. Diese tauchen heute als innere Kritikerstimmen in z. T. sehr toxischer Form auf (sog. Täterintrojekt) und induzieren Scham, Selbstekel, Selbstschädigungs- und Rückzugsverhalten. Viele Traumatisierte sind überzeugt, dass man ihnen auch heute noch das Trauma von außen ansieht. An diesen Bewertungen muss sehr hartnäckig gearbeitet werden.
- Einige komplex Traumatisierte haben bei der Lebensbewältigung sehr wenig soziale Unterstützung gehabt. Manches passive Rückzugsverhalten ist daher kein Vermeidungsmodus, sondern ein Mangel an sozialen bzw. Kulturtechniken. Dann sollten die Therapeutinnen nicht davor zurückschrecken, ganz lebenspraktische Unterstützung zu geben.

- Andererseits wirkt die Passivierung des Opferstatus oft bis in die Gegenwart fort und Therapeutinnen müssen immer wieder Hilfestellung bei der Verhaltensaktivierung im Alltag geben und diese – besonders in der zweiten Therapiehälfte, in der die Autonomie gefördert werden muss – aktiv »einklagen« und Vermeidungsverhalten empathisch konfrontieren können.

7.2 Besonderheiten der Beziehungsgestaltung

Wie bereits angedeutet muss das Modell auch für die Arbeit mit komplex Traumatisierten nicht verändert werden. Auf ein paar spezifische Aspekte werden wir in dem Abschnitt über die dissoziative Identitätsstörung eingehen. Kommen wir also direkt zur Beziehungsgestaltung. In aller Regel gehen komplexe Traumatisierungen mit einer Vernachlässigung durch die primäre Bezugsperson (in unserer Kultur immer noch meist die Mutter) einher. Diese Vernachlässigung öffnet erst die Tür, dass sich die Kinder alternativlos emotional an die Täter binden – sind diese oft die Einzigen, die wenigstens etwas Zuwendung anbieten, wenn auch für den Preis sexueller Gewalt. Beginnt diese früh, werden die Kinder durch diese toxische Mischung von Zuwendung und Gewalt geprägt. Sie lernen im Extremfall keine andere bzw. bessere Welt kennen. Umso wichtiger sind minimale bindungsgebende Ressourcen. Manchmal ist das ein Großelternteil (der z. B. nachher die Wunden versorgt und warmen Kakao kocht), ein Haustier oder auch nur ein sicherer Platz in der Natur. Aber ein wenig Geborgenheitsgefühl ist mehr als nichts. Und die am schwersten belasteten Menschen hatten wirklich »nichts«!

Das Fehlen einer gesunden Abgrenzungsfähigkeit gegen Übergriffe erhöht auch die Gefahr für Übergriffe in der Therapie – letztlich auf allen Ebenen, sind die Patientinnen doch an verstrickende und übergriffige Beziehungen gewöhnt. Die z. T. erschreckend hohe Zahl von (sexuellen) Übergriffen in Therapien macht die Situation umso gefährlicher. In großen amerikanischen Untersuchungen an 1000 Psychiaterinnen und Psychiatern sowie 1000 Psychologinnen und Psychologen räumten etwa 12 Prozent der Befragten mindestens einen sexualisierten Kontakt mit ihren Patientinnen und Patienten im Laufe ihrer Berufstätigkeit ein (Piegler, 2003). Dies zu beachten ist auch beim Anbieten von (körperlicher) Nähe in der Therapie wichtig! Einerseits profitieren Patientinnen im Verletzbaren Kindmodus besonders von sicherer (auch körperlicher) Nähe und sie gibt ihnen viel Halt (besonders in dissoziativen Zuständen, ▶ Kap. 7.4), andererseits besteht immer eine Gefahr, dass traumatische Schemata (mit-)aktiviert werden. Daher sollten Berührungen erst erfolgen, wenn sich eine stabile therapeutische Beziehung aufgebaut hat. Auch dann nur sehr dosiert (und nicht routinemäßig), nur an den Händen oder evtl. durch eine Decke an der Schulter und vor allem nur im Verletzbaren Kindmodus (und dann i. d. R. bei geschlossenen Augen). Dann können Sie die emotionale Unterstützung und Fürsorge sehr vertiefen und den Patientinnen helfen, mit ihrem Schmerz in Kontakt zu kommen und diesen anzunehmen.

Grundsätzlich besteht eine nicht unerhebliche Gefahr in der »Schemachemie« zwischen Therapierenden und Patientinnen. Die weitaus größte Zahl von Therapierenden hat selbst die Schemata *unerbittliche Ansprüche* und *Aufopferung* (Simpson et al., 2019). Sehr viele auch *emotionale Vernachlässigung* (Leahy, 2001). Etwas verkürzt gesagt kompensieren also viele von uns eigene emotionale Wunden durch ein sehr engagiertes therapeutisches Handeln mit der Gefahr der Aufopferung. Entsprechend erleben sich viele Schematherapierende lieber in der versorgenden als in der konfrontierenden Position. Gerade in Kombination mit sehr bedürftigen Patientinnen besteht die Gefahr der Überbetonung der versorgenden Rolle gegenüber einer angemessen empathisch-konfrontierenden und begrenzenden (ohne die auch die Erziehung von Kindern nicht gelingt). Aber nur wer im Rahmen des Leistbaren fordert, der fördert auch optimal. Von daher sollte Unterstützung möglichst rasch mit eigenen Aktivitäten und schrittweiser Verantwortungsübernahme verbunden werden, indem früh Hausaufgaben vereinbart werden. Deren Umsetzung ist ein wichtiges Maß für die Compliance der Patientinnen. Ich werde auf konkrete Möglichkeiten, sehr empathisch und abgestuft zu konfrontieren, weiter unten eingehen.

An dieser Stelle erscheint mir noch der Hinweis wichtig, die grundsätzliche zeitliche Begrenzung der Therapie u. U. mit Bezug zu den Psychotherapierichtlinien von Anfang an anzusprechen. Psychotherapie kann und soll die oft fehlenden oder spärlichen privaten Beziehungen der Klientinnen nicht ersetzen. Etwas scharf formuliert: Therapie ist eben kein »Rent-a-friend«-Setting! Das enttäuscht und verunsichert viele Patientinnen. Dennoch sollten wir nicht der Versuchung erliegen und Zusagen machen wie »Wir werden so lange zusammenarbeiten, wie Sie mich brauchen«. Stellen Sie keine »ungedeckten Schecks« aus, die Sie später nicht einlösen können! Stellen Sie auch keine Erfolge in Aussicht, deren Einlösung nicht in Ihrer Macht steht! Natürlich fragen die Patientinnen: »Werde ich irgendwann ›normal‹ sein? Hören die Alpträume (oder Flashbacks) irgendwann auf? Werde ich echte Freunde finden?« Die Versuchung ist groß, etwas zu »versprechen«, was nachher leider oft nicht eintritt. Bleiben Sie lieber standhaft und sagen etwas wie: »Das kann ich Ihnen nicht versprechen und das hängt auch stark von Ihrer Mitarbeit ab. Auf jeden Fall gehe ich davon aus, dass es Ihnen durch die Therapie viel besser gehen kann als jetzt. Aber manche Wunden sind sehr tief und dann bleiben Narben zurück, die ein Leben lang weh tun können. Sie sollten sich auch nicht mit anderen Menschen vergleichen, die ganz anders gestartet sind als Sie. Das Leben ist leider nicht gerecht. Aber ich werde alles tun, was ich kann, damit Sie auf Ihrem Weg gute Fortschritte machen und das Beste aus Ihrem Leben machen können.«

Bleiben Sie auch freundlich-zentriert, wenn Ihnen Patientinnen Komplimente machen (z. B. »So gut verstanden hat mich noch niemand!«), denn für viele sehr belastete Patientinnen sind wir »das Beste, was ihnen bisher im Leben passiert ist«. Und das drücken sie auch entsprechend deutlich aus. Diese Komplimente haben aber eine »klebrige Rückseite«, denn wenn wir anfangen, Grenzen zu setzen, reagieren manche Patientinnen sehr vorwürflich im Sinne von: »Ich habe Ihnen so vertraut und nun lassen Sie mich hängen! Da hätte ich mich lieber gar nicht auf die Therapie eingelassen. Jetzt geht es mir schlechter als vorher!« Das aktiviert dann unerbittlich unser *Unerbittliche-Ansprüche*-Schema. Wie mit solchen Vorwürfen empathisch umgegangen werden kann, wird ebenfalls zusammenfassend am Ende dieses Kapitels ausgeführt.

Wir sollten aber Begrenzungen nicht zu starr (»Therapie ist per Definition zeitlich begrenzt und an Fortschritte gebunden«), sondern flexibel einsetzen, indem wir z. B. auf die Möglichkeit von Verlängerungen hinweisen, die aber begründet werden müssen und eben an Fortschritte in der Therapie gebunden sind. Arbeiten Sie ggf. mit Zwischenzielen, die Sie in einem bestimmten Zeitraum zusammen für erreichbar halten und die die Grundlage für weitere Schritte darstellen (z. B.: »In vier bis sechs Wochen sollte das mit der Stabilisierung einigermaßen klappen. Dann können wir mit den Traumaimaginationen beginnen.«). Für einen optimalen Fortschritt ist eine gute Balance zwischen Sicherheit und Vertrauen geben und Motivation zur Arbeit an sich selbst notwendig. Realistische zeitliche Begrenzungen tragen zur Intensität der Bemühungen und einer aktiven Arbeitshaltung bei. In einer Pilotstudie zur Arbeit mit Patientinnen mit dissoziativer Identitätsstörung (DIS) begrenzt Arnoud Arntz das Protokoll auf 200 Sitzungen (in den ersten beiden Jahren je 80 Sitzungen (zwei pro Woche), dann 40 (wöchentliche) Sitzungen, gefolgt von sechs monatlichen Boostersitzungen; Huntjens et al., 2019). Eine solche starre Begrenzung ist in Studien sicher leichter durchzusetzen und einzuhalten als in der individuellen Praxis. Grundsätzlich sollte gelten: Sich in der Therapie wohlzufühlen ist nicht das primäre Ziel, sondern Mittel zum Zweck. Therapie soll und muss immer anstrengend bleiben. Von daher sollte die Sitzungsfrequenz an Fortschritte und verbliebene, realistische Therapieziele angepasst werden. Letztes bedeutet konkret, dass in der vergleichsweise langen Phase monatlicher Sitzungen eher akzeptanz- als veränderungsorientiert gearbeitet werden sollte.

Kontakte zwischen den Sitzungen

Umgekehrt sind für viele komplex Traumatisierte die Abstände zwischen wöchentlichen Sitzungen sehr lang. Besonders im ersten Teil der Therapie, wenn die Betroffenen aus chronisch-dissoziativen Zuständen »wacher« werden, effektive antidissoziative Maßnahmen wie selbstverletzendes Verhalten oder psychotrope Substanzen (und dazu zählen auch ärztlich verordnete dämpfende Medikamente wie Quetiapin) reduziert werden oder später auch durch die erlebnisaktivierende Arbeit, können zwischen den Sitzungen belastende Zustände auftreten. Anrufe bewirken eine sehr starke Beeinträchtigung des Alltagslebens von uns Therapierenden. Daher sollten Patientinnen diese Möglichkeit nur in absoluten Extremsituationen nutzen. E-Mail-Kontakte hingegen bieten eine hilfreiche, aber aus therapeutischer Sicht ausreichend gut kontrollierbare Kontaktmöglichkeit. Ein wichtiger Aspekt dabei ist, dass Telefonanrufe (und in gewisser Weise auch Kurznachrichten) aus der Emotionalität – d. h. stark von Kindmodi getrieben – getätigt werden können. Zum Schreiben einer E-Mail ist beim Abfassen sozusagen die Mitarbeit des Erwachsenenmodus gefragt. Das führt schon zu einer ersten Verarbeitung der Emotion, bevor die Nachricht rausgeht. Nicht umsonst hat Pennebaker schon 1993 expressives Schreiben als therapeutische Intervention erfolgreich eingesetzt. Auf E-Mails wird keine sofortige Reaktion erwartet. Dadurch bleibt der Erwachsenenmodus der Patientinnen in der Mitverantwortung, die Zeit bis zur Antwort zu überbrücken. Die kann (und sollte) dann innerhalb eines Tages erfolgen. Des Weiteren können Therapeutin und Patientin gemeinsam besprechen, wie die E-Mail-Kommunikation gestaltet wird: Anfangs sind vielleicht längere Antworten notwendig, um den Patientinnen in einer Krise beizustehen. Wenn die Patientinnen das Schreiben als entlastend erleben, man als Therapeutin aber nicht die Zeit hat, auf alles zu antworten, kann man den Patientinnen anbieten, die wichtigsten Fragen besonders zu markieren. Später reicht es vielen Patientinnen zu wissen, dass die Therapeutin die Nachricht gelesen hat. Gegen Ende der Therapie erwarten viele Patientinnen gar keine Antwort mehr (oder nur eine Lesebestätigung), aber sie fühlen sich beim Schreiben mit uns und der Therapie verbunden und das stärkt sie.

Ein weiterer wichtiger Aspekt, Kontakte zwischen den Sitzungen zuzulassen, ist einem gesunden Eigeninteresse der Therapierenden geschuldet. Wie fühlen Sie sich, wenn eine Patientin am Ende die Sitzung sehr bedrückt, vielleicht latent suizidal verlässt? Und Sie wissen, dass Sie jetzt eine Woche warten müssen, um zu wissen, wie es der Patientin weiter ergangen ist. Ich vermute, dass Sie auch ein Anti-Suizidvertrag nicht wirklich beruhigt. Ist es nicht eine auch für uns entspannendere, dabei partnerschaftlichere und menschlichere Entscheidung, mit der Patientin zu vereinbaren, dass sie sich per E-Mail melden kann, wenn es ihr schlecht geht und Sie innerhalb eines Tages antworten? Solange darf sie sich nicht selbst schädigen. Das dürfte für die meisten Patientinnen ein faires Angebot sein. In besonderen Krisen können auch Telefonkontakte ermöglicht werden, die aber sehr verantwortlich eingesetzt werden sollen. Interessanterweise zeigten Borderline-Patientinnen in einer randomisierten, kontrollierten Studie keinen besseren Verlauf, wenn sie anrufen konnten, als ohne diese Möglichkeit (Nadort et al., 2009). Nur 2 Prozent »missbrauchten« die Anrufmöglichkeit. Alle anderen gingen sehr verantwortlich mit dieser Möglichkeit um und verhielten sich kooperativ.

In jedem Fall haben wir als Therapierende die Möglichkeit, aus unserer Sicht nicht notwendige Anrufe, aber auch zu häufige, zu lange, zu fordernde oder anklagende E-Mails in der nächsten Sitzung (am besten im Stehen) empathisch zu konfrontieren. Das geschieht aber praktisch immer über die Selbstoffenbarung und den Hinweis auf die eigenen Grenzen, nie regelbasiert (z. B.: »Es gibt grundsätzlich keine Kontakte zwischen den Sitzungen!«). Gerade dieses Offenlegen des eigenen Erlebens vertieft bei den Patientinnen das Vertrauen und das Gefühl, als Mensch ernst genommen zu werden. Außerdem sind wir auch hier wieder ein wichtiges Rollenmodell beim Umgang mit Grenzen oder auch Ambivalenzen. Der Fokus sollte immer darauf liegen, was eine gesunde Erwachsene selbst tun kann, um mit der belastenden Situation klarzukommen. Auf der anderen Seite brauchen viele Traumapatientinnen in einem viel größeren Ausmaß unsere konkreten Ratschläge, Lebenserfahrungen und Hilfestellung bei Entscheidungsprozessen. Einfach, weil sie in der Vergangenheit oft wenig lebenspraktische Dinge (z. B. von den Eltern) lernen und später selten tragfähige Freundschaften entwickeln konnten. Einmal mehr bestätigt sich, dass die Schwere des Traumas vom Ausmaß der sozialen Unterstützung abhängt. Aber gerade die hatten unsere am schwersten traumatisierten Patientinnen eben nicht. Durch die jederzeit gegebene Möglichkeit, unsere Belastung in einer empathischen Konfrontation transparent zu machen und zu gemeinsamen

Lösungen zu finden, können wir Therapierenden uns immer wieder fair und flexibel abgrenzen. Das ist für unsere eigene Seelenhygiene bei der Arbeit – gerade mit dieser belasteten und auch belastenden Klientel – sehr wichtig. Wenn man einen Ariadnefaden hat und weiß, wie man aus einem Labyrinth wieder rauskommt, kann man entspannter in belastende Situationen hineingehen.

7.3 Schematherapeutische Mikroprozesse in der Beziehungsgestaltung

Nachdem ich so oft von empathischer Konfrontation gesprochen habe, möchte ich nun – aufbauend auf das in ▶ Kap. 1 bereits Ausgeführte – die in der Traumaarbeit besonders wichtigen Techniken kurz darstellen. Am Ende des Kapitels kommen noch einige weitere Interventionsbeispiele für besonders kritische Situationen. Hier zunächst die Übersicht:

Konfrontation und emotionale Aktivierung stufenweise *dosieren* und im Stehen beginnen: In der Beobachterposition nebeneinanderstehend und auf den Prozess auf den Stühlen herunterschauend ist die sicherste Form der Konfrontation. Z. B.: »Die Therapeutin hat ein Problem mit den E-Mails von Susanne. Darüber möchte ich gerne mal mit Ihnen – gewissermaßen als Beraterteam – sprechen.«

Sich in die *Schuhe der anderen Person stellen*: Stellen Sie sich zusammen mit der Patientin hinter den Stuhl der Therapeutin und schauen auf den (leeren) Stuhl der Patientin gegenüber: »Was ist Ihr Gefühl, wenn Sie jetzt am Laptop der Therapeutin sitzen und die E-Mails von Susanne lesen?«

Im Stehen die *Augen schließen*: »Wenn Sie jetzt im Stehen die Augen schließen, was macht das für ein Gefühl – bis in Ihren Körper hinein – diese E-Mails zu lesen?«

Sich in die *Situation der anderen Person hineinversetzen*: »Setzen Sie sich jetzt bitte auf den Stuhl der Therapeutin und schließen die Augen« (die Therapeutin setzt sich daneben). »Du bist jetzt die Therapeutin. Lasse das Bild der E-Mails vor deinen Augen entstehen. Du musst beim Lesen mehrmals runterscrollen. Was macht das für ein Gefühl in deinem Körper, das zu lesen? Was ist dein Impuls jetzt?«

Nicht inhaltlich auf das Gesagte eingehen, sondern die aktivierten *Modi markieren, validieren und einsortieren*: Kritikerstimmen werden auf den Kritikerstuhl sortiert. Wenn Patientinnen in einen Kindmodus kommen, gehen sie zurück auf den Kindmodusstuhl (wir setzen uns daneben). Dann kann dort mit den aktivierten Emotionen weitergearbeitet werden.

Auf dem *Kindmodusstuhl kann imaginativ in drei Richtungen gearbeitet werden:*

1. Mittels *Float-back* kann der Bezug zum Schema hinter dem aktuellen Schemaaktivierungserleben erkannt werden (▶ Kap. 1.7.3). Dieser Bezug ist wichtig, damit die Patientinnen immer klarer erkennen, wo das alte (schemabedingte) Erleben die Gegenwart »vergiftet«, damit sie sich immer besser davon lösen können. Es geht nicht darum, etwas in der Vergangenheit zu verändern, sondern aus dem Eindringen der Vergangenheit in die Gegenwart auszusteigen.
2. Durch *ressourcenstärkende Imaginationen in der Gegenwart* ein positives Gefühl aufbauen (z.B. durch eine »Sichere-Ort«- oder die »Kind-auf-der-Straße«-Imagination).
3. Imaginativ die Vision eines besseren Lebens aufbauen (»*best day*«-*Video*, ▶ Kap. 1, zukunftsgerichtete Imagination). Das kann anfangs träumerisch sein, aber sollte zu einem veränderten Körpergefühl führen. Im Stehen kann dann gemeinsam überlegt werden, welche Elemente aus dem »best day«-Video im Lebensalltag umgesetzt werden können. Das veränderte Körpergefühl und die Kraft dazu kommen aber aus den positiven Imaginationen.

Bei emotionaler Überflutung schrittweise *Gegenwartsbezug herstellen:* In der Gegenbewegung zum Eintauchen in die Emotionen können Sie schrittweise wieder auftauchen. Zunächst stoppen Sie den Prozess: »Es passiert nichts mehr, alles steht. Sie haben die Fernbedienung in der Hand«. Dann: »Öffnen Sie die Augen und schauen sich um. Beschreiben Sie laut, was Sie sehen!« Ggf. können weitere antidissoziative Maßnahmen erfolgen (▶ Kap. 7.4). Dann: »Stehen Sie bitte auf und gehen mit mir in die Beobachterposition. Alle Gefühle des Kindes und der Täter sitzen da unten auf dem Stuhl, wir sind nur die Beobachtenden. Die Gefühle haben mit uns nichts zu tun. Bewegen Sie Ihren Körper ein wenig, schütteln Sie sich oder hüpfen Sie. Wie fühlt sich das jetzt in Ihrem Körper an? Können Sie sehen, wie Sie in Ihrem Kopf das Netzwerk wechseln können?«

Diskrimination einsetzen: Versuchen Sie, konsequent Schemaaktivierungszustände von der gegenwärtigen Situation zu trennen: »Was genau ist hier im Raum bedrohlich? Wenn Sie mich jetzt anschauen, was ist an mir bedrohlich? Gibt es etwas, was ich tun kann, damit Sie sich sicherer fühlen? Ok, Sie haben das Gefühl, aber das kommt von innen aus der Schemaaktivierung, nicht hier von der Umgebung in diesem Raum. Sie können in das alte Erleben im Inneren reingehen oder hier in diesen sicheren Raum kommen. Gefühle sind nur Gefühle, d.h. neuronale Aktivierungen eines alten Netzwerkes in Ihrem Gehirn. Sie können dieses Netzwerk abschwächen, wenn Sie Ihre Aufmerksamkeit auf neutrale Reize in der Gegenwart lenken. Dann gehen Sie in ein anderes Netzwerk.«

Trennen von Befürchtungen und Beobachtungen: »Ok, Sie haben die Angst, dass ich Sie verlassen könnte. Ist das eine Beobachtung bzw. eine Erfahrung oder eine Befürchtung? Genau: Sie sind früher verlassen worden, aber (noch) nicht von mir. Das sollten wir unterscheiden! Befürchtungen sind Gedanken, keine Wirklichkeit. Gedanken muss man nicht denken. Unser Gehirn bietet uns die an, weil unser Gehirn dauernd aufgrund früherer Erfahrungen Vorhersagen macht. Aber die Gegenwart kann anders sein als die Vergangenheit. Deswegen kommen die Kritikergedanken hier auf diesen Stuhl und wir schauen uns das aus der Beobachterperspektive gemeinsam an. Heute besprechen und entscheiden wir die Dinge nämlich gemeinsam. Früher haben die anderen bestimmt und Sie mussten sich fügen.«

Eine *kontextuelle Perspektive* einnehmen – sowohl, was den *Blickwinkel* angeht, als auch den *Zeitverlauf:* Man kann unsere Perspektive mit einem Kameraobjektiv vergleichen. Wenn wir einen Überblick bekommen wollen, müssen wir eine Weitwinkelperspektive wählen. Das ist die Beobachterposition. Umgekehrt: Wenn wir in Details intensiv eintauchen möchten, müssen wir ein Teleobjektiv benutzen. Aber dabei geht der Überblick verloren. Zur Orientierung brauchen wir einen möglichst weiten Blickwinkel. Die sog. Extensionstechnik bedeutet, die Situation aus den Augen einer anderen, weniger befangenen Person zu betrachten. Das kann eine gute Freundin, ein abstrakter »weiser Mensch«, eine weise Figur aus einem Film (wie Gandalf oder Dumbledore) oder auch die Therapeutin sein (s. nächster Punkt). Die Person sollte konkret angesprochen werden: »Liebe Bettina. Sie sind die beste Freundin von Susanne. Sie hat ein Problem mit der Therapeutin. Was sagen Sie denn aus Ihrer Sicht dazu?« Zeitlicher Abstand entsteht durch Fragen wie: »Wie werden Sie in einer Woche, einem Jahr oder an Ihrem 80. Geburtstag auf diese Situation jetzt zurückschauen, die im Moment so dramatisch auf uns wirkt?« Ggf. kann eine imaginative Zeitreise zum 80. Geburtstag den inneren Abstand vergrößern und ein sachlicheres Urteil fördern.

Selbstoffenbarungen systematisch einsetzen: Wir erwähnten bereits, dass Schemata der Patientinnen auch in der Therapie aktiviert werden. Das Erleben der Therapeutin stellt also eine prototypische Interaktionssituation dar, die sich ähnlich auch mit anderen Personen abspielen dürfte. In der Therapie haben wir nun die besondere Chance, auf der Prozessebene (d. h. auf den Stühlen) eine Situation entstehen zu lassen, die wir dann aus der Beobachterposition (im Stehen) wie einen Film von außen anschauen können. Dabei bleibt im Stehen die auf den Stühlen ggf. belastete Arbeitsbeziehung erhalten. Im Stehen können Sie nun der Patientin Ihr eigenes Erleben schrittweise und ganz vorsichtig anbieten: »Interessiert Sie, wie es der Therapeutin in der Situation mit Susanne geht? ... Es könnte sein, dass da auch kritische Gefühle sind. Wollen Sie es trotzdem wissen?« Diese Fragen bringen die Patientin sozusagen in eine mitverantwortliche Position. Dann bieten Sie das Erleben in der dritten Person an: »Also, ich kenne die Therapeutin ganz gut. Die hat ja auch ihre eigenen Schemata. Sie kommt ganz schön in Anspannung, wenn Susanne ihr sagt, dass sie suizidal ist. Sie hat sich über die gemeinsame Arbeit ziemlich mit Susanne verbunden und es ist ihr wirklich nicht egal, wie es Susanne geht. Vielleicht hat sie das nicht deutlich genug gezeigt. Auf der anderen Seite fühlt sie sich von Susanne manchmal auch ganz schön unter Druck gesetzt und denkt dann, sie macht ihre Arbeit nicht gut genug. Dann kommt sie unter Stress und reagiert vielleicht nicht so einfühlsam. Das will sie aber gar nicht!« Damit geben Sie der Patientin eine Menge Informationen, die Sie jetzt gemeinsam im Stehen »als Tratsch über die Anwesenden« besprechen können mit dem Ziel, gemeinsam eine Lösung zu finden.

Unterbrechen, markieren, validieren, einsortieren: Grundsätzlich sollten Sie dysfunktionale Interaktionssituationen, hinter denen ja i. d. R. Schemaaktivierungen (manchmal auf beiden Seiten) stehen, wirklich sofort unterbrechen, markieren, validieren und dann – wieder am besten im Stehen – in das Modell einsortieren. Eine entsprechende Formulierung könnte sein: »Entschuldigen Sie, dass ich Sie jetzt so unsanft unterbreche. Ich weiß, das ist unhöflich (*one-down*-Position). Ich merke aber, dass ich innerlich aktiviert bin (Selbstoffenbarung). Merken Sie, wie es Ihnen jetzt im Moment gerade geht (Versuch, Selbstbeobachtung in der Gegenwart anzustoßen)? ... Genau, ich habe auch den Eindruck, dass das gerade eine ganz wichtige Situation ist, und ich verstehe Ihr Gefühl gut (Validierung). Ich möchte wirklich, dass wir diese (markierte, d. h. benannte) Situation gemeinsam gut auflösen. Dazu muss ich Sie aber noch besser verstehen. Jetzt in der Situation kann ich meine Gedanken nicht so gut sortieren (Selbstoffenbarung in der *one-down*-Position). Können wir bitte einmal zusammen aufstehen? Das würde mir helfen!« Wenn die Patientin unwillig reagiert, können Sie anbieten: »Ok, für Sie ist das Aufstehen albern. Aber mir hilft es wirklich, etwas mehr Abstand und Überblick zu gewinnen. Geben Sie mir bitte fünf Minuten, um es auszuprobieren, ok? (Experiment vereinbaren) Danach akzeptiere ich umstandslos, wenn Sie das Gefühl haben, dass das nichts gebracht hat!« Im Stehen sprechen Sie dann nicht über den *Inhalt*, sondern stellen den Bezug zum *Modell* her: Gezeigter Bewältigungsmodus (auf der vorderen Bühne), aktivierte Basisemotionen und Gedanken (hintere Bühne), »Bein«, auf dem die Patientin steht (mit dem entsprechenden Grundbedürfnis). Dann kann ausbalanciert und eine funktionalere Lösung gefunden werden.

Mehrere *Optionen anbieten:* Viele Menschen können besonders ihre Basisemotionen nicht gut benennen. Das gilt besonders für Traumatisierte, die ihren Körper oft nicht gut spüren. Es hilft, Basisemotionspaare anzubieten, wenn Sie nach dem Gefühl im Körper fragen (z. B. im Stehen in der Beobachterposition): »Fühlt sich Susanne eher angespannt-genervt-ärgerlich (rotes Bein mit Sympatikusaktivierung) oder eher verletzbar-ängstlich-traurig (Parasympathikustendenz)?« Im Sitzen (mit geschlossenen Augen neben der Patientin in der imaginativen Position sitzend): »Was fühlst du jetzt in deiner Brust und deinem Bauch? Ist es in der Brust eher eng oder eher weit, geht das Atmen schwer oder leicht, ist das Herz kalt oder warm, will sich das Gefühl im Bauch eher zusammenziehen oder ausdehnen, ist es kraftlos oder kraftvoll?« Die erste Option ist eher der verletzbare, die zweite der angespanntärgerliche Pol. Solange Sie zwei Optionen anbieten, fühlen sich die Patientinnen nicht dominiert oder manipuliert. Bei den Bewältigungsmodi (die Sie auch als »soziale Rolle« analog zum Tiermodell anbieten können), gibt es nur die drei Grundrichtungen: aktiv-gestalten-wollend-dominant (Kampf oder »top dog«), kooperativ-nachgebend-unterordnend (Unterwerfung oder »underdog«) bzw. Rückzug (Flucht oder Erstarrung bzw. »no dog«). Durch diese grobe Einteilung wird die Vielzahl möglicher Bewältigungsverhaltensweisen einzelner »Teile« systematisierend zusammengefasst und der Bezug zum dimensionalen Zwei-Beine-Modell hergestellt. Dadurch bleiben Überblick und die Handlungsfähigkeit, besonders bei sehr dissoziativen Patientinnen, erhalten.

7.3 Schematherapeutische Mikroprozesse in der Beziehungsgestaltung

Weg vom Inhalt, hin zum Prozess (und den aktivierten Schemata): Es geht i. d. R. bei den meisten Konflikten nicht um den konkreten Inhalt, sondern um die aktivierte, frühere Beziehungserfahrung – sprich: das Schema. Dieser Schritt – weg vom Inhalt, hin zum Interaktionsmuster und seinen Konsequenzen – ist ein wichtiges Merkmal einer kontextuell erweiterten Schematherapie. Tatsächlich befinden wir uns in einer Konfliktsituation in einem automatisch eingesetzten *Bewältigungsmodus*. Inhaltliches Ausdiskutieren, bei dem beide mehr oder weniger auf dem »roten« Selbstbehauptungsbein sind, bringt da keine Lösung. Umgekehrt ist der inszenierte Konflikt eine hervorragende Gelegenheit, das Muster aus dem Erwachsenenmodus in der Beobachterposition wahrzunehmen, neu zu bewerten, und gemeinsam exemplarisch eine funktionalere Lösung zu finden. Das sind die zentralen Prozesse (sozusagen das Herzstück) schematherapeutischer Arbeit.

So viel wie möglich, *Aktivitäten aufbauen* und *Eigenverantwortung fördern:* Es gehört zur zentralen Beziehungsfigur in der Traumatisierungssituation, dass die Macht bei der Täterperson und die Ohnmacht bei der Patientin lag. Selbstbehauptungsversuche der Patientinnen wurden oft systematisch untergraben. So blieben den Betroffenen nur Unterordnung und (eher passiver) Rückzug als »blaue« Bewältigungsmodi übrig. Der zentrale Prozess in der Therapie ist entsprechend die »Wiederentdeckung der (konstruktiven) Ärgerkraft«, damit ein gesund aktives und funktional externalisierendes Verhalten aufgebaut werden kann. Dazu trägt in den Sitzungen bei, den Patientinnen nichts abzunehmen, was sie auch selbst tun können. Daher sind wir eher zurückhaltend, was ein sehr aktives Therapierendenverhalten angeht und bevorzugen ein schrittweises Vorgehen, auch wenn das mehr Zeit braucht. Zwischen den Sitzungen sollten die Patientinnen möglichst früh Hausaufgaben bekommen. Anfangs können das Stabilisierungsübungen sein, einfache Selbstwahrnehmungen (Häufigkeit von Dissoziation, wann sind welche »Teile« da?), einfache Achtsamkeitsübungen, später der Aufbau umschriebener Aktivitäten, z. B. bestimmte Handlungen und das Schreiben positiver Tagesrückblicke. Ab der Mitte der Therapie können Schemamemos zur Verhaltensanalyse eingesetzt werden. Die Aktivitätenplanung und Verhaltensexperimente und deren Ausgang können gut mit Tagesprotokollen (sog. Diary cards) erfasst werden.

Kleinste Fortschritte validieren: Entmutigung und Hoffnungslosigkeit sind sehr typische Gefühle von komplex Traumatisierten, spiegeln sie doch die oben genannte Beziehungserfahrung und den Mangel an sozialer Unterstützung wider. Umso wichtiger ist, dass wir auch kleinste Fortschritte markieren und energisch validieren. Marsha Linehan (1996) nennt das treffend »Cheerleading«. In Deutschland neigen wir insgesamt etwas zur schwäbisch-calvinistischen Leistungsethik im Sinne von »Net geschimpft isch gnug globt«! Diese Haltung verlängert aber die emotionale Vernachlässigung der Patientinnen, die sich innerlich über weite Strecken im hilflosen Kindmodus erleben, auch wenn »die Fassade steht« – oder sogar »bockig« erscheinen mag. Es hilft den Patientinnen enorm, wenn wir unser Verhalten an Eltern orientieren, die Kinder ohne Zögern überschwänglich loben (»Oh, was hast du für ein tolles Bild gemalt!« – auch wenn es nur ein Strichmännchen ist). Intuitiv ist das richtig, denn Lob ist die beste Motivationsförderung. Darüber hinaus entwerten die Inneren Kritiker der Patientinnen deren eigene Fortschritte und »Eigenlob« wurde und wird nicht toleriert. Deshalb sollten wir der Hoffnungslosigkeit mit angemessen-realistischer Ermutigung begegnen. D. h., wir betonen immer wieder, dass der Weg lang ist, dass es Rückschläge gibt, dass auch in unserem eigenen Leben Dinge schiefgehen und wir manchmal auch zweifeln (Selbstoffenbarung), dass wir aber auch Fortschritte sehen (diese konkret benennen), dass es sich lohnt, »weiterzukrabbeln«. Diese Formulierung nehmen Patientinnen tatsächlich erstaunlich gut an, trifft sie doch deren Lebensgefühl.

Akzeptanz und Veränderung ausbalancieren: Ich erwähnte schon, dass viele komplex Traumatisierte Teilsymptome behalten und nicht (bzw. nicht durchgängig) das volle soziale Funktionsniveau erreichen. Linden und Vilain (2011) sprechen in diesem Sinne von »emotionalen Teilleistungsstörungen«, die bei stark belasteten und ressourcenarmen Patientinnen aufgrund der Schwere der Traumatisierung verbleiben können. Wichtig sind dann zwei Aspekte:

1. Man muss die erzielten Fortschritte auf den Ausgangspunkt (d. h. die Belastung) im Sinne einer idiografischen Perspektive (und nicht einer normorientierten) beziehen. Das bedeutet aber für die Patientinnen einen nicht unerheblichen zweiten Schmerz (neben dem der eigentlichen Traumatisierung), weil das natürlich ungerecht ist und die Täter oft ungestraft davongekommen sind.
2. Wir müssen die Patientinnen über eine längere Zeit gegen Ende der Therapie bei der Akzeptanz dieser doppelten Verwundung begleiten und bei dem Aufbau verbliebener (oder neu entwickelter Fähigkeiten) unterstützen, anstatt sich mit anderen Menschen zu vergleichen. Für manche schwerst Belastete ist das schiere Überleben schon eine Leistung. So sagte einmal eine Patientin zu mir: »Sie würden keine Woche so leben wollen, wie ich mein ganzes Leben muss!« Und sie hatte damit Recht! Auf der anderen Seite zeigen viele Traumatisierte erstaunliche Fähigkeiten beim künstlerischen Ausdruck ihrer Verletzung (sog. *posttraumatic growth*; Tedeschi & Calhoun, 1995).

Kreative Hoffnungslosigkeit einsetzen: Wie erwähnt, ist Schematherapie zunächst veränderungsorientiert. Jeffrey Young (Young et al., 2005) spricht von »Schemaheilung«. Das sind verführerische Formulierungen, die auf Patientinnenseite hohe Erwartungen wecken, und auf Therapeutinnenseite hohen Druck erzeugen können. Wir haben ja über die Schemata der Therapeutinnen und die resultierenden Inneren Kritiker gesprochen. Die Haltung der »kreativen Hoffnungslosigkeit« ermöglicht es uns, eine gute Balance von Veränderung und Akzeptanz in der Therapie zu realisieren. Relativ früh, also spätestens am Übergang vom mittleren zum letzten Drittel der geplanten Therapiezeit sollten Therapierende schrittweise in diese Haltung wechseln, z. B. mit den Worten: »Ich habe Ihnen jetzt alles gezeigt, was ich Ihnen vermitteln kann. Jetzt müssen wir zusammen schauen, was Sie damit anfangen können, wo Sie noch meine Hilfe brauchen, und wohin uns das führt. Manche Dinge sind leider nur schwer – oder sogar gar nicht – zu ändern. Was sind denn Ihre Ideen dazu?« Natürlich machen wir weiter Angebote, aber eher im Sinne von »Wir können ja noch einmal Schemamemos machen, wenn Ihnen nicht klar ist, was in diesen Situationen eigentlich passiert« oder »Vielleicht ist nochmal ein ›positives Tagebuch‹ dran, wenn Sie kein Licht am Ende des Tunnels sehen«. Wir reagieren aber zunehmend mit akzeptanzorientierten Interventionen (gerne auch in Verbindung mit Selbstoffenbarungen) wie »Ja, das *ist* einfach schwer und Rückschläge tun weh! Es klappt nicht alles, was man versucht, das ist wirklich sehr frustrierend. Das geht mir nicht anders als Ihnen. Glauben Sie bitte nicht, dass bei mir alles klappt! Wir müssen es einfach immer weiter versuchen und die Lücke in der Mauer finden«.

Therapieverlängerungen an *Aktivitäten* der Patientinnen und *Therapiefortschritte* koppeln: Wenn Sie das Gefühl haben, dass die Therapie noch Fortschritte bringt, während Sie am Ende der geplanten Therapiezeit angekommen sind, sollten Verlängerungen an konkrete verbliebene Ziele gekoppelt und deren Erreichung überprüft werden. Menschen strengen sich einfach mehr an, wenn sie wissen, dass die Ressource knapp ist. Versuchen Sie, sich selbst entbehrlich zu machen. Fragen Sie z. B.: »Was denken Sie, würde ich in dieser Situation sagen?« I. d. R. kennen die Patientinnen die Antworten längst. D. h., sie haben uns als unterstützende Instanz internalisiert, die den Inneren Kritikern widersprechen kann. Ermutigen Sie die Patientinnen, selbst zu sich zu sprechen. Vielleicht auch noch einmal ältere Aufnahmen anzuhören. Meist ist da schon »alles gesagt«. Es geht darum, die Dinge umzusetzen. Wenn die Umsetzung nicht gelingt, dann ist es so. Dann müssen wir, bzw. die Patientin, mit der Situation leben. Metaphorisch gesagt: Wenn auf der Welt alles gut wäre, wären wir im Paradies, und nicht auf der Erde.

Frequenz verlängern. Damit die zuletzt genannten Schritte nicht als Zurückweisung erlebt werden, müssen wir die Patientinnen auch in der Akzeptanzphase unterstützen und begleiten, aber eben zunehmend weniger selbst aktiv werden. In dieser Phase, die zwei oder sogar drei Jahre dauern kann, reichen aber monatliche Sitzungen aus, um die Patientinnen im Prozess zu halten. Diese fühlen sich dann immer noch in Therapie, organisieren ihr Leben aber faktisch immer selbstständiger. Wenn sich in der Therapie keine neuen Aspekte mehr ergeben (und wir achten darauf, dass keine »Pseudoprobleme« auf die Tagesordnung gesetzt werden, um eine Fortsetzung der Therapie zu bewirken), können wir die Intervalle auf zwei- oder dreimonatlich verlängern und zuletzt auf »Bedarfstermine« umstellen. Sie können dann z. B. sagen: »Das erinnert mich an die Situation X oder Y, die wir schon mal hatten. Wie sind Sie denn damals mit der Situation umgegangen?« Wir sollten aber bereit sein, auch nach längeren Pausen, z. B. in Krisensituationen als Ansprechpartnerin noch erreichbar zu bleiben. Das gibt den Patientinnen viel Sicherheit.

7.4 Umgang mit Dissoziationen und emotionale Stabilisierung

Beim Umgang mit Dissoziationen kann zwischen einer situativen, anspannungsbedingten Dissoziation und einer sog. »strukturellen Dissoziation« (Nijenhuis et al., 2008) unterschieden werden. Letztere tritt fast nur im Kontext früher, schwerer und meist komplexer Traumatisierung auf. Dazu werde ich im nächsten Unterkapitel (▶ Kap. 7.5) noch etwas sagen. Dissoziationen sind ein Chamäleon und nicht immer leicht zu erkennen. Auf das vielfältige Erscheinungsbild von dissoziativen Symptomen möchte ich hier nicht genauer eingehen, sondern nur darauf hinweisen, dass – insbesondere bei strukturellen Dissoziationen – anhaltend die Körper- und Schmerzwahrnehmung beeinträchtigt sein kann. Das ist für medizinische Behandlungssituationen wichtig. Wir sollten die Patientinnen entsprechend anweisen, das Behandlerinnen aktiv zu sagen, weil es sonst zu falschen Einschätzungen und Maßnahmen kommen kann. Noch einigermaßen gut wahrnehmbare Hinweise sind ein diffuser Blick, Pausen beim Antworten, ausweichende Antworten (»Weiß nicht«). Besonders strukturell dissoziierte Patientinnen befinden sich aber recht ichsynton in einem bestimmten (Teil)-»Zustand« (*state*). Dabei kann es zu abrupten Wechseln kommen. Falls wir also einen vagen Verdacht oder anamnestische Hinweise auf traumatisches Erleben haben, sollten wir aktiv nach Dissoziationen fragen. Auch der Einsatz eines entsprechenden Fragebogens (DES, auf Deutsch: FDS; Spitzer et al., 2021) gibt klärende Hinweise.

Grundsätzlich sind Dissoziationen weniger bedrohlich, als sie von vielen Therapeutinnen erlebt werden. Im Modusmodell ordnen wir sie als spannungsreduzierenden Selbstschutzmodus analog dem Erstarren ein (Distanzierter Beschützermodus, ▶ Kap. 4). Alle Menschen können dissoziieren (z. B. in einem Schockzustand). Traumatisierte greifen auf Dissoziationen als Bewältigungsmodus früher und häufiger zurück als andere Menschen. Dadurch bahnen sich diese Prozesse. Das bedeutet aber auch, dass die Patientinnen gelernt haben, damit umzugehen. So haben sie z. B. eine beachtliche Reststeuerungsfähigkeit und verletzen sich bzw. verunfallen i. d. R. nicht. Das Bild nach außen kontrastiert somit mit der tatsächlichen Bedrohlichkeit für die Patientinnen. Entsprechend sollten wir nicht dramatisierend oder verstärkend auf Dissoziationen reagieren. Dissoziieren Patientinnen z. B. in der Stunde, sollten wir zunächst versuchen, die Dissoziation zu unterbrechen. Gelingt das mit den unten genannten Strategien nicht, empfiehlt es sich, die Patientinnen ins Wartezimmer zu setzen und zu sagen: »Ich gehe davon aus, dass Sie mich hören, auch wenn Sie jetzt nicht reagieren können. Sie sind dissoziiert und deshalb können wir jetzt nicht weiterarbeiten. Sie können hier solange sitzen, bis Sie wieder ganz da sind und dann einfach nach Hause gehen. Wir sehen uns nächste Woche wieder.« Ggf. müssen Sie einer dort wartenden Patientin kurz erklären, dass das kein bedrohlicher Zustand ist.

Ich möchte an dieser Stelle darauf hinweisen, dass nicht alle Dissoziationen eine spannungsreduzierende Beschützerfunktion haben. Wenn eine Patientin zwei Minuten vor Ende der Stunde dissoziiert, kann es gut sein, dass sie mehr Zuwendung oder schlicht Kontakt mit Ihnen haben will. Das sollte empathisch konfrontiert, aber nicht verstärkt werden: »Ich sehe, dass Sie dissoziieren. Ich sehe aber keinen für mich nachvollziehbaren Auslöser. Ich vermute daher, dass es Ihnen vielleicht schwerfällt, jetzt zu gehen. Das verstehe ich gut. Ich kann darauf aber leider nicht eingehen, weil ich ja weitere Patientinnen habe. Daher muss ich Sie jetzt rausbringen. Sie können mir aber gerne eine E-Mail schreiben, wenn es noch etwas Wichtiges gibt, was Sie mir mitteilen möchten.« In der nächsten Stunde können Sie dann im Stehen die Situation nachbesprechen und empathisch konfrontieren. Danach unterstützen Sie die Patientin, ihren Bindungswunsch offen zu äußern und beide können im Stehen nach einem funktionalen Ausdruck dieses Wunsches suchen.

Auch wenn die Patientinnen zunächst subjektiv das Gefühl haben, die Dissoziationen nicht beeinflussen zu können, trifft das nicht wirklich zu. Sehr hilfreich ist, den Patientinnen das Tutorial »Wahrnehmung und Imagination« mit den orangenen und blauen Punkten zu zeigen (https://www.schematherapie-frankfurt.de/index.php/materialien/videos/tutorials). Das MRT-Bild dort zeigt aktivierte Netzwerke (orange Regionen) und deaktivierte Netzwerke (blaue Regionen) Wir möchten damit das Bewusstsein dafür stärken, dass es im Gehirn verschiedene Netzwerke gibt und die Patientinnen dabei unterstützen, zu »wählen«, welche Netzwerke sie aktivieren bzw. mit welchen sie sich versuchen zu verbinden. D. h. die Aufmerksamkeit so gut es geht auf neutrale Reize im (sicheren) Gegenwartsraum zu lenken. Anfangs bieten wir diese Reize an. Später können die Patientinnen selbst üben, die zunehmende Anspannung und mögliche Trigger wahrzunehmen, die Situation rechtzeitig zu verlassen bzw. die Aufmerksamkeit auf neutrale Reize zu lenken und sich dadurch zu stabilisieren. Das verlangt von beiden Seiten viel Geduld und Übung. Wie hilfreich Audioaufnahmen der Stunden sind, habe ich bereits erwähnt. Sowohl zum Nacharbeiten der Inhalte – z. B. um Trigger zu identifizieren – als auch als haltgebendes »Übergangsobjekt«. Die Patientinnen können dadurch die Stimmung in den Sitzungen und damit auch »ein Stück von uns« mit nach Hause nehmen!

Tritt eine Dissoziation in der Sitzung auf, stoppen wir sofort, lassen die Augen öffnen, stehen zusammen auf (dabei gerne etwas Hilfestellung geben), gehen ein paar Schritte im Raum auf und ab, sprechen über neutrale Dinge (»Nennen Sie mir bitte der Reihe nach die Namen aller Straßen, durch die Sie heute zu mir gekommen sind!«). Reicht das nicht aus, können Sie – nach vorheriger Ankündigung – die beiden Hände der Patientin fest drücken und sagen: »Spüren Sie meinen Händedruck und hören Sie meine Stimme? Wenn Sie das hören bzw. spüren, können Sie sehen, dass Sie hier bei mir sind. In den Bildern, die Sie jetzt vielleicht gerade sehen, bin ich nicht. Lassen Sie die blauen Punktebilder los und kommen Sie zu mir hier zu den orangenen Punkten. Hier ist es sicher!« Sie können auch mit der Patientin vor die Tür gehen, gerne auch über eine Treppe, denn die Patientin wird nicht stolpern (s. o.)! Lenken Sie dann vor der Tür die Aufmerksamkeit der Patientin auf die vielfältigen Sinnesreize. Hilft das alles nicht, setzen Sie sie wie oben beschrieben in Ihr Wartezimmer.

7.5 Umgang mit dissoziativen Identitätsstörungen

Kaum ein Störungsbild polarisiert die Therapieszene so stark wie die dissoziativen Identitätsstörungen (DIS, früher multiple Persönlichkeitsstörung genannt). Das Buch gibt uns leider nicht den Raum, ausführlich auf diese Symptomatik einzugehen. Ich möchte deshalb nur kurz anmerken, dass es keine abgegrenzten »Teile« im Gehirn gibt. Es gibt natürlich unterschiedliche Zustände (die wir Modi nennen), aber diese greifen alle auf das gleiche Gedächtnissystem zu (Übersicht bei Huntjens et al., 2007). Prinzipiell können also alle Teile alles wissen. Das ist auch das Ziel der Therapie. Wir raten dringend davon ab, die verschiedenen Teile auszudifferenzieren, auch wenn die Patientinnen das gerne möchten und entsprechendes Material anbieten. Das kann extreme Ausmaße annehmen wie in dem Buch *Die 147 Personen, die ich bin* beschrieben (Bijndorp, 2006). Je mehr Interesse wir für die innere Teilewelt zeigen, umso mehr werden uns die Patientinnen immer weitere Details anbieten, denn sie fühlen sich dabei natürlich ernst genommen und gesehen. Das befriedigt ihr Bindungsbedürfnis. Eine zu weitgehende Differenzierung der Innenwelt der Patientin ist unseres Erachtens eine therapeutische Sackgasse und lenkt den Blick in die falsche Richtung (auf eine in der Vergangenheit entstandene Innenwelt). Die Lösungen liegen aber in der Gegenwart und in einem auf die Zukunft ausgerichteten Blick. Unser dimensionales Modell ist da sehr hilfreich, denn wir können alle Modi bzw. States irgendwo zwischen den Polen *blau* und *rot* bzw. Internalisierung und Rückzug sowie Dominanz (Überkompensation) einordnen. Für das Handeln in der äußeren Welt ist es letztlich nur wichtig herauszufinden, auf welchem Bein die Patientin steht und – entsprechend den in ▶ Kap. 1 genannten Prägnanztypen – die schwächere(n) Seite(n) zu stärken. Mehr Ausdifferenzierung braucht es am Ende nicht, um heute funktionale Lösungen zu finden.

Wir raten auch davon ab, von einem »Inneren Kind« oder gar »Inneren Kindern« zu sprechen und mit diesen zu arbeiten. In uns gibt es kein »Inneres Kind«!. Das ist eine Symbolisierung bzw. im Sinne der ACT ein subjektiv geschaffener Bezugsrahmen. Es gibt nur Erlebensweisen (Modi), die in der Kindheit in Form von Schemata angelegt wurden. Diese Symbolisierungen können aber sehr mächtig werden und gewissermaßen ein Eigenleben führen. Dazu ein kleines Beispiel: Ich verwende in meiner Praxis einen großen Stoffteddy, um Patientinnen dabei zu unterstützen, sich selbst zu trösten. Das kann man auf dem Trainingsvideo »Spezielle Techniken« sehen (https://www.schematherapie-frankfurt.de/index.php/materialien/videos/trainingsvideos). Diesen Teddy gab ich der Patientin mit nach Hause, damit sie das üben möge. Sie kam völlig übermüdet in die nächste Stunde und erzählte: »Ja, ich habe den Teddy gut behandelt. Er durfte in meinem Bett schlafen, ich bin auf die Couch gegangen!«

Konkret fragen wir nur nach den wichtigsten inneren Anteilen und deren Funktion. Das sollten aber nicht mehr als sechs bis sieben sein, also die zwei Kindmoduspole, die Inneren Kritiker und maximal vier Bewältigungsmodi entsprechend der in ▶ Kap. 1 beschriebenen Moduslandkarte. Eine beliebige Anzahl »Innerer Kinder« (egal welchen Alters) können Sie in eine verletzbar-ängstlich-traurige (*blaue*) und eine angespannt-genervt-ärgerliche (*rote*) Gruppe zusammenfassen. In der Therapie arbeiten Sie aber zunächst nicht mit diesen Teilen, sondern mit dem sog. Host, also dem Teil, der Kontakt zu allen diesen inneren Anteilen hat. Dieser soll Ihre Ideen an die inneren Teile weitergeben und umgekehrt das aufgesplittete innere Erleben bündeln und an Sie zurückmelden. Das ist der Keim des integrierenden Erwachsenenmodus. Wie bei anderen Patientinnen auch, gehen wir nicht auf die maladaptiven Bewältigungsmodi auf der vorderen Bühne ein, sondern markieren, validieren und sortieren diese in das Modusmodell ein. Dann arbeiten wir auf der hinteren Bühne weiter. Der »Host« dient dabei als Vermittler bzw. »Übersetzer«. Auf diese Weise begrenzt man den sekundären Krankheitsgewinn, der mit diesem Störungsbild verbunden sein kann. Gerade hier, wo der Sog, sich in der inneren Welt der Patientinnen und damit in den Reminiszenzen der Vergangenheit zu verlieren, besonders stark ist, ist eine gegenwarts- bzw. zukunftsbezogene Arbeitshaltung besonders wichtig. Letztlich können wir den Patientinnen die Wunden nicht wegnehmen, sondern nur den Umgang damit verbessern.

Die größte Schwierigkeit mit diesen Patientinnen besteht m. E. darin, sie in eine solche Akzeptanz und später in eine lösungsorientierte, aktive Haltung zu begleiten. Die Patientinnen haben eine starke, aber nachvollziehbare Tendenz in den alten, stark gebahnten Mustern hängen zu bleiben. Die Erlebnisse berühren auch uns Therapierende. So besteht die Gefahr, sich zu sehr diesem alten Erleben zuzuwenden. Wir sollten uns nicht von der Symptomatik hypnotisieren lassen, sondern – i. d. R. im Stehen – nach dem (erwachsenen) Teil suchen, der Auto fahren, arbeiten, Kinder aufziehen und viele andere Dinge machen kann. Dieser Teil (bzw. dieses Netzwerk) ist neben dem Trauma-Netzwerk *immer* da und grundsätzlich erreichbar. Diesen erwachsenen Teil müssen wir im Stehen aktivieren, denn er ist unser Partner in der Therapie. Dieser Schritt bzw. diese Entscheidung, aus dem Traumaerleben und den alten Bewältigungsmodi auszusteigen und buchstäblich »aufzustehen«, ist allerdings mühsam und sehr anstrengend. Aber dort geht es voran! Trauen Sie Ihrem Gefühl: Wenn sich in Ihr Mitgefühl nach und nach auch eine leichte Missstimmung oder sogar ein Genervtsein mischt, sollten Sie das ernst nehmen, denn da meldet sich Ihre Selbstbehauptungsseite. Dann können Sie versuchen, im Stehen aus der Beobachterperspektive dieses Erleben einzubringen: »Lassen Sie uns einmal auf die Situation zwischen der Therapeutin und der Patientin da unten schauen. Da ist ein Teil in der Therapeutin, der sich fragt, ob die beiden nicht zu sehr in dem alten Erleben festhängen. Man kann ja die Dinge nicht ändern, die geschehen sind. Was braucht denn die Patientin, damit sie heute das Beste aus ihrem Leben machen kann?«

Das zentrale Ziel der Therapie ist eine grundbedürfnisbefriedigende und wertebezogene Alltagsgestaltung. Daneben liegen in manchen Traumatisierten auch besondere Ressourcen verborgen. Sie haben als Überlebensstrategie gelernt, ihre Umgebung genau zu beobachten – ja, geradezu zu scannen –, und darüber eine besondere Sensibilität entwickelt. Manchen gelingt es, diesem Erleben einen künstlerischen Ausdruck zu geben in Form von Texten bzw. Gedichten, Zeichnungen oder auch Plastiken. Bedenken Sie: Viele große Kunstwerke sind ausgedrückter Schmerz. Dazu können wir ermutigen und damit ein Stück weit aus »Zitronen Limonade machen« im Sinne eines »*posttraumatic growth*«. (Tedeschi & Calhoun, 1995). Es kann sinnvoll sein, sich diese Texte oder Zeichnungen geben zu lassen, um sie aufzuheben, damit sie nicht von Beschützeranteilen zerstört werden. Dann kann man mit ihnen arbeiten, indem man gemeinsam auf die Texte, Bilder oder Plastiken schaut und nach dem inneren Erleben bzw. der Geschichte hinter dem Werk fragt. Man kann die Bilder auch als »Trigger« für eine Aktivierung des Traumanetzwerkes und Einstieg in eine Imaginative Überschreibung nutzen. Bei dissoziativen Patientinnen werden die Zeichnungen von anderen (traumanäheren) Teilen geschaffen als von der im Alltag sichtbaren Außenperson (dem sog. Host). Für eine Integration des Traumaerlebens muss sich dieser Host in einer (aus unserer Sicht vorzugsweise imaginativen) Exposition diesen Inhalten aussetzen. Darauf gehe ich im nächsten Unterkapitel ein. Manche Traumatisierte mögen aus den bearbeiteten schlimmen Erfahrungen die Motivation schöpfen, anderen Menschen, die ähnliches erlebt haben, zu helfen. Wenn diese Initiative nicht zu sehr von revanchistischen (d. h. racheorientierten) Gefühlen gegen die Täter getrieben ist, sondern eher von Mitgefühl für die Opfer, kann das auch eine Form von posttraumatischem Wachstum sein.

7.6 Traumaexposition durch Imaginatives Überschreiben (Imagery Rescripting)

Imagery Rescripting (ImRs) ist eine sehr wirkungsvolle Technik. Darauf wurde bereits in ▶ Kap. 1 und mehreren der Folgekapitel hingewiesen. Gerade auch für komplex Traumatisierte gibt es überzeugende Wirksamkeitsnachweise (Boterhoven de Haan et al., 2020). Die Ergebnisse sind vergleichbar mit EMDR. In einer Studie von Raabe (2022) besserten sich selbstentwertende Kognitionen mit einer Effektstärke von 1.5, ohne dass diese durch spezielle kognitive Interventionen adressiert wurden. Die kognitive Neubewertung erfolgt implizit in einem ganzheitlichen Ermächtigungsprozess. Ich möchte an dieser Stelle darauf hinweisen, dass in allen diesen Studien mit der schematherapeutischen Intervention gearbeitet wurde, die auch in diesem Buch dargestellt wird, und nicht mit der Imagery-Rescripting- und Reprocessing-Therapie (IRRT) sensu Schmucker und Köster (2014). Für die Wirksamkeit der IRRT liegen unseres Wissens keine Daten vor, obwohl ich persönlich davon ausgehe, dass sie auch gut wirkt, denn es gibt sehr viele Überschneidungen. Wesentliche Unterschiede zwischen IRRT und ImRs sind die größere Flexibilität und die aktivere Rolle der Therapierenden beim ImRs, während sich Schmucker und Köster ganz auf eine sokratische Haltung in der Beobachterrolle festlegen und sehr detaillierte Vorgaben machen, was die Therapierenden wie sagen sollen. Die Prozesse sind beim ImRs direkter steuerbar, was die Durchführung in einem bestimmten Zeitrahmen (z. B. einer Therapiestunde) erleichtert und die Therapierenden entlastet.

7.6 Traumaexposition durch Imaginatives Überschreiben (Imagery Rescripting)

Grundsätzlich unterscheiden sich Imaginationen mit komplex Traumatisierten nicht wesentlich von den Imaginationen mit anderen Patientinnen, sodass hier nur auf ein paar spezifische Aspekte schlaglichtartig eingegangen werden soll.

- Vor der Traumaexposition sollten die Patientinnen lernen, sich selbst zu stabilisieren, z. B. durch die »Sicherer-Ort«-Imagination bzw. -Meditation (https://www.schematherapie-frankfurt.de/index.php/materialien/videos/tutorials). Die Patientinnen dürfen und sollen selbst entscheiden, wie sie sich zwischen den Sitzungen stabilisieren. Wir geben Anregungen und üben gemeinsam in den Sitzungen, aber die Verantwortung für die Umsetzung im Alltag liegt bei ihnen.
- Viele Traumatisierte möchten die Augen bei Imaginationen nicht schließen. Es hilft etwas, wenn wir als Therapierende die Augen (zumindest am Anfang) auch schließen. Wenn nicht, kann auch auf einen neutralen Bereich an der Wand oder auf dem Fußboden geschaut werden.
- Ggf. führen Sie die Betroffenen langsam an die Technik heran, z. B. durch stabilisierende Imaginationen, die »Kind-auf-der-Straße«-Imagination (▶ Kap. 7.3), durch einen Float-back in das Alltagsleben in der Kindheit, vielleicht sogar erst einmal mit positiven Kindheitserinnerungen.
- Da die traumatische Szene bekannt ist, brauchen wir keinen Float-back, sondern steigen direkt in die Traumszene ein. Wir lassen uns (ggf. noch mit offenen Augen) ganz grob den Ablauf schildern (ggf. in der dritten Person) und fragen dann nach der Facette, die als am belastendsten erlebt wird (dem sog. hot spot). Da steigen wir dann mit geschlossenen Augen ein und fragen direkt nach dem emotionalen Erleben, den Gedanken und dem Bedürfnis. Anfangs fragen wir i. d. R. nicht aktiv nach den verschiedenen Sinnesmodalitäten, sondern gehen eher mit dem Prozess, um den Spannungsanstieg zu begrenzen.
- Dissoziationen bzw. die emotionale Anspannung sind von außen nicht immer zu erkennen. Lassen Sie die Anspannung z. B. durch sog. SUDs (Subjective Units of Discomfort; Wolpe, 1958) von 0 bis 10 skalieren. In der Kindheitssituation sollten die Werte kurz an den oberen Rand der Skala ansteigen. Wenn die Patientinnen im Kindmodus sind, geht die Skalierungsfähigkeit verloren und sie antworten typischerweise »11« oder »sehr hoch«. Das ist ein gutes Zeichen, denn dann sind sie wirklich schemaaktiviert. Dieser Zustand sollte aber nur kurz (d. h. ca. eine oder zwei Minuten) anhalten, um bewusst wahrgenommen zu werden. Danach wird die Szene angehalten und interveniert. Die Ergebnisse waren besser, wenn kurz submaximal exponiert wurde (Dibbets & Arntz, 2016).
- Eine Dissoziation sollte vermieden werden und stellt einen distanzierten Bewältigungsmodus dar. Die Exposition ist nur erfolgreich, wenn die Patientinnen bewusst anwesend sind. Andererseits können die Patientinnen beim Anhören der Bänder zwischen den Sitzungen ihre Stresstoleranz üben und die Bänder ggf. anhalten und nach einer kurzen Stabilisierung weiterlaufen lassen und so ihre Stresstoleranz erhöhen.
- Hinweis: »Anspannung« erfasst die Sympathikusaktivierung. Die Anspannung geht nach der Entmachtung nicht stark herunter, aber die Patientinnen erleben sie i. d. R. als angenehmer. Erst nach der Versorgung sollten die Werte auf ca. 3 abfallen.

- Bei komplex Traumatisierten ist es anfangs häufiger nötig, dass wir als Therapierende selbst in die Imagination einsteigen, um zu entmachten und zu versorgen. Viele komplex Traumatisierte hatten schlicht wenig positive Rollenmodelle und erleben oft zum ersten Mal in der Therapie wirkliche Unterstützung. Die sollten wir dann auch ohne zu zögern geben. Wir sollten dabei dennoch darauf achten, dass wir die Patientinnen nicht in Loyalitätskonflikte zu den Bezugspersonen oder ihren Inneren Kritikern bringen. Es empfiehlt sich daher, immer wieder nachzufragen, wie es den Patientinnen mit unseren Interventionen geht und ggf. nach den Stimmen der Inneren Kritiker zu fragen.
- Im Sinne der Modifikation der Substitutionstechnik können wir die Situation zunächst etwas entfremden und z. B. die Patientin imaginativ in der Dämmerung durch einen Park gehen lassen, in dem hinter einem Busch ein unbekannter Junge ein unbekanntes Mädchen missbraucht und dann nach der emotionalen Reaktion fragen. Grundsätzlich sollten wir sehr flexibel sein, die Szene so anzupassen, dass die Patientinnen sich schrittweise annähern können.
- Besonders bei Traumatisierten kann es sinnvoll sein, eine bestimmte Szene mehrmals zu imaginieren. Lassen Sie die Patientinnen dabei schrittweise in eine aktivere Rolle gehen, indem Sie sie die von Ihnen gesagten Sätze in ihrem Sinne wiederholen lassen, dabei u. U. noch etwas soufflieren. Möglicherweise kann die Patientin etwas länger in der belastenden Szene bleiben und Sie können nach Körpersensationen oder dem Erleben in anderen Sinneskanälen fragen, um die Verarbeitung zu vertiefen und Reste von Vermeidungsverhalten aufzulösen.
- Natürlich können bei sehr komplex Traumatisierten nicht alle traumatischen Erinnerungen bearbeitet werden. Für eine Generalisierung scheint es ausreichend, wenn zwei bis drei sehr belastende Szenen ausreichend tief bearbeitet sind. Dann haben die Patientinnen die Prozesse verinnerlicht und können die funktionalen Emotionen ausreichend mobilisieren. Bei Blockade sollten wir aber immer wieder nach verbliebenen Inneren Kritikerstimmen fragen und diese auf den konfrontierenden Stuhl setzen und erneut entmachten (▶ Kap. 3.4.1 und ▶ 3.4.2). Es hilft dabei, das Verhalten der Täterperson von der Person als Ganzes zu trennen und eher auf die »toxischen Effekte« für das Kind zu fokussieren, als moralisch zu werten.
- Wichtig ist, die sich spontan zeigende Wut zuzulassen, und nicht von Therapierendenseite zu bremsen. Nicht selten sind Wut und Schmerz gemischt und die Patientinnen sind bei der Exposition sehr aktiviert und angespannt. Solange sie aber handeln können, brauchen sie von uns keine Tröstung, sondern eher Unterstützung bei der Entmachtung. Es muss aber auch keine exzessive Wut ausagiert werden (Seebauer et al., 2014). Wir gehen einfach mit dem, was die Patientinnen machen, mit, unterstützen ein wenig und wiederholen ggf. die Imagination.
- Es ist ein gutes Zeichen, wenn die Patientinnen nach einer kathartisch-wütenden Phase in Bilder wechseln, in denen die Taten öffentlich gemacht werden sollen. Das ist ein wichtiger Schritt, ist doch die Geheimhaltung und Isolation der Opfer ein wichtiges, konstituierendes Element der Traumatisierung. Dieser Schritt kann z. B. eine imaginative öffentliche Gerichtsverhandlung sein, in der die Patientinnen als Richterinnen fungieren.

- Die letztliche Auflösung der Traumatisierung besteht darin, dass die Patientinnen die Täterperson auf irgendeine Weise »entsorgen«. Das kann einen symbolisch-bestrafenden Charakter haben (erschießen, lebendig begraben o. ä.), muss es aber nicht. Bleiben die Patientinnen in der Wut auf die Täterperson oder in Rachefantasien verstrickt, hält das die Belastung eher aufrecht.
- Die abschließende Selbstfürsorge kann durch positive Imagination unterstützt werden, in der die Patientin imaginativ in einer symbolischen Waschung ihren Körper liebevoll reinigt. Auch der Gedanke, dass sich alle Körperzellen spätestens alle sieben Jahre erneuern und keine Zelle von damals mehr übrig ist, kann Selbstmitgefühl und -akzeptanz fördern. Dabei ist besonders auf das Körpergefühl (und verbliebene Kritikerreste) zu achten. Fällt Patientinnen Selbstfürsorge schwer, kann das verletzte Kind durch ein reales Kind (oder das Kind aus dem Still-face-Video) ersetzt werden (Substitutionstechnik). Es kann auch helfen, ein Kinderfoto mitbringen zu lassen und gemeinsam auf dieses Kind zu schauen, um es zu trösten.

7.7 Umgang mit Wut

Wut ist eine wichtige Emotion zur Selbstbehauptung. Es ist konstituierender Teil komplexer Traumatisierungen, dass den Patientinnen alle Macht genommen wurde entsprechend dem Motto »Wenn du dich wehrst, machst du es nur noch schlimmer!«. So blieb den Patientinnen nur eine minimale Restkontrolle in Form von Selbstschädigungen, Dissoziationen oder eben die gewünschte Unterwerfung. Somit fühlen sie sich wie »eine zusammengetretene Blechdose«. Die in der Therapie mobilisierte Wut ist die Kraft, die wir brauchen, um »die Dose wieder auszubeulen«. Auch wenn sich das zu Beginn der Therapie nicht zeigt, sind viele Patientinnen z. T. über Jahre mit aggressiven oder Rachefantasien beschäftigt. In der Therapie kanalisieren bzw. mobilisieren wir diese Wut – besonders in der Entmachtung in der Imagination oder auf den Stühlen – und lenken sie wieder nach außen auf die Täter. Der Ärgerausdruck kann z. B. durch das Werfen eines (festen) Kissens im Stehen auf den Täterstuhl unterstützt werden (s. auch die entsprechende Aufnahme auf unserer Trainings-DVD »Demonstration ST-Techniken«: https://www.schematherapie-frankfurt.de/index.php/materialien/videos/trainingsvideos). Die Handlungen sollten aber von Sätzen des Erwachsenenmodus begleitet werden wie »Du kannst deine ganzen Lügen zurückhaben. Du bist das perverse Schwein, hier, nimm deinen Dreck zurück!« Bitte erschrecken Sie nicht vor der Wortwahl. Komplexe Traumatisierungen gehen einher mit großer Gewalt. Die muss in gewisser Weise Platz haben in der Therapie. Wie gesagt: Wir sollten den Ärgerausdruck nicht zu sehr forcieren, aber auch keinesfalls bremsen, weil wir selbst Probleme mit Wut haben. Dann könnten ggf. ein paar Selbsterfahrungssitzungen hilfreich sein. Patientinnen »scannen« fortwährend ihre Umgebung und die Reaktionen der anderen. Sie nehmen unser

Zögern wahr und werden sich anpassen. Das begrenzt die Aktivierung von konstruktivem Ärger als Ressource.

Auf der anderen Seite sollen und dürfen wir Gewaltexzesse auch begrenzen. Aggression ist kein Selbstzweck, sondern soll vom Erwachsenenmodus funktional eingesetzt (und damit auch – im Sinne der Vagusbremse – wieder heruntergeguliert) werden. Manche Patientinnen bleiben in einer Schleife von Aggression hängen und damit innerlich mit den Täterpersonen verstrickt. Wie erwähnt, ist die beste (Los-)Lösung, wenn die Patientinnen nichts mehr mit der Täterperson zu tun haben wollen. Im Inneren weiter wirkende Sätze des Täterintrojekts (d.h. der Inneren Kritiker) müssen in Stühledialogen (▶ Kap. 1) weiter entmachtet werden. Außerdem können Tätersätze (oder auch Kritikerstimmen) wie »Du bist selbst schuld, du hättest dich wehren können, du hast es gewollt, dein Körper hat Lust dabei empfunden etc.« auf einen Zettel geschrieben und mit Stempeln mit der Aufschrift »Müll«, »toxisch« oder »gelogen« abgestempelt werden (Calzoni, 2015). Solche Stempel kann man für ein paar Euro anfertigen lassen und ggf. den Patientinnen als Übergangsobjekt schenken (s. auch die bestellbare DVD »Spezielle therapeutische Techniken« unter https://www.schematherapie-frankfurt.de/index.php/materialien/videos/trainingsvideos).

Eine weitere, sehr kontrovers diskutierte Frage ist die nach der realen Täterkonfrontation, z.B. durch eine Strafanzeige und ggf. einen Prozess. Es wird Sie nicht überraschen, wenn ich diesen Überlegungen eher kritisch gegenüberstehe. Zum einen birgt es die Gefahr, sich mental über längere Zeit mit dem Trauma und den damit verbundenen Affekten zu verbinden. Das wirkt einem »Hinter-sich-Lassen«, wie es oben beschrieben wurde, eher entgegen. Zudem birgt eine Befragung in foro durch die anwaltliche Vertretung der Gegenpartei ein erhebliches Retraumatisierungspotenzial. Dazu kommt das grundsätzliche Problem, dass in Gerichtsverhandlungen nicht »Recht gesprochen wird, sondern Urteile gefällt werden«. Formale Verfahrensaspekte spielen eine überproportional große Rolle und die Urteile entsprechen oft nicht dem gesunden Menschenverstand. Zudem ist die Beweislage häufig schwierig, sodass nicht selten im Zweifelsfalle für die angeklagte Person entschieden wird. Auf all das muss man einen Menschen vorbereiten, wenn man diesen Weg gehen will. Daher unterstütze ich die Betroffenen lieber bei einer inneren »Lösung«. Aber das soll und darf jeder Mensch für sich selbst entscheiden.

Zuletzt noch ein Aspekt, der uns als Therapierende betrifft. Es ist für die Patientinnen hilfreich, wenn wir nicht nur die »Guten« sind, sondern sie auch im Umgang mit uns ihren Ärger (oder auch ihren Neid) ausdrücken können. Die Mütter waren häufig aktive oder passive Mittäterinnen. Von daher sollte in Therapien zwischen (weiblichen) Patientinnen und Therapeutinnen (die Verwendung der ausschließlich weiblichen Form stößt hier an Grenzen) auch Raum für negative Gefühle sein und nicht nur eine harmonische Stimmung herrschen. Ansonsten drohen diese Aspekte der Problematik unbearbeitet zu bleiben. Patientinnen können an und mit uns modellhaft sehr viel für den Ausdruck von Ärger lernen, wenn wir ihnen den Raum dafür geben und uns als Übungsobjekt zur Verfügung stellen. Damit tragen wir einen Teil zur Überwindung einer idealisierenden Gut-Böse-Dichotomie bei und bereiten die Patientinnen am besten darauf vor, dass in der Welt

»draußen« die Dinge i. d. R. nicht in Schwarz-Weiß-Kontrasten, sondern in Grautönen existieren.

7.8 Umgang mit Suizidalität

Suizidgedanken gehören sozusagen zum Alltag vieler schwer traumatisierter Menschen. Zum einen sind sie Ausdruck der toxischen und destruktiven Inneren Kritiker. Zum anderen stellt für viele sehr bedrückte Menschen der Gedanke, wenn es gar nicht mehr geht, »Schluss machen« zu können, einen Gedanken dar, der paradoxerweise hilft, erst einmal weiterzumachen. Etwa so, wie der Notausgang im Kino einer klaustrophobischen Patientin den Verbleib im Kino erleichtert. Sie weiß ja, wo sie jederzeit raus könnte! Diese Option gibt eine gewisse Restkontrolle in einer Situation, in der ursprünglich die Kontrolle fast ausschließlich bei der Täterperson lag. Man kann diese Haltung als einen Distanzierten Selbstberuhiger betrachten, der von uns Therapierenden validiert und richtig eingeordnet werden sollte, aber ansonsten toleriert werden kann. Zumindest solange keine akute Suizidalität dazu kommt. Danach sollte allerdings im Zweifelsfalle konkret gefragt werden.

Besonders bei DIS-Patientinnen können Schemaaktivierungen starke depressive States auslösen, die nicht immer mit Flashbacks verbunden sind. Insbesondere wenn im Laufe der Fusion der verschiedenen States die »Mauern« zwischen den States durchlässiger werden, werden die extrem negativen Emotionen aus den Traumazuständen auch im Alltag spürbar, ohne dass diese von den Betroffenen immer richtig eingeordnet werden können. Hier sind therapeutische Erklärungen zur Funktion der Dissoziationen wichtig, denn diese stellen einen schmerzvermeidenden Beschützermodus dar. Das Tempo der Arbeit muss so gewählt werden, dass die Patientinnen die Verantwortung für den Umgang mit den negativen Emotionen behalten können. Keinesfalls sollten Sie sich als Therapeutin in die Verantwortung begeben, durch vermehrte Therapieangebote die negativen Gefühle unter Kontrolle halten zu wollen. Damit würde die Gefahr der Verstrickung wachsen. Bei manchen Patientinnen haben Täter auch Introjekte geschaffen, die durch bestimmte Symbole, Jahrestage oder angelegte Kontroll-States (wenn z. B. verbotene Inhalte mit uns geteilt und damit Verbote bzw. Regeln übertreten werden) Selbstbestrafungs- oder Selbsttötungsimpulse auslösen. Danach sollte gefragt werden. Wenn so etwas auftaucht, sollte erneut gemeinsam geprüft werden, ob nicht die Vermittlung in eine traumaspezifische stationäre Therapie angezeigt ist.

7.9 Therapiebeendigungen und abschließende Bemerkungen

Auf den grundsätzlichen zeitlichen Rahmen und die Anpassung der Frequenz an den Therapieprozess wurde schon hingewiesen. Auch darauf, dass sich die Integrationsphase bei schwer belasteten Patientinnen, die wenig soziale Unterstützung hatten, sehr lange hinziehen kann. Manche dieser Menschen kann man nicht im Rahmen einer Richtlinienpsychotherapie befriedigend behandeln. Viele machen auch nach drei oder vier Jahren lege artis durchgeführter Therapien immer noch Fortschritte und profitieren von einer niederfrequenten Begleitung, um die Inhalte, die schon lange vorher bearbeitet wurden, zu verinnerlichen und nach und nach immer selbstständiger umzusetzen. Dazu reichen allerdings monatliche (oder sechswöchentliche) Sitzungen aus. Diese allerdings dann manchmal noch über zwei oder drei weitere Jahre. Dabei hilft das wiederholte Abhören alter Bänder, was den Patientinnen zeigt, dass »alles schon gesagt wurde«. Es braucht eben viele Wiederholungen, bis das Gesagte wirklich internalisiert wird und die positiven Sätze aus der Therapie nach und nach die Kritikergedanken ersetzen können. Dass das so lange dauert, ist wiederum kein Grund zur Selbstanklage (was ja wieder Kritikergedanken sind), sondern liegt an den tief und über Jahre eingeprägten (traumatischen) Schemata. In diesen schweren Fällen kann leider nur begrenzt auf (neben der Traumatisierung) vorhandene positive bzw. Ressourcenschemata zurückgegriffen werden und es geht nicht nur um Nachbeelterung, sondern um ein gutes Stück nachzuholende primäre Beelterung. Es ist z. T. erschütternd, unter welchen anhaltend deprivierenden Bedingungen manche Kinder »gehalten« oder sogar »abgerichtet« wurden. Als betroffener Mensch – oft nach Jahren eines dissoziativen Lebens – »aufzuwachen«, den Schmerz wieder zu spüren, das Ausmaß der Beschädigung und die »verlorenen Jahre« wahr- und anzunehmen, ist wahrlich eine extrem schwere Aufgabe, vor der wir Therapierende nur größten Respekt haben können.

Aus meiner Sicht ist es auch die Aufgabe einer Gesellschaft als Ganzes, Menschen, die von anderen Menschen so belastet wurden, Möglichkeiten der Heilung anzubieten. Dazu tragen wir als Therapierende bei. Dennoch sollten wir bei aller emotionaler Betroffenheit grundsätzlich unsere therapeutische Rolle beibehalten – wenn auch in Einzelfällen mit etwas anderen Maßstäben. Die mit dieser Rolle verbundenen Möglichkeiten der Intervention (z. B. Selbstoffenbarungen, Abgrenzung vom alten Erleben durch Diskrimination und Aufmerksamkeitslenkung, Hinweise auf die grundsätzliche Möglichkeit, sich von aktivierten neuronalen Mustern zu lösen) schützen ein gutes Stück weit auch uns selbst, weil sie uns unsere Handlungsfähigkeit erhalten. Wir dürfen uns von dem emotionalen Sog, den manche Patientinnen spüren, nicht selbst »unter Wasser« ziehen lassen. Neben der Steuerung des Prozesses sind wir damit auch ein Modell für die Patientinnen.

Literatur

Bijnsdorp L (2006). *Die 147 Personen, die ich bin: Drama und Heilung einer multiplen Persönlichkeit.* Stuttgart: Urachhaus.
Boterhoven de Haan KL, Lee CW, Fassbinder E, van Es SM, Menninga S, Meewisse M-L, Rijkeboer M, Kousemaker M, Arntz A (2020). Imagery rescripting and eye movement desensitisation and reprocessing as treatment for adults with post-traumatic stress disorder from childhood trauma: randomized clinical trial. *The British Journal of Psychiatry*; 217 (5): 609–15. doi: 10.1192/bjp.2020.158.
Calzoni R (2015). Zum Einsatz von Impact-Techniken in der Schematherapie. *Verhaltenstherapie & Verhaltensmedizin*; 36 (4): 378–88.
Dibbets P, Arntz A (2016). Imagery rescripting: Is incorporation of the most aversive scenes necessary?, *Memory*, 24:5, 683–695, doi: 10.1080/09658211.2015.1043307
Huntjens RJC, Peters M, Woertman L, Van der Hart O, Postma A (2007). Memory transfer for emotionally valenced words between identities in dissociative identity disorder. *Behaviour Research and Therapy*; 45: 775–789.
Huntjens RJC, Rijkeboer MM, Arntz A (2019). Schema therapy for Dissociative Identity Disorder (DID): rationale and study protocol. *European Journal of Psychotraumatology*; 10 (1): 1571377, doi. 10.1080/20008198.2019.1571377
Leahy RL (2001). *Overcoming resistance in Cognitive Therapy.* New York: Guilford Press.
Linden M, Vilain M (2011). Emotionale Teilleistungsstörungen und »first impression formation« bei Persönlichkeitsstörungen. *Nervenarzt*; 82: 25–36.
Linehan MM (1996). *Dialektisch-Behaviorale Therapie der Borderline-Persönlichkeitsstörung.* München: CIP-Medien.
Nadort M, Arntz A, Smit JH, Giesen-Bloo J, Eikelboom M, Spinhoven P, van Asselt T, Wensing M, van Dyck R (2009). Implementation of schema therapy for borderline personality disorders with versus without crisis support by the therapist outside office hours: A randomized trial. *Behav Res Ther*; 47: 961–73.
Nijenhuis E, van der Hart O, Steele K (2008). *Das verfolgte Selbst.* Paderborn: Junfermann.
Pennebaker JW (1993). Putting stress into words: health linguistic and psychotherapeutic implications. *Behav Res Ther*; 31: 539–48.
Piegler T (2003). Macht, Ohnmacht und Machtmissbrauch in psychotherapeutischen Beziehungen. *Psychotherapie Forum*; 11(3): 106–112.
Priebe K, Schmahl C, Stiglmayr C (2013). *Dissoziation: Theorie und Therapie.* Heidelberg: Springer.
Raabe S, Ehring T, Marquenie L, Arntz A, Kindt M (2022). Imagery Rescripting versus STAIR plus Imagery Rescripting for PTSD related to childhood abuse: A randomized controlled trial. *Journal of Behavior Therapy and Experimental Psychiatry*; 77: 101769. https://doi.org/10.1016/j.jbtep.2022.101769
Schmucker M, Köster R (2014). *Praxishandbuch IRRT.* Stuttgart: Klett-Cotta.
Seebauer L, Froß S, Dubaschny L, Schönberger M, Jacob GA (2014). Is it dangerous to fantasize revenge in imagery exercises? An experimental study. *J Behav Ther Exp Psychiatry*; 45: 20–5.
Seidler GH, Freyberger HJ, Glaesmer H, Gahleitner SB (2019). *Handbuch der Psychotraumatologie* (3. Aufl.). Stuttgart: Klett-Cotta.
Simpson S, Simionato G, Smout M, van Vreeswijk MF, Hayes C, Sougleris C, Reid C (2019). Burnout amongst clinical and counselling psychologists: The role of early maladaptive schemas and coping modes as vulnerability factors. *Clin Psychol Psychother*; 26(1): 35–46.
Spitzer C, Stieglitz RD, Freyberger H (2021). *Fragebogen zu Dissoziativen Symptomen – Deutsche Adaptation der Dissociative Experiences Scale (DES) von E. Bernstein-Carlson und F. W. Putnam* (4. Aufl.). Göttingen: Hogrefe.
Tedeschi RG, Calhoun LG (1995). *Trauma and transformation: Growing in the aftermath of suffering.* Newbury Park: Sage Publications.
Van der Kolk BA (1994). The body keeps the score: memory and the evolving psychobiology of posttraumatic stress. *Harv Rev Psychiatry*; 1: 253–65.

Wolpe J (1958). *Psychotherapy by reciprocal inhibition.* Standford, CA: Stanford University Press.
Young JE, Klosko JS, Weishaar ME (2005). *Schematherapie – ein praxisorientiertes Handbuch.* Paderborn: Junfermann.

8 Ausblick: der Gesunde Erwachsene – ein Modus mit Zukunft

Claudia Stromberg

Im dynamisch-dimensionalen Modell betrachten wir zwei Hauptachsen. Zum einen ist dies die Achse von Bindung zu Selbstbehauptung, zum anderen die Achse zwischen dysfunktionaler und funktionaler Bewältigung. Dysfunktionale Bewältigung ist charakterisiert durch unflexible, automatisierte Mechanismen während der Aktualisierung von Unterwerfungs-, Vermeidungs- und Überkompensationsmodi mit einer jeweiligen Dysbalance zwischen dem blauen Bindungs- und dem roten Selbstbehauptungsbein. Funktionale Bewältigung durch den Gesunden Erwachsenenmodus hingegen zeichnet sich aus durch flexible und bewusste Selbstregulation, die für eine gute Balance zwischen dem Bindungs- und dem Selbstbehauptungsbein sorgt. Die Reduktion von dysfunktionaler Bewältigung und, wie Julia Hinrichs und Julia Schuchardt in ▶ Kap. 6 ausführen, der Aufbau des Gesunden Erwachsenenmodus (GE) sind zentrale Ziele einer jeden Schematherapie.

Die von Eckhard Roediger und Matias Valente entwickelte kontextuelle Schematherapie (Roediger et al., 2018, Valente, 2021, Valente & Roediger, 2020), dargestellt in ▶ Kap. 1, fördert den GE in besonderer Weise. Durch die Bewegung im Raum (»*Lassen Sie uns doch mal zusammen aufstehen!*«) und das gemeinsame Einnehmen der *Metaperspektive* (»*Wenn wir jetzt von hier oben auf die beiden Stühle blicken…*«) wird direkt die Distanzierung von maladaptiven Bewältigungsmodi und das damit verbundene Umschalten auf alternative neuronale Netzwerke sowie der Aufbau des GE mit einer funktionalen Selbststeuerungsfähigkeit und einem wohlwollenderen Blick auf sich selbst forciert.

Der Modus des Gesunden Erwachsenen ist ein transdiagnostisches Konzept (Bach & Bernstein, 2019), was es erlaubt, diese Zusammenhänge in ein universelleres Licht zu rücken. Entscheidende übergeordnete Fragen für uns Therapeutinnen und Therapeuten sind doch, wie wir die Psychopathologie unserer persönlichkeits- oder anderweitig strukturell gestörten Patientinnen und Patienten reduzieren und wie ihr Funktionsniveau verbessern können. Welche Veränderungsmechanismen führen zu einer Verbesserung des Funktionsniveaus und zur Reduktion der Schwere der strukturellen Störung? Diesen Fragen wollen wir uns nun abschließend genauer widmen.

Mit der Entwicklung von DSM-5 und ICD-11 erfolgte der radikale Wechsel der Klassifikation von Persönlichkeitsstörungen von kategorial zu dimensionalen Schweregraden. Die Dimension des *Funktionsniveaus der Persönlichkeit* erlangte eine zentrale Bedeutung zur Beurteilung der Schwere einer Persönlichkeitsstörung (Zimmermann et al., 2015, Bach & Simonsen, 2021). In dem Alternativmodell der Persönlichkeitsstörungen des DSM-5 ist das Funktionsniveau der Persönlichkeit eine von zwei Dimensionen, auf denen die Schwere der Störung erfasst wird, die andere Dimension bilden problematische Persönlichkeitsmerkmale (Zimmermann et al., 2015). Bei dem hier interessierenden Funktionsniveau der Persönlichkeit werden mit *Identität* und *Selbststeuerung* die beiden intrapsychischen Fähigkeitsbereiche und mit *Empathie* und *Nähe zu anderen* die beiden interpersonellen Bereiche erfasst.

Die intrapsychischen Fähigkeitsbereiche *Identität* (das Erleben der Person als einzigartig, mit klaren Grenzen zwischen sich und anderen, Stabilität des Selbstwertes, Akkuratheit der Selbsteinschätzung, Erleben und Regulation von Emotionen) und *Selbststeuerung* (Verfolgen von kohärenten und sinnhaften Zielen, Orientierung an prosozialen Maßstäben des Verhaltens, Fähigkeit zur produktiven Selbstreflexion) wiederum verglichen Bach und Bernstein (2019) direkt mit Items zur Erfassung des GE. Sie kommen zu dem Schluss einer weitgehenden funktionalen Überlappung der Konzepte *Funktionsniveau der Persönlichkeit* nach DSM-5 und *Gesunder Erwachsenenmodus*. Dieser Zusammenhang sowie folgerichtig die Bedeutung der Ausprägung des GE für die Schwere einer Persönlichkeitsstörung oder anderer struktureller Störungen (z. B. bei chronischer Depression) wird auch von weiteren Autorinnen und Autoren betont (Bach & Simonsen, 2021, Stromberg & Zickenheiner, 2021).

Die Bedeutung von Emotionsregulation, einer der Marker des intrapsychischen Fähigkeitsbereichs Identität, wird auch von Hayes und Hofmann (2018) nach Analyse der entscheidenden transdiagnostischen *Prozesse* im Zusammenhang mit Psychopathologie in ihrem Buch *Processbased CBT* hervorgehoben. Demnach ist emotionale (Dys-)Regulation einer der zentralen Prozesse, wenn nicht sogar *der* zentrale Prozess im Hinblick auf Psychopathologie (Hayes & Hofmann, 2018, Dadomo et al., 2016). Im Vergleich zu der emotionalen Dysregulation und Emotionsvermeidung der maladaptiven Bewältigungsmodi erfolgt die funktionale emotionale Regulation des gestärkten GE durch die wohlwollende Versorgung – oder bei Bedarf auch die haltgebende Begrenzung – der Kindmodi und die Reduktion von Kritiker- und Antreiberbotschaften (Stromberg & Zickenheiner, 2021).

Der Aufbau des GE ist aus dieser Perspektive ein geeignetes transdiagnostisches Konzept zur Verbesserung des Funktionsniveaus der Persönlichkeit und zur Reduktion von Psychopathologie.

Sind aber tatsächlich Veränderungen im GE entscheidende *Veränderungsmechanismen* im Hinblick auf Funktionsniveau der Persönlichkeit und Psychopathologie? In einer Multicenter-RCT- Studie von Yakin et al. (2020) konnte dies erstmals direkt empirisch bestätigt werden. Bei 320 persönlichkeitsgestörten Patientinnen und Patienten wurde über einen Zeitraum von drei Jahren und über mehrere Messzeitpunkte die Ausprägung von Modi, Persönlichkeitsstörung und Funktionsniveau (GAF, SOFAS) erhoben. In allen drei Therapiebedingungen (Schematherapie, Klärungsorientierte Therapie und Treatment as usual [TAU]) ergab sich übereinstimmend, dass Veränderungen im Gesunden Erwachsenenmodus Veränderungen von Psychopathologie und Funktionsniveau der Persönlichkeit zu einem späteren Zeitpunkt vorhersagen. Dabei ist die Rolle des GE im Veränderungsprozess der Persönlichkeitsstruktur nicht auf schematherapeutische Behandlung beschränkt, sondern konnte eben auch in den Therapiebedingungen Klärungsorientierte Therapie und TAU nachgewiesen werden. Es handelt sich um Veränderungsmechanismen, die unabhängig von Therapiemethode oder -verfahren – also universell – wirken (Yakin et al., 2020).

Der Gesunde Erwachsenenmodus ist also wahrlich ein Modus mit Zukunft, und die kontextuelle Schematherapie (»*Lassen Sie uns mal gemeinsam aufstehen!*«) – bei Bedarf erweitert durch eine körperorientierte Perspektive – hat für seinen Aufbau die passenden Tools.

Literatur

Bach B, Bernstein DP (2019). Schema therapy conceptualization of personality functioning and traits in ICD-11 and DSM-5. *Curr Opin Psychiatry*; 32(1):38–49. https://doi.org/10.1097/YCO.0000000000000464

Bach B, Simonsen S (2021). How does level of personality functioning inform clinical management and treatment? Implications for ICD-11 classification of personality disorder severity, *Curr Opin Psychiatry*; 34 (1): 54–63. https://doi.org/10.1097/YCO.0000000000000658

Dadomo H, Grecucci A, Giardini I, Ugolini E, Carmelita A, Panzeri M (2016) Schema Therapy for Emotional Dysregulation: Theoretical Implication and Clinical Applications. *Front Psychol*; 7:1987. doi:10.3389/fpsyg.2016.01987

Hayes SC, Hoffmann SG (2018). *Process-Based CBT: The Science and Core Clinical Competencies of Cognitive Behavioral Therapy.* Boston: New Harbinger.

Roediger E, Stevens BA, Brockman R (2018). *Contextual Schematherapy: An Integrative Approach to Personality Disorders, Emotional Dysregulation and Interpersonal Functioning.* Oakland, CA: New Harbinger.

Stromberg C, Zickenheiner K (2021). *Emotionale Regulation bei psychischen Störungen. Praxis der Verhaltenstherapie schematherapeutisch erweitert.* Berlin, Heidelberg: Springer.

Valente M (2021). *Schematherapie: Ein Leitfaden für die Praxis.* Stuttgart: Kohlhammer.

Valente M, Roediger E (2020). *Schematherapie.* Stuttgart: Kohlhammer.

Yakin D, Grasmann R, Arntz A (2020). Schema modes as a common mechanism of change in personality pathology and functioning: results from a randomized controlled trial. *Behav Res Ther*; 126: 103553. https://doi.orgg/10.1016/j.brat.2020.103553

Zimmermann J, Brakemeier E-L, Benecke C (2015). Alternatives DSM-5-Modell zur Klassifikation von Persönlichkeitsstörungen. *Psychotherapeut;* 60(4):269–279. doi:10.1007/s00278-015-0033-8

Stichwortverzeichnis

A

Achtsamkeit 38, 72, 79, 105, 131, 165, 167
ACT-Kernfertigkeiten 32–34, 162, 165, 166
Akzeptanz 34, 133, 160, 179, 186, 187, 191
Akzeptanz- und Commitment-Therapie (ACT) 13, 15, 33, 42, 160
Arbeitsblätter 37, 49, 164
Atmung 63, 64, 67, 69, 70, 73, 77, 79, 81–83, 113, 169, 171
Audioaufnahme 56, 172, 176, 189
Aufmerksamkeitslenkung 32, 47, 68, 76, 131, 189

B

Balance 29, 36, 101
Basisemotion 25, 27, 31, 44, 46, 113, 166, 184
Begrenzung 116, 130, 145, 158, 178, 202
Behaviorale Technik 130, 131
Beobachterperspektive 41, 73, 103, 106, 142, 183, 191, 201
Berührung 77, 84, 110, 177
Beziehungsgestaltung 19, 39, 40, 43, 142, 154, 158, 175–177, 181
Bindungserfahrung 46, 50, 62, 144, 157
Bottom-up-Aktivierung 69, 76, 92

D

Dimensionales Verständnis 15, 19, 26, 29, 39, 57, 62, 112, 138, 201
Dissoziation 65, 113, 114, 176, 185, 188, 193, 197
Dissoziative Identitätsstörung 176, 177, 179, 190

E

E-Mail-Kontakt 158, 179–181, 189
Empathische Konfrontation 142, 145
Entmachtung 29, 39, 46, 48, 85, 103, 132, 195
Experiential Avoidance 114, 115
Extensionstechnik 44, 53, 55, 103, 183
Externalisierer 25, 27, 29, 36, 46, 52, 80, 95, 98, 135, 136, 139, 146, 148

F

Float-back 24, 44, 47, 50, 75, 144, 182, 193
Funktionsniveau der Persönlichkeit 155, 201

G

Ganzkörperspiegel 89, 90
Gefühlsakzeptanz 32, 33, 162, 165, 167, 170
Gestaltung der Therapie 36, 38
Grundbedürfnis
– Bindung 22, 26, 28, 43, 53, 63, 80, 96, 135, 146, 150, 156
– Grundbedürfnisbilanz 119, 120
– Kontrolle 98, 114, 116, 197
– Selbstbehauptung 26, 27, 43, 46, 77, 96, 101, 107, 109, 129, 135, 148, 156, 195

H

Hausaufgabe 39, 49, 104, 107, 109, 166, 168, 170, 172, 185
Hintere Bühne 27, 43, 46, 69, 72, 114, 125, 149, 184

I

ICD-11 116, 138, 155, 201
Imaginative Position 36, 47, 50, 184
Impulskontrolle 82, 116
Internalisierer 25, 27, 29, 36, 51, 77, 95, 97–99, 101, 135

K

Kind-auf-der-Straße-Imagination 182, 193
Kinderfoto 195
Kognitive Defusion 33, 162, 163
Kognitive Technik 119
Komplexe Traumatisierung 175, 179, 192
Kontextuelle Perspektive 32, 44, 183
Körperbildstörung 88
Körperebene 47, 61, 62, 66, 67, 72, 77, 80, 82, 88
Körperprozess 67, 68, 71, 73
Körperpsychotherapeutische Technik 61, 66, 72
Körperunzufriedenheit 88
Kreative Hoffnungslosigkeit 38, 186

M

Mikroprozess 43, 46, 67, 181
Misstrauen 22, 114, 126
Modus-Flipping 23, 101
Modusaktivierung 60, 67, 141, 143, 144
Moduslandkarte 29, 35, 43, 190
Modusmodell
- dynamisch-dimensional 15, 24, 62, 71, 112, 201
- kategorial 138

P

Perspektivwechsel 21, 32, 36, 47, 51, 54, 83, 89
Polyvagaltheorie 63, 82, 113
Psychische Flexibilität 32, 160, 164

R

Regelextraktion 49
Rollenspiel 49, 51, 79, 104, 107, 151, 153, 164

S

Schema
- Schemaaktivierung 23, 34, 47, 49, 50, 54, 57, 60, 64, 75, 140, 153, 175, 182, 184, 197
- Schemabewältigung 23, 119, 176
- Schemadomäne 22
- Schemaschmerz 23, 167
Schemamodi
- Bewältigungsmodus 25, 31, 52, 55, 80, 106, 119, 125, 140, 143, 147, 149
- Schema-Mode-Inventory 23
Selbst-als-Kontext 32, 34, 163, 166
Selbstberuhiger 53, 112, 137, 197
Selbstoffenbarung 38, 45, 53, 133, 159, 180, 183, 186
Selbststeuerung 201, 202
Sexualität 97, 110, 116
SORKC-Modell 25, 115
Still-face-Experiment 27, 35, 37, 53, 56
Substitutionstechnik 44, 55, 194, 195
SUD 193
Suizidalität 197
Symbolisierung 190
Sympathikusaktivierung 112–114, 116, 117, 193

T

Täterintrojekt 176, 196, 197
Therapiebeziehung 20, 51, 117, 118, 126, 133, 139, 157–159
- Abbruchquote 19, 51
- empathische Konfrontation 122, 145
- korrigierende Beziehungserfahrung 21, 126
- Nachbeelterung 19, 21, 66, 129, 157, 166, 198
Therapieprozess 19, 28, 35, 40, 42, 46, 112, 158, 162
Top-down-Aktivierung 70, 76
Transdiagnostisch 32, 201, 202
Transfer in den Alltag 49, 56, 87, 104, 151, 168, 170, 172
Traumafolgestörung 63, 65, 175

V

Vagusbremse 65, 74, 196
Validieren 31, 43, 46, 49, 53, 54, 72, 77, 79, 81, 118, 122, 126, 130, 181, 184, 185, 191
Verhaltensexperiment 36, 41, 49, 57, 107, 147, 185

Versorgung   39, 46, 48, 56, 146, 166, 172, 193, 202
Vordere Bühne   24, 25, 27, 31, 53, 69, 72, 114, 125, 143, 149, 184

W

Werteklärung   33, 162
Window of Tolerance   41, 82, 85, 92

Wirkfaktoren   35, 154
Wut-Schuld-Wippe   100, 117

Z

Zwei-Beine-Modusmodell   26, 28, 66